新视界

始 于 未 知　去 往 浩 瀚

财政学基础理论译丛

刘守刚　王奉炜　主编

# 什么是财政社会学

徐一睿　刘志诚　译

## 从"危机的学问"到"分析的学问"

〔日〕

井手英策　仓地真太郎
佐藤滋　古市将人
村松怜　茂住政一郎

著

上海远东出版社

**图书在版编目（CIP）数据**

什么是财政社会学：从"危机的学问"到"分析的
学问"/（日）井手英策等著；徐一睿，刘志诚译.
上海：上海远东出版社，2024. ——（财政学基础理论译
丛）. —— ISBN 978-7-5476-2047-2

Ⅰ. F810-05

中国国家版本馆 CIP 数据核字第 20249JX114 号

上海市版权局著作权合同登记 图字：09-2024-0772


**出 品 人** 曹　建
**责任编辑** 李　敏　吕解颐
**封面设计** 徐羽情



财政学基础理论译丛
刘守刚　王奉炜　主编


**什么是财政社会学：从"危机的学问"到"分析的学问"**

（日）井手英策　仓地真太郎　佐藤滋　古市将人　村松怜　茂住政一郎　著
徐一睿　刘志诚　译

出　　版　上海远东出版社
　　　　　　（201101　上海市闵行区号景路 159 弄 C 座）
发　　行　上海人民出版社发行中心
印　　刷　上海信老印刷厂
开　　本　710×1000　　1/16
印　　张　15.75
字　　数　269,000
插　　页　2
版　　次　2025 年 1 月第 1 版
印　　次　2025 年 1 月第 1 次印刷
ISBN 978-7-5476-2047-2/F·744
定　　价　78.00 元

# 财政学基础理论译丛
# 编委会

**主　　编**　刘守刚　王奉炜

**特约编委**　蒋　洪

**成　　员**（以姓氏拼音排序）

付　芳　龚刚敏　李　婉　刘　倩

刘守刚　刘小兵　刘雪梅　王奉炜

王晓丹　魏　陆　张　充　赵海利

# 总　序

　　2018 年 3 月 31 日，《经济观察报》发表《高校财政学学科去留引发争议》一文，以社会媒体的身份揭露了高校财政系被大量裁并、学科生存困难的问题。财政学科为什么会遭遇生存危机？究其原因，主要是目前学科体系下财政学仅被视为经济学的一个分支，这给财政学科的独立发展带来极为不利的影响。既然财政学是经济学的一个分支，那财政学科似乎就没有太大必要独立存在，由此将财政学并入经济学似乎也就理所当然。

　　但是，将财政学定位为经济学分支并进而取消财政学科的独立地位是否可行呢？答案是不行，原因是财政活动并非单纯的经济活动，它不但具有经济属性，同时还有政治、管理、法律、社会等多方面的属性。将财政学定位为经济学的分支，不能满足财政学科自身发展的要求，会使财政学失去指导财政工作的意义，也不能满足中国现实政治发展的要求。尤其是，这么做不能把今天很多中国学者在国家治理任务下以提高国家能力为目标构建财政学基础理论的努力包括在内。

　　当前中国学者有意识地构建财政学基础理论的努力，值得高度的肯定。不过应该强调的是，在中国构建财政学基础理论，一定要广泛地吸收在西方兴起的现代财政学基础理论迄今为止全部的发展成果，而不是关起门来搞一个非驴非马的东西，以至于无法跟现有的学科体系和学术成果交流对话。若要吸收现代财政学基础理论的成果，就必须广开国门、引进他方智慧，如此译介相应图书就是应有之义。本译丛正在做的，就是努力服务于这一宗旨。

## 一、现代财政学基础理论简史

　　众所周知，现代财政学基础理论起源于西方，因此要在中国发展财政学基础理论，就需要考察现代财政学理论在西方的发展史。学界一般认为，现代学科体系是 19 世纪初开始在西方逐渐分化产生的。在此过程中，现代财政学理论的发展至少可以分为三个阶段。

第一个阶段从 19 世纪初至 1940 年代以前，可称为分头发展阶段。19 世纪初德意志已有大学授予独有的公共财政学教授职位，至少在 1832 年即已出版财政学教科书，这可以视为现代财政学诞生的标志。而在英国，可以用 1892 年巴斯塔布尔的《财政学》出版作为独立学科财政学诞生的标志。1939 年，"公共产品"这个词第一次从欧陆进入英美学术界，欧陆财政学与英美财政学开始交流并融合。在这个阶段，比较突出的是发展出财政学的德语传统与英语传统。[1] 德语传统财政学是基于主观欲求的性质而发展出一种由国家主导并参与市场的财政学，就是说公共欲求由国家出面通过财政在市场上来满足，私人欲求由个人在市场上满足。这样的财政学，是一种治国术，只不过国家居于市场之内。就英语传统财政学来说，很大程度上是基于客观产品的性质（即公共产品理论，虽然公共产品这个词是后来引进的），来发展一种弥补市场缺陷的财政学，即倡导公共产品由公共提供，私人产品由市场提供，介于公共产品与私人产品之间的产品，视产品性质或者说公共产品的程度考虑国家介入的深度。这样的财政学，是国家站在市场之外、随时准备出手矫正市场缺陷的一种治国术。除了英语传统与德语传统之外，财政学还有意大利传统和其他传统。[2] 就意大利传统财政学来说，它把国家看作一种独立于劳动、资本、土地之外的第四种生产要素；与此同时，意大利财政学家还基于秩序理论来理解财政行为，将财政理解为通过政府制度和过程来组织的一种人类行动。[3]

第二个阶段从 1940 年代到 1980 年代，是公共经济学一家独大阶段。后来被誉为"现代财政学之父"的马斯格雷夫，在从德国来到美国以后，就放弃了德语财政学传统中的公共欲求概念。他与英美其他学者一道，基于自愿交换论建立起公共产品理论，该理论也就此成为现代财政学理论的核心。于是，财政学从原来主要描述制度与历史的内容，转为用经济学工具来分析税收与支出影响的科学，

[1] Richard Musgrave. *Public Finance in Democratic Society*（*Vol* III）. Edward Elgar Publishing, Inc.，2000，Chapter 3.

[2] Orhan Kayaalp. *The National Element in the Development of Fiscal Theory*. Palgrave Macmellan, 2004.

[3] 法卡雷罗、斯特恩编：《公共经济学历史研究》，上海财经大学出版社 2023 年版，第 15 章。

财政学也因此成为运用经济学工具研究财政现象的学科，并被称为"公共经济学"。这样的财政学与上一阶段的英语财政学、德语财政学一样，都基于仁慈的专制君主（或者说全能君主）的假设，财政学家负责给君主提供可行性建议，目的是让社会福利最大化。这样的假设在 19 世纪末曾被瑞典财政学者维克塞尔激烈地批评，在此第二个阶段也被詹姆斯·布坎南反复地批评。

第三个阶段从 1990 年代至今，可称为一大多兴阶段。在此阶段，公共经济学仍然占据财政学的主流地位，相信在未来很长时间里，它仍是财政学的主流。但是财政学的其他体系也已出现，包括财政政治学、财政社会学、财政法学，并涌现出一大批理论成果。特别的，我们还可以看到欧陆传统财政学正在不断地复兴，尤其意大利财政学传统深刻影响了詹姆斯·布坎南和理查德·瓦格纳等学者。

由此可见，将财政学理解为"经济学的分支"，主要是英美财政学在 1940 年代之后的"地方性知识"，而并非普遍的共识。事实上，对财政活动展开政治的、社会的、法律的等多种路径的研究，早已内含于财政理论的发展过程中。

## 二、中国财政学基础理论的发展

中国财政学者发展基础理论的努力，当然并非始自今日，而是有一个长期的过程。除了民国时期财政思想因古今中西思想交汇与现实刺激，在民国学者努力下一度繁荣外①，在 1980 年代以"国家分配论"为代表的有关财政本质的争论，以及关于财政职能、财政模式的讨论，还有 1990 年代末发生的有关公共财政的大争论②，都属于财政学基础理论发展进程的一部分。

就当前来说，声音最为响亮的基础理论努力，是遵从党的十八届三中全会对财政功能的界定（"国家治理的基础与重要支柱"）而作出的，即基于完成国家治理任务的目标来构建新财政学。比如付敏杰认为，财政要完成国家治理的目标，财政学的理论发展就应该以财政职能为出发点，财政学研究应以国家为核心展开，注重国家职能的过程，"更加关注财政对国家认同、国家治理、市场统一、

---

① 邹进文先生将民国财政学繁荣的原因归结为：一是建设适应于市场取向的现代财政体制的现实推动，二是学术自由的局面为学术创新和财政理论的繁荣带来了自由的环境。（邹进文：《民国财政思想史》，武汉大学出版社 2008 年版，第 9—10 页）

② 参见刘守刚、刘雪梅：《从家财型财政到公财型财政》，《山东经济》2009 年第 7 期。

社会公平和国家安全等国家主题的影响机制"，也因此财政学理论要创新就存在着一个向政治学转向的问题。① 吕冰洋也将完成国家治理任务作为目标，尝试建立起"国家治理财政论"的基本框架。他将这样的目标进一步具体化为"公共秩序"，以此作为出发点，认为国家治理就是要实现公共秩序，公共秩序是人的基本需要和经济社会运行的保障，而实现公共秩序依赖于国家能力的支持，国家能力的核心就是征税能力。因此，在这样的国家治理财政论中，有关财政支出、收入、预算和政府间财政关系的一系列制度安排，都要朝着实现公共秩序的目标进行。② 刘尚希强调世界的本质是不确定性，国家治理的本质是对由此产生的公共风险进行治理，由此出发他强调财政通过嵌入国家治理体系的每一个维度来化解公共风险，因此现代财政的新使命是解决新时代面临的公共风险。③ 李俊生等人提倡的"新市场财政学"理论，将市场视为"平台"，认为以公共价值最大化为组织目标的公共部门和以私人价值最大化为组织目标的私人部门，都可被视为市场平台的参与者；在此平台上形成公共部门和私人部门，并形成以满足社会共同需要和私人个别需要为目标的多种广义的市场交互关系。由此出发建构的财政学认为，公共部门和私人部门都是市场交易平台中的平等主体，财政研究重点应该放在公共部门与私人部门在互动中存在的各种交易形式上。④

与原有以公共经济学为主流的财政学基础理论相比，以上探索的财政学理论，在财政职能设定，财政手段运用方式、分析方式等方面，侧重点都有所不同，同时对财政学所包含的政治属性都予以特别的强调。这些理论探讨以及由此构建的理论体系，对于财政学发展而言有积极的意义。不过，对于构建中国特色的财政学基础理论体系来说，这些努力总体而言还远远不够。

# 三、本译丛简介

为了进一步给中国学者探索建设财政学基础理论提供借鉴，我们几位编委不

---

① 付敏杰：《新时代财政职能的国家化和财政学的政治学转向》，《财经问题研究》2019 年第 2 期。

② 吕冰洋：《国家治理财政论：从公共物品到公共秩序》，《财贸经济》2018 年第 6 期。

③ 刘尚希：《公共风险论》，人民出版社 2018 年版。

④ 李俊生：《新市场财政学：旨在增强财政学解释力的新范式》，《中央财经大学学报》2017 年第 5 期。

揣浅陋，组织了这套"财政学基础理论译丛"。这套译丛选取财政学科中比较经典、已经或者可以塑造学科基本面貌的一批著作，加以翻译出版，从而为中国财政学基础理论的发展添砖加瓦。

目前已选择以下 10 本经典著作作为译丛书目，未来若有条件再进一步增添。

**1.［美］埃德温·塞利格曼：《税费各论》**

**2.［美］埃德温·塞利格曼：《所得税》**

**3.［美］埃德温·塞利格曼：《累进税的理论与实践》**

塞利格曼是美国极为重要的财政理论与税收制度的学者，他的著作最大的特点是善于从历史与哲学角度探究财税问题。翻译出版这三本书，有助于纠正中国当前财税研究中过分的数理倾向，为财政学基础理论发展提供历史的与哲学的基础。与此同时，我们也可以体会到，民国时期就有著作在中国出版的塞利格曼的财政思想，如何影响一代又一代中国学者。特别需要指出的是，当前中国正努力加强直接税制建设，塞利格曼的著作，可为中国的税收实践提供理论指引。

**4.［意］德·维提：《财政学基本原理》**

当今财政学主流理论是经由埃奇沃斯等人打下基础并由马斯格雷夫等人完成的公共经济学理论，属于配置范式财政学，以寻求最优化财政方案为自己的目标。但属于交易范式财政学的意大利财政理论（以寻求理解财政行为为目标），迄今在国内未得到重视（有可能是语言的原因）。德·维提这本 1936 年就已经翻译为英文的著作，是我们了解意大利交易范式财政学，进而创建中国特色财政学的重要起点。

**5.［意］迈克尔·麦克卢尔：《帕累托学派与意大利财政社会学》**

财政社会学是财政理论中的一个重要分支，探讨财政与国家发展、社会变迁的关系。目前国内学者对于德国财政社会学的介绍比较多，而对意大利财政社会学鲜有介绍。麦克卢尔这本书为我们了解意大利财政社会学奠定了基础。

**6.［日］井手英策等：《什么是财政社会学：从"危机的学问"到"分析的学问"》**

财政社会学在德语世界诞生后，20 世纪的二三十年代一度在德国、奥地利等国家的学者中兴起研究的热潮。但在纳粹上台执政后，众多财政社会学家纷纷流亡或身死道消，该学科一度消沉或在学科夹缝中挣扎，直到 20 世纪七八十年代在美国才出现复兴趋势。自财政社会学在 20 世纪上半叶引入日本后，这个学科始终得以幸存，有一批学者从事财政社会学研究，且代际传承明显。这本《什么是财政社会学》是以井手英策为代表的日本财政社会学的新生代学者的集体亮相，从本书中我们可以体会日本学者在此领域的努力程度。

**7.〔日〕本间正明：《日本的财政学》**

中国学者对于英美财政学的发展和学者的研究比较熟悉，而对日本财政学者及其成就难言了解。《日本的财政学》一书介绍了日本财政学研究的谱系与发展轨迹，特别揭示了财政学发展与现实经济危机之间的关系。本书对日本财政学的发展史与最新进展有比较详细的介绍，能够让我们一窥日本财政学发展的全貌。

**8.〔德〕卢卡斯·哈克尔伯格、〔瑞士〕劳拉·希尔科普夫编：《税收政治学手册》**

西方世界有一批学者从财政社会学得到启发，将研究焦点集中于探讨税收或支出与国家制度之间的关系，其中专门就税收与国家制度之间关系进行研究的被称为"税收政治学"。本手册的两位主编邀请此领域的相关学者，将税收政治领域的研究文献按主题加以整理和归集，由此形成可为中国学者在此领域展开研究提供导引的理论线索与文献基础。

**9.〔英〕安·蒙福特：《百年财政社会学：有关预算、税收、紧缩的英国观点》**

如果将1918年熊彼特发表"税收国家的危机"讲演视为财政社会学诞生的标志的话，那么蒙福特在2019年出版这本书时恰好一百年。蒙福特通过回顾财政社会学在熊彼特观点基础上的发展，结合英国财政预算的制度实践，提出与预算程序、财政制度、纳税人权利等相关的一些问题，特别主张要在财政社会学研究中高度重视法律主题。

**10.〔美〕詹姆斯·谭：《无税之痛：古罗马的权力与财政》**

这是一本有关古罗马城邦时期的财政与政治状况的著作，书中揭示了三层历史警示意义：由于罗马共和国改变了早期政策，在对外发动战争时不再依赖纳税人的资金，而大量地依靠对外掠夺，带来统治精英贪婪成性的问题；由于没有正常税收，不能将最有纳税能力的贵族的财富转化为国家的力量，带来国家日益贫困的问题；由于没有正常的征税与用税机制，无法建立公民与国家的"同命运、共呼吸"关系，公民失去影响决策的权利，由此引发公民对国家事务日益冷漠的问题。这样的历史教训，对于今天的财政与国家建设来说，依然值得重视。

以上10本书，在出版时间上跨越了一百多年，在空间上不限于中国财政学界熟悉的英美国家，在内容上包括对财政学基础理论在各个方向上（制度的、哲学的、社会的、政治的、历史的）的探索。本译丛由此想表明的是，财政学基础理论不仅有经济学的研究路径，更有多种其他研究路径，特别是社会学/政治学的研究路径。因此，在中国构建财政学基础理论，不能忽视这一长达百多年的深厚传统。若能接续这一传统，定可为创建有中国特色的财政学基础理论打下基础，财政学科的独立存在地位也就不成问题了。

为中国财政学基础理论发展，本译丛致力于引进他山之石。

是为序。

刘守刚

2024 年 8 月

# 前　　言

## 重新构建"活生生的财政学"

本书的构想起源于东日本大地震，这场前所未有的危机余波依然牵动着我们，那是在 2011 年 6 月。经过一段漫长的时光以及许多次深入的探讨，如今这本书终于得以出版。最初设定的是 5 年完成出版，然而这一期限被轻松打破，最终我们花费了超过两倍的时间才得以完成。

为何耗费如此长的时间，自然有其原因。这是因为我们内心真切地希望从社会科学各个领域的历史与成果中，亲手构建出与社会直接相关的财政学。目标愈加宏大，需要付出的努力与痛苦也愈加显而易见。时间在指间流逝。

我们并不是从头开始重新构建"活生生的财政学"的。在我们之前，许多志同道合的前辈曾怀揣着类似的问题意识，为了这一目标付出了前所未有的努力，这些努力在历史长河中得以传承。其中，让我们深受启发的是那些与社会危机紧密相联的努力，形成了一个被称作"财政社会学"的学科领域。

危机有使我们习以为常的"日常社会"转变为我们感到陌生、不习惯的存在的力量。正因如此，我们产生了渴望，希望能够用言语描述这个我们必须面对的"社会"和危机引发的现实。这就是财政社会学。这个领域对于读者来说可能不那么耳熟，它为我们应对危机引发的全新变化带来了新的可能性。这个领域的形成源自一种极其自然的动机，即希望能够批判性地重新审视学问与社会现实之间的关系。

回顾世界和日本的现状，这种危机现实是显而易见的。危机的表现形式多种多样，以日本为例，长期的经济停滞导致就业的不稳定，家庭收入的锐减在发达国家中也属特例。作为生活保障基石的就业形势发生了转变，成为经济停滞的原因之一，同时也在生育率、老龄化率中表现出来。然而与此同时，应该支撑我们生活的财政却远未能满足社会的需求，距离人们的理想状态依然存在较大差距（详见第7章）。

从这里开始，我们不禁产生一个疑问：为什么在日本，财政没能充分地应对现实危机？我们认为，回答这个问题需要借助历史、制度和国际比较等领域的知识，同时也需要考虑日本这个国家的独特社会价值观、规范等社会条件对财政的影响。我们的目标不仅仅是超越经济学和财政学过去所涵盖的范畴，更是将其发展为一门综合性的社会科学，从而可以更加紧密地贴近社会的实际生活现实。

# 本书的结构与内容

我们的关注点首先集中在财政与社会需求（以下简称为"共同需求"）之间的关系上。为了明确这一点，我们选择从整理我们所依赖的学科的意义和范围开始，这将成为第一部分的内容。

我们所涉及的财政社会学在传统上具有一种名为"必要充足的财政分析"的性质，它旨在考察个体需求如何在考虑社会条件的情况下转化为"共同需求"。关键在于，我们将"共同需求"与"个体需求"进行区分，并将其视为反映社会价值观和规范的内容。财政社会学专注于研究"超越面向弱势群体的共感和依靠功利计算的社会价值观，以及历史演变的制度背景，有时甚至包括情感冲动和出于偶然的媒介"等财政决策的过程（第1章）。近年来，新的财政社会学理论涌现，将"税收作为社会契约""纳税人的同意"作为关键概念，并探讨为满足"共同需求"而进行的课税的正当性，以及国家与纳税人之间的关系等。这一新的发展被称为新财政社会学，并在全球范围内逐渐扩展（第2章）。

为了更深入地思考这门学问，我们需要重新审视财政学和财政社会学过去所依赖的历史、国际比较、制度和哲学在方法论层面的意义和重要性。这成为第二部分的主要任务。

从"必要充足的财政分析"的视角来看，预算和政策决策过程成为重要的分析对象。预算具有将支出和收入合法化的功能，但通过追踪参与该过程、内化社会价值观和规范行动者的行为，我们可以理解个体需求如何转化为"共同需求"

的过程（第5章）。另一方面，比较的作用在于丰富对各国财政决策的理解。财政社会学中的比较分析不仅是为了从中得出普遍的理论或结论，更重要的是要在考虑各国特定背景和财政运作与社会价值之间的关系时，揭示多样的财政结构（第4章）。

就重视文本背景的观点来说，理解历史至关重要。近年来，与主流经济学和财政学研究形成对比的是，越来越多的研究通过实证方式揭示了历史理解中国家和财政所扮演的决定性角色。新财政社会学通过历史分析，也为揭示财政的正当性、纳税人的支持以及合规问题，甚至是与经济增长之间的关系做出了贡献（第3章）。此外，尽管财政社会学传统上重视历史分析，但我们仍应再次审视其历史哲学基础和人类观。从这里我们可以看出，虽然吸取历史事实，但我们也会质疑理论虚构化的问题，同时坚持关注理论构建以及道德和规范问题（第6章）。

第三部分是实证部分。这里的两章共同强调了决定财政形态的社会价值观和社会规范的作用。

日本社会的基本价值观，涵盖了勤劳、节俭和自我约束等内容的"通俗道德"在战后发挥了作用，推动了以个人责任为基础的日本式福利国家，即"勤劳国家"的形成。然而，这也致使对于现代社会支出的欠缺和低廉的财政而无法缩小差距，最终导致日本财政的功能障碍（第7章）。另一方面，对于财政不平等的修正功能（如收入再分配）的支持或同意，不仅受到经济学研究中强调的自我利益的影响，还受到人们对于受益层面的社会规范（互惠性）的影响。这种规范意识也会受到特定给付机制的影响，从而打开制度与社会规范关系的分析领域（第8章）。

## 从"危机的学问"到"分析的学问"

正如前文所述，财政社会学最初是受到财政和社会危机的强烈影响而发展起来的。基于这一起源，危机将持续不断地激发财政社会学研究。然而，我们希望在考虑财政社会学的意义、范围、方法以及实证方法的基础上，将这门学问从"危机的学问"重新定义为"分析的学问"。这是因为我们认为，财政社会学不仅揭示了有时间限定的危机原因，更重要的是它具备了超越这一范畴的实用性和潜力，能够为社会提供更为丰富的解读（第1章）。

当然，在与不断变化的社会现实保持活跃联系的同时进行理论构建的尝试，本身就充满了挑战。现实不仅是理论和概念构建的知识来源，同时也会限制过于轻率的理论化。然而，这些挑战是值得克服的。我们希望本书能够激发读者的思考，成为丰富读者对社会理解的助力。

佐藤滋

# 作者简介


**井手英策（第 1 章、第 7 章）**

1972 年出生。东京大学经济学研究科博士课程毕业，经济学博士。现任庆应义塾大学经济学部教授。

主要著作：*Worlds of Taxation*，Palgrave Macmillan，2018（合编）；*The Political Economy of Transnational Tax Reform*，Cambridge University Press，2013（合编）。


**仓地真太郎（第 4 章）**

1989 年出生。获得庆应义塾大学经济学研究科博士课程学分后退学，经济学硕士。现任明治大学政治经济学部专任讲师。

主要著作：『日本の居住保障』，慶應義塾大学出版会，2021 年（参编；*Worlds of Taxation*，Palgrave Macmillan，2018（参编）。


**佐藤滋（第 2 章、第 8 章）**

1981 年出生。横滨国立大学国际社会科学研究科博士课程毕业，经济学博士。现任东北学院大学经济学部教授。

主要著作：『租税抵抗の財政学』，岩波書店，2014 年（合著）；『財政学の扉をひらく』，有斐閣，2020 年（合著）。


**古市将人（第 5 章）**

1983 年出生。横滨国立大学国际社会科学研究科博士课程毕业，经济学博士。现任帝京大学经济学部副教授。

主要著作：『租税抵抗の財政学』，岩波書店，2014 年（合著）；「財政調整制度導入以前の地方財政」，『立教経済学研究』第 74 卷第 1 号，2020 年（合著）。

### 村松怜（第 3 章）

庆应义塾大学经济学研究科博士课程毕业，经济学博士。现任福冈大学经济学部副教授。

主要著作：「戦前日本における大蔵省の所得税思想」，『歴史と経済』第 61 卷第 2 号，2019 年；『福祉財政』，ミネルヴァ書房，2018 年（参编）。

### 茂住政一郎（第 2 章、第 6 章）

1987 年出生。庆应义塾大学经济学研究科博士课程毕业，经济学博士。现任横滨国立大学国际社会科学研究科副教授。

主要著作："Tax Expenditures and the Tax Reform Act of 1969 in the United States," *Social Science History*，46（1），2022；"The Kennedy－Johnson Tax Cut of 1964，the Defeat of Keynes，and Comprehensive Tax Reform in the United States," *Journal of Policy History*，30（1），2018。

# 译者简介

### 徐一睿

1997 年赴日留学，2003 年毕业于庆应义塾大学经济学部，2009 年获庆应义塾大学经济学研究科博士。曾担任庆应义塾大学经济学部助教、嘉悦大学经营经济学部讲师、专修大学经济学部副教授。现为专修大学经济学部教授（财政学），庆应义塾大学经济学部客座教授，日本经济政策学会、日本财政学会、日本地方财政学会理事。曾获日本地方财政学会佐藤奖。

### 刘志诚

1997 年生。2016 年赴日本留学，毕业于专修大学经济学部，同大学经济学研究科博士生在读。主攻财政学、政府间财政关系。

# 目　　录

# 第 1 章
## 财政学和财政社会学
### ——20 世纪提出的问题

　　财政社会学，许多人第一次听到这个术语，首先想到的可能是社会学家分析财政问题的一门学科。

　　最早提及财政社会学的是比利时社会学家 H. 多尼。在他 1889 年出版的著作《税收》（*L'Impot*）中，他提出了"Sociologie Financiere"这个术语，并将"财政学"（science of finance）定位为"社会学的一个子领域"（永田［1937］，p. 197；Seligman［1890］，p. 333）。然而，尽管有这样的起源，日本国内几乎没有社会学家把自己的专业定位为财政社会学。此外，提到财政社会学的国外研究人员大多并非社会学专家，他们也没有将财政社会学作为自己的专业。[1]

　　那么，相反地，财政学家是否有可能进行社会学分析呢？遗憾的是，这方面的例子也几乎没有。战后，在发达国家，主要是经济学家在研究财政问题，如今，财政分析被视为经济学的一个分支。因此，认为财政学家采取社会学方法研究财政问题这一假设本身就很难成立。即使在日本这个较为特殊的国家，也几乎没有将财政社会学作为自己的专业，并且有意识地采用社会学方法的研究人员。[2]

　　本章将从讨论财政社会学这门难以界定的学科出发。纵观战后的学术历史，

---

　　[1]　例如在第 2 章详述的《新财政社会学》（*The New Fiscal Sociology*）（Martin et al. eds［2009］）一书。这是一部开创了近年来财政社会学新潮流的具有里程碑意义的著作，但作者中将社会学作为专研科的只占 40%，其余 60% 的作者专攻历史学、政治学和经济学。

　　[2]　日本是少数几个在各大学的经济学部广泛设置了财政学课程的国家之一。另一方面，在战后日本，真正讨论财政社会学的财政学者，包括大岛通义、神野直彦、赤石孝次、池上岳彦等，他们在方法论上并没有直接采用社会学的方法。

我们发现一个奇怪的现实：那些并非社会学或财政学专家的研究者一再使用"财政社会学"这个名称。在战后的社会科学中，随着国家在社会统合中的作用受到关注，财政社会学这个术语被各种研究领域的研究者们"引用"。

在接下来的部分中，我们将关注这一事实，阐明 20 世纪许多社会科学家为何被财政社会学吸引。基于此，我们将回顾财政学的知识传统，探讨财政学家该如何重新定义财政社会学。

# 1.1 跨学科持续受关注的"财政社会学"

## 1.1.1 财政社会学是什么？

1918 年 5 月，在第一次世界大战即将结束之际，社会经济学家 J. 熊彼特（Schumpeter）应邀在维也纳社会学协会发表演讲。这场演讲的内容后来被整理成一本书，并以《税收国家的危机》为名出版。

这本书中有一句著名的话："我们可以从财政史中听到世界史的轰鸣，比其他任何地方都更清楚。"这句话让许多研究者坚信研究财政历史的正当性。然而，如果仅认为这本书的价值在于一位著名学者肯定了财政历史分析的有用性，那是一种误导。实际上，这部著作在学术史上的价值在于它成功地将财政社会学这个概念推广到了社会科学的各个领域。

在这里提到普及是有原因的。正如熊彼特所承认的，说到财政社会学的倡导者，首先要提到的是社会学家葛德雪（Goldscheid）。[①] 葛德雪非常清楚地意识到了将公共支出与收入分开讨论的德国财政学的局限性。因此，在继承 A. 孔德（Comte）的社会学理念的基础上（详见本书第 6 章），他关注了社会条件和社会结构如何决定财政需求和如何满足需求，以及支出与收入之间的相互关系。

以税收为例。葛德雪问道：实物税和货币税哪一个更可取？间接税和直接

---

① 在正确地讨论这个问题时，F. K. 曼（Mann）将 A. 谢夫莱（Schäffle）视为财政社会学的奠基人，H. 兹尔坦（Sultan）则认为孟德斯鸠扮演了先锋角色。此外，葛德雪本人还提到了 K. 伦纳（Renner）的成就（木村［1941］, p. 387；永田［1937］, pp. 208-210）。谁应被视为财政社会学的倡导者这个问题，与如何理解社会和国家的哲学观念有着深刻的联系。这一点将在第 6 章中再次阐述。在这里，我们只提及一个事实，即通常葛德雪被认为是财政社会学的奠基人。

税，个人征税和物品征税，所得税和利润税，土地税、投资税、财产税和遗产税，应该选择哪些税种，课多少税？哪些国民群体应该承担这些税收？是依赖税收还是依赖借款？这时候，国内债券和国外债券哪个更好？是减少支出还是增加收入？如何结合税收和经济激励？所有这些因素都是由社会结构和内外政治状况决定的。正如葛德雪所说："只有财政社会学才能展示公共收入来源和结构在整个社会发展中，乃至国家和个人命运方面所发挥的作用。"（Goldscheid［1958］，pp. 202-207）。

观察熊彼特的以下陈述，我们可以清楚地看到他和葛德雪有着相同的观念。[1] 熊彼特说：财政不仅构成了国民历史的本质部分，而且是探究社会生活和政治生活的最佳切入点之一。通过观察财政，我们可以了解国家的本质、形态和命运（Schumpeter［1983a］，pp. 12-13）。

坦率地说，即使从我们财政学者的角度来看，这种说法也难免有些过高评价的感觉（Martin［2020］，p. 487），但我们暂且不谈这个问题，为什么熊彼特如此重视财政分析呢？他这样说道：国家并非完全受财政要求所支配。然而，如果想要真实地了解国家，既然国家是社会权力关系的表现，那么我们必须承认社会集团的意义，并正确地了解社会集团的支配力是如何通过各种因素获得的（Schumpeter［1983a］，p. 3 及注 19）。

如果回想财政决策过程中的现实情况，以上的观点就容易理解了。参与预算编制和审议的各个主体和团体，背后都有特定的权力关系和利益关系。在这种"关系"的约束下，他们与国家机构进行谈判，为围绕收入和税收负担的政治斗争而利用这些机构。

我们不会用税收为特定个人提供豪华轿车。财政关注的不是私人的、个人的需求，而是社会的、共同的、可以集成的需求。那么，什么需求以及出于什么原因被认为是社会共同的需求，这种认识反映了怎样的"关系"呢？为了满足需求，我们需要财政来源。这是税收还是债务？如果是前者，基于何种利益关系，哪种税收会被选择，针对谁，并以什么为依据？如果是后者，是从市场筹集资金，还是从中央银行筹集资金？

---

[1] 尽管在解决财政危机的手段方面，熊彼特和葛德雪的立场不同，但熊彼特承认，在财政社会学的方法论方面，他受到了葛德雪的影响（Schumpeter［1983a］，p. 83）。然而，关于税收和财政支出，有研究指出熊彼特并没有像葛德雪那样关注这两者之间的关系（大岛［2013］，p. 105）。

因此，关注财政决策过程并着眼于国家机构与社会利益之间的"关系"，以期现实地理解这些关系，就是财政社会学。

## 1.1.2 财政社会学方法论的精细化及其衰退

虽然熊彼特对财政社会学寄予了很高的期望，但他不得不承认，作为分析手段，"其发展在很大程度上仍然沉睡在神的体内"（Schumpeter［1983a］，p. 13）。最认真地应对这一"发展"挑战的研究者之一是 F. K. 曼。① 曼与熊彼特不同，他批判性地接受了葛德雪的观点，即"财政社会学正是社会学的核心"②（Mann［1947］，p. 335）。然而，他们共同认识到"财政社会学的研究才刚刚起步"（Mann［1947］，p. 331），并致力于研究方法的精细化。

曼的贡献在于，在揭示国家和公共团体的财政制度与社会秩序之间的相互关系方面，他明确区分了"财政对社会的影响"和"社会对财政的影响"。他与马克思主义财政学等将经济与社会视为一体的观点保持距离③，认为社会和财政构成相互独立的问题领域，并相互关联（Mann［1955］，pp. 135 - 136；大岛［2013］，p. 8；池田［1960］，p. 49）。

然而，曼在严格区分社会与财政的同时，避免探讨两个向量之间的关系，即"财政→社会"和"社会→财政"，而选择深化各自分析的现实方法。在此，让我们来看一篇从财政与社会关系角度探讨革命的论文（Mann［1947］）。

有人认为，自私的君主或无节操的党首挥霍无度，导致物质匮乏和财政问题的搁置，从而加剧了被统治阶层的不满，进而引发革命。然而，曼指出这种模式实际上是罕见的。相反，追踪历史过程，可以发现财政对社会的影响，如国家课征重税所反映的政府无能，并非革命的"动力"，而是对现有不满和反对的补充，

---

①　作为尝试财政社会学方法论体系化的研究者，还应包括 H. 耶希特（Jecht）和 H. 兹尔坦。然而，耶希特在引入现象学，兹尔坦在引入知识社会学的讨论中，试图从哲学角度发展方法论，而曼则重视财政社会学的分析和实证价值（永田［1937］，第 6 章；池田［1960］）。关于耶希特和兹尔坦的论述，也请参阅第 6 章。此外，曼的讨论在大岛（2013）、大岛和井手（2006）、加藤（1960）、池田（1960）等的研究中有详细介绍。

②　财政学者 E. R. A. 塞利格曼也严厉批评了这种观点（Seligman［1926］，pp. 194-195）。

③　曼认为，分析财政对社会产生的影响是"真正的财政社会学"，而分析社会对财政产生的影响则是"非真正的财政社会学"。正如我们马上要讨论的，他通过将认为社会对财政产生单方面影响的马克思主义财政学等观点定位为"非真正的"，明确了财政社会学的立场。然而，同时，他也认为这两个方向都很重要，这为讨论留下了一定的模糊性。

换言之，它是一种"催化剂"。财政因素有时会加速运动，有时又使运动偏离方向。

上述论述主要展示了"财政→社会"的向量，但实际上还存在相反的现象（Mann［1943］）。曼指出，在历史的各个时期，处于支配地位的人都利用税收来增加自己的财富并加强经济地位。然而，随着封建国家向现代国家的转变，以及大规模战争的爆发，税收的目的逐渐转向缩小支配层与被支配层之间的经济差距。在此背景下，他关注的是"社会→财政"，即社会变化会带动税收制度的变化。

两者都是重要的视角。然而，两者之间的关系是怎样的呢？财政问题成为革命或体制变革的导火索，而革命或体制变革又极大地撼动了财政制度，这是众所周知的。如果现实如此，除非讨论财政与社会的"双向性"，否则很难描绘革命时期的动态社会变革。这恰恰是葛德雪和熊彼特所期望的分析。

从这个意义上说，曼的研究具有一定的局限性。然而，他在不受"经济基础决定论"（大岛［2013］，p. 8）束缚的同时，也没有陷入财政决定论或社会决定论，展示了财政社会学的基本视角，这一点应当高度评价。财政与社会的"双向性"问题，或许正是下一代研究者在借鉴曼优化的方法的基础上，需要努力解决的课题。

然而，随着马克思主义财政学或公共经济学的扩展，财政社会学却陷入了停滞。尽管曼付出了巨大的努力，但他的研究最终被称为财政社会学的"挽歌"（神野［2007］，p. 55）。

### 1.1.3　财政社会学的复兴？

在处于由一战战败带来的危机时代的德国，财政社会学应运而生，它批判了传统财政学在危机面前无法采取有效措施并导致财政功能失调的缺点。正是在这样的背景下，葛德雪提倡了以国家资产化为手段的国家资本主义，熊彼特也提出通过一次性财产税来偿还战时国债，并论述了即将到来的私营企业和税收国家的终结。

回顾过去，财政社会学的创新性建议之所以吸引了人们的注意，是因为那是一个危机时代。也许随着战后安定时期的到来，人们对这种知识的兴趣会逐渐消失。然而，作为"危机学"的财政社会学，在世界经济秩序开始动荡的 20 世纪

70 年代，再次在财政学之外的领域受到关注。

开创"财政社会学复兴"（神野［2007］，p. 65）的是新马克思主义政治经济学家 J. 奥康纳的（James R. O'Connor）《现代国家的财政危机》。奥康纳认为，国家有两个作用：通过财政支出进行资本积累和满足公共需求。满足公共需求意味着扩大社会支出，不断增加征税的必要性。然而，在这一过程中，如果征税被认为剥夺了私营部门的消费和投资自由，并压迫了生活，那么就会产生对税收的抵抗。换句话说，随着经济增长的放缓，资本积累和需求满足都变得困难，这导致了社会统合的危机。

有趣的是，奥康纳在他的书中提到了葛德雪和熊彼特的研究，并声称"财政社会学一直是马克思主义者传统的主流"（O'Connor［1981］p. 16）。正如曼与"经济基础决定论"保持距离的事实所示，这一观点过于简化了财政社会学的知识传统。

另一方面，奥康纳成功地大胆讨论了石油危机后的财政危机背景下，财政与社会的"双向性"，即社会的要求推动了财政的改变，而财政功能失调则动摇了社会之根本。他为曼的理论限制——财政与社会的"双向性"问题提供了一个解答。在这种知识背景下，许多研究人员对财政社会学分析的有效性留下了深刻的印象。

然而，遗憾的是，他不是财政专家。他没有对财政社会学进行严格的定义，他所追求的"政府或国家财政的社会学基础的阐明"（O'Connor［1981］，p. 6）也只是马克思主义意义上的，即没有超越"经济基础决定论"。在这个意义上，他的论述与曼的论述有着相似但又不同的地方，他用与财政学传统不同的方式对财政社会学进行了重新评估。

在受到奥康纳的论述启发的同时，也有人试图批判马克思主义的"经济基础决定论"，并使用"公共家庭"（public household）① 这个概念，将财政社会学作为宏观社会理论进行重构。最具代表性的是社会学家 D. 贝尔（D. Bell）所著的《资本主义的文化矛盾》。

贝尔在引用熊彼特的"税收国家危机"时指出，"新的社会分析的核心问题是'财政社会学'"（Bell［1977］，p. 96）。贝尔的观点是这样的：意味着财政的

① 在贝尔的译本中，这个概念被翻译为"公共家族"，但在这个概念来源的 R. 马斯格雷夫（Musgrave）那里，财政学者们更熟悉的概念是"公共家庭"。

"公共家庭"将决策权集中在政府手中。当经济增长停滞时，服务支付的需求自然会增加，但税收负担也会增加，因此国民对政府的不满将加剧。正是由于这种私人利益和公共利益之间的困境，公共家庭的前途将不可避免地面临危机（Bell [1977]，pp. 108-113）。

他将社会描绘为由具有不同原则的经济、政治和文化三个领域组成，明确否定了将社会还原为经济的观点。[①] 与此同时，他为财政与社会的"双向性"问题提供了一个答案，并使奥康纳的论述在更接近曼的形式上发展。

然而，他的观点与奥康纳类似，认为资本主义的发展会破坏其制度基础，导致社会不稳定。这是一种有些过时的危机论观点（Mettler [2018]，p. 498）。回顾过去，受马克思主义影响的葛德雪当然是如此[②]，甚至在《资本主义、社会主义和民主主义》一书中，熊彼特也颠倒了马克思关于资本主义失败的论述，探讨了资本主义由于成功而可能导致的崩溃。

主张财政社会学优势的论述都具有马克思主义擅长的危机论的特征。第二次世界大战结束后，财政社会学逐渐衰落，或者在各国渡过石油危机，经济在 20 世纪 80 年代重新回到增长轨道的情况下，讨论资本主义危机的论述在社会科学背景下逐渐消退，这也不是没有道理的。

### 1.1.4　财政社会学的逻辑

然而，在 20 世纪 90 年代，社会科学各领域再次开始关注财政社会学。值得注意的是，这些研究并没有试图将财政社会学作为解决危机的手段，而是将其定位为"分析的学科"。

在此，我们先指出两个学术历史背景（Martin et al. eds. [2009]，pp. 12-13），并将最新的财政社会学研究动向留给第 2 章。第一个背景是，在理解和解释国家

---

① 神野直彦将财政视为经济、社会和政治的中介环节的财政社会学模型，受到了贝尔这一论述的强烈影响。

② 尽管葛德雪在批判马克思主义的同时，继承了阶级国家观（大岛 [2013]，p. 94），并且从租税制度理解关税斗争，即社会阶级斗争本身的表现，也具有继承马克思主义的一面（大内 [1974]，p. 500）。因此，前面提到的奥康纳认为"财政社会学一直是马克思主义者传统的主流"，这并非完全错误。然而，除了继承德国财政学传统的曼的观点之外，近年来新财政社会学的潮流，其源头也是在批判马克思主义的背景下诞生的。

权力的来源和影响方面，对税制的关注变得更加强烈。① 另一个背景是，试图将战争、经济发展和政治制度等问题纳入解释税收国家发展的"综合理论"（synthetic theories）中。

这一趋势的开端是 T. 斯考切波（Skocpol）等人的《找回国家》。他们提出的"新国家主义"（neo-statism）② 理论对社会科学产生了广泛且巨大的影响。特别是，她提高了人们对租税作为国家权力经济和政治表现的关注，并在"制度论"和"国际比较"的方法论背景下，探求了被细分化的社会科学的理论整合。③

让我们稍微详细地解释一下这个知识背景（Skocpol［1985］）。以奥康纳为代表的新马克思主义者讨论了国家在资本逻辑贯穿社会过程中的"相对"自主性。相对于此，斯考切波等人将国家定义为：一个由国家精英组成的、用于实施统治的集合性组织；或者从宏观角度看，国家是一种为社会群体和阶级赋予政治意义和方法的组织和行为配置。他们将国家视为一个"自主"的实体，根据社会需求和利益设定并追求目标。

国家通过克服社会群体的反抗及其背后的社会经济状况，实现自己设定的公共目标。斯考切波等人认为，影响"国家能力"（state capacity）的因素包括主权和领土的完整性、行政和军事稳定性、忠诚且熟练的官僚以及丰富的财源。

国家可利用的收入和信誉及形式一方面受到结构性条件的制约，另一方面受到国家与国家、国家与社会团体之间政治平衡和谈判的历史变化的影响。此外，国内制度和国际形势设定了国家精英在征收税收和获得信誉方面难以改变的限制。因此，斯考切波等人试图通过将财政作为分析视角的最重要因素之一，以"国家能力"为线索论证国家的自主性。

这里讨论的"国家能力"，与传统的官僚政治分析和强调国家论的社会学习过程有所不同。在以往的讨论中，各个主体在各自的立场上自由行动，各个主体在广泛的范围内，有时缺乏与现实的一致性，主要从过去的经验中汲取教训，因此解释和预测政策方向变得困难。相对于此，"新国家论"通过讨论决定"国家

---

① 值得注意的是，关注的焦点并非财政整体，而是"税制"。请参阅本书第 2 章。

② 请参考井手（2006）序章以及大岛、井手（2006）第 4 章。

③ 值得注意的是，在比较政治学中，历史制度论逐渐形成一个学术潮流，也有研究将财政社会学视为这一潮流的一部分。这个问题将在第 2 章中探讨。关于制度论（包括历史制度论）与财政社会学之间的关系，可参考赤石（2008）和井手（2008）。

能力"的因素——"制度配置"（institutional configuration），成功地提高了预见国家政治选择的准确性（Hall ［1986］，pp. 16-18）。

从此之后，关注政治精英行为、制约国家与社会相互作用的制度的作用、比较制度的形成过程的历史制度论，以及分析个人在微观层面上的理性、有限理性选择行为及制度对其产生的影响的合理选择论开始蓬勃发展。接着，许多关于财政问题的著作陆续出版，也出现了大量涉及财政社会学这一术语和提及熊彼特的《税收国家的危机》的研究（参见 Bonney ［1995］［1999］、Brownlee ［1996］、Campbell ［1993］［1996］、Campbell & Allen ［1994］、Hobson ［1997］、Levi ［1988］、Steinmo ［1993b］、Terre ［2001］、Tilly ［1992］）。

然而，这些"新国家论"的发展，并未像奥康纳等人那样，内在地追求财政社会学的方法论和分析的发展。相反，财政现象被作为一种"手段"或"表现场所"来讨论国家能力和自主性，或者是讨论制度对个人和群体行为产生的影响，而对具体的财政结构和财政决策的分析几乎没有讨论。

诚然，通过关注财政现象，这些研究揭示了国家权力的动向以及国家与社会团体之间的冲突，这与葛德雪和熊彼特流派的"财政社会学逻辑"具有相同的基础。然而，熊彼特所提到的关于财政社会学发展在很大程度上仍然处于沉睡状态的问题，至今仍然没有得到显著改善。

## 1.2　面对财政科学的知识传统

### 1.2.1　战败对德国财政科学的打击

财政这一素材一直吸引着许多社会科学研究者。如将在第 2 章详述的，2000 年以后，累积了许多卓越的研究。这些研究聚焦于财政特别是税收的共识形成，探讨权力斗争的实质和国家能力的差异等。然而，在财政学这一孕育财政社会学的领域，财政学的"经济学化"正在加速，财政社会学的学术价值仍然被忽视。本节将探讨这一问题，试图弄清楚财政社会学在财政学知识传统中的定位。财政学作为财政社会学的根源，其学术价值在不断地被贬低。为了解决这一问题，我们需要深入了解财政社会学在财政学传统中的地位。

财政社会学的起源可以追溯到 19 世纪后半叶席卷欧美社会科学的"德国历

史学派"的权威丧失这一事实。① 当时的德国是知识交汇点，以美国为例，在 1820 年至 1920 年间，约有 9 000 名学生前往欧洲进入德国大学，经济学研究的 基地"美国经济学会"（The American Economic Association）也是由受到历史学 派影响的学者创立的（Hodgson［2001］，pp. 137-138）。

以上所述的历史学派与旨在实现领邦政治、经济统一的官房学派相结合，诞 生了德国财政学（神野［2007］、木村［1958］、井藤［1948］）。在德国财政学 中，共同经济与市场经济被视为本质上不同的事物，并区分对待。国家和财政被 认为属于前者。

在德国财政学中，国家处于独特的地位。首先，国家的持续时间是无限的， 并且在市场经济难以提供的服务生产中进行财富分配关系的矫正，通过福利创造 纳税能力。正是基于这种持续性和生产性，德国财政学认为国家具有超越市场经 济的"普遍性"，并通过税收强制获得财源正当化。简言之，财政就是"国家经 济"，其本质在于利用税收实现"货币治理"（神野［2007］，pp. 6-7）。

A. 瓦格纳（A. Wagner）、L. V. 施泰因、A. 谢夫莱被誉为"德国财政学的三 巨星"。其中，瓦格纳拥有压倒性的权威，19 世纪末以后，各国使用的财政学教 材无一不是他的财政学翻译本（神野［2007］，p. 41）。

然而，在德国第一次世界大战战败的背景下，曾承认国家具有普遍性和特权 地位的德国财政学的学术信誉逐渐下降。用财政学家大内兵卫的话来说："德国 的军国主义行为，以及由此导致的德国帝国主义战争，及相关财政政策本身，都 与这些大师的学说有着密切的联系。因此，随着实践的失败，这些学说的权威自 然会被打破。"（大内［1974］，pp. 474-475）

在这种时代背景下，从批判容易忽视财政现象与社会机制现实相互作用、陷 入收入筹集技术论及其正当化的德国财政学的语境中，财政社会学应运而生。理 解这种批判的关键在于一个概念："共同必需"（gemeinbedurfnis, common need）。②

---

① 马克思批评德国经济学一直是外国的学问，在这个背景下，经济学家们为了掩饰学术无力 感，依赖于"文献学的博识炫耀和其他领域素材的混入"，特别是"官房学，也就是德国官僚制的 有望候选人必须通过考试这个地狱般的杂学知识体系的训练"（马克思［2005］，p. 15）。基于这一观点， 大内兵卫指出，"德国财政学意识到自己的无力源于对普鲁士式国家无谓奉献的失望反思"，并严厉批 评称，"如果对那庞然大物般的财政学体系仍抱有很多遗憾，那么德国财政学在新的科学起点上可能 会犯下更多的错误"（大内［1974］，p. 478）。

② 财政学家们一直将这个德语词汇翻译成"共同欲望"。然而，考虑到在英译中，里敦尔所使 用的 gemeinbedürfnis 被翻译为 common need，需要与我们在本书中提到的经济学中的"欲望"加以区 别，以及自贝尔的《资本主义的文化矛盾》以来，许多论者把欲望（wants）与需求（needs）之间的 区别作为财政分析的起点，在这里，我们将其翻译为"共同必需"。

### 1. 2. 2　"需求"是个人的一种可还原的能力？

最严密地讨论"共同必需"的是德国财政学的继承者 H. 里敕尔（Ritschl）。里敕尔承认，"个别需求"有时候必须以集体方式满足，他称之为"集体需求"。然而，与"集体需求"不同，无法还原为"个别需求"的"共同必需"同样存在。财政的目的在于满足这些需求，这种满足可以维持和发展共同体（Ritschl ［1958］，pp. 236-237）。

如上所示，从定义上看，"共同必需"是不能在个人层面上满足的需求。因此，为了满足这样的"共同必需"，共同社会组织是必不可少的，这就是国家。为了满足"共同必需"，需要财源，因此，强制征税权也在逻辑上必然地被认可给国家。"国家经济"意味着公共经济活动，但在德国财政学中，国家经济之所以具有公共性，是因为存在"共同必需"，这可以说是"公共性"和"强制性"的发源地。

当然，站在方法论个人主义的立场上，有一种观点认为没有"共同必需"，而是用个人的"欲望"来解释整体。E. 萨克斯（Sax）、E. 林达尔（Lindahl）、K. 维克塞尔（Wicksell）等后来与公共经济学相连的财政学家将国家看作个人的集合体。所谓的"共同欲望"，与里敕尔的观点相反，是"集合"满足的"个别欲望"，因此，在这里，"共同必需"和"集合欲望"是指同一现象。①

德国财政学与这种观点完全相反。如前所述，国家在市场经济中提供无法生产的服务（无形资产）。这是从国民经济的角度来看的生产力，国家具有与个人集合体不同维度的特殊力量（生产论）。此外，国家的给付创造了承担税收的能力，最后通过税来回收，进一步提供新的给付。在这种循环中，税收和给付之间存在一般报酬原则②，整个社会的需求得到整个社会的满足（再生产论）。因此，德国财政学认为，财政学是一种市场经济无法还原的国家特有的财政组织原则（木村 ［1958］，pp. 19-20）。

---

①　在彻底贯彻这一思想的同时，塞利格曼（Seligman ［1926］）根据方法论个人主义将集体和规范的形成过程理论化，并对欲望满足的方法进行了类型化区分。塞利格曼认为，个人的欲望满足是先行的，需要他人的帮助来补充，从而形成集体。集体仅仅是其成员的集合，有机体说的德国历史学派的国家观和社会观被排除在外。

②　德国财政学并非以特殊报酬性来理解负担与给付之间的一对一关系，而是以一般报酬性为原则，将总体给付与总体税收相对立。这意味着德国财政学确实是以无法还原为个人的共同必需的存在为前提的。

德国财政学和公共经济学所展示的这两种观点，是哲学层面上的差异，并非谁对谁错的问题。

尽管在法律层面上，我们无法直接看到一个与个别国家行为者不同的综合主体——国家。然而，如果我们将国家视为国家精英，那么国家的选择似乎可以用个体主体的效用最大化来解释，并且在现实中，政策选择往往被视为追求利益的结果。在认识到国家层面决定的事务时，将其还原为个人利益的方法确实具有直观吸引力。

相反，正如 J. 边沁（Bentham）所提倡的不是"所有人"的幸福，而是"最大多数人"的"最大幸福"，多数派的欲望往往与少数派的欲望相矛盾。因此，通过民主主义决定的"整体意愿"很难作为"个别意愿"的总和来论述（木村［1958］，pp. 31-32）。此外，从实际预算运作的一般报酬原则来看，税收原则上并未与个人利益挂钩，也未建立在个人利益与其对价之间的关系上，因此德国财政学的观点也值得关注。

财政社会学显然是继承了德国财政学的传统。那么，从批判德国财政学的财政社会学的视角来看，"共同必需"应该如何论述，以及它与德国财政学有何不同呢？以下，让我们在考虑日本具体财政决策过程的同时，思考这个问题。

### 1.2.3　"共同必需"的逻辑和现实

在编制预算的过程中，由"个别需求"形成的多方利益相互冲突。在这个过程中，官僚、政治家和社会团体的"意志"纷纷展现，最终作为政府预算案以数字的形式呈现出来。在预算审议过程中，各方就个别政策的重要性、现有预算的实际成果和效果展开讨论。此外，围绕财源的问题，针对如何征税、谁应该承担多大的税收负担，以及在多大程度上依赖国债发行等问题上展开讨论。政府和国民的代表们在各自的社会正义感的推动下针对利益和负担分配展开激烈辩论。各政党的意识形态相互冲突，火花四溅。

经过上述程序，各方达成了关于集体福利的总体共识，从而确立了"共同必需"。预算是公共事业与福利等"集体需求"的集合。然而，在这个阶段，这些需求仅仅是"多数人的需求"，从逻辑上讲，尚未成为真正意义上的整体需求。

尽管如此，由于国民代表通过民主和正当程序作出决定，议定的预算表面上具有了全体国民共同利益的特征，即呈现出"共同必需"（表面上）的形态。这种表面上的形式有两个途径，可转化为具有实质性的"共同必需"。

首先，作为"集合需求"的预算汇集了各种服务，使某些人在某些服务中受益，而其他人在其他服务中受益。这种复杂的交叉使得每个人的利弊难以计算，从而使预算具有"整体性"。通过这种"整体性"，原本仅作为"集合需求"的"个别需求"集合体可能被赋予一种超越"集合需求"的性质，即"共同必需"。

例如，A 先生可能不使用高速公路，但经常使用医疗服务。在公共服务方面，A 先生在某些情况下可能过度索取补贴，在其他情况下可能索取不足（Wolff［2016］，pp. 252-253）。然而，处于这种无数过度和不足之间的 A 先生无法计算总体利弊。换言之，效用最大化本身是不可能的（Williamson［2017］，pp. 6-7）。

不仅如此，在个人利益的层面上，我们都在无论收入多少的情况下，提供和共享道路、供水、基础教育等服务。这种行为培养了"社会凝聚力"和"大家都在一起"的感觉（Wolff［2016］，p. 253）。纳税人对于自身的"共同必需"是否得到了适当满足，以及收益和负担是否达到平衡，这些模糊的认知都与社会公平感息息相关，并可能影响到对纳税、政府和他人的信任（茂住［2019a］，井手、古市和宫崎［2016］，佐藤和古市［2014］）。

现实与将个别需求出于便利原因集体满足的说法不符。公共经济学的思维方式否定了"共同必需"的可能性，将群体视为成员的数量集合，以满足"个别需求"的形式来定义"集合需求"，这限制了对这些现实的分析。

此外，预算与生活及利益关系密切相连，从而增强了其作为"共同必需"的性质。一旦某项服务纳入预算，其支出将在很长一段时间内，甚至数十年内，成为人们生活的一部分。随着时间的推移，它作为生活中不可或缺的"共同必需"的性质越来越明显，支出将被结构化，反过来，结构化的支出将影响官僚、政治家和社会团体的判断标准。

举例来说，在 19 世纪初，各国开始实施义务教育制度并逐步免费。尽管最初存在争议①，但现在我们几乎不会再听到关于恢复收费或归为个人责任的观点。如果有人提出这样的主张，官僚和政治家们将面临严厉批评。另一个例子是英国实现了医疗服务免费化，为社会所有成员提供服务。然而，即使是批评大政

① 　在日本，即使在 19 世纪后半叶，静冈县的县立中学也曾经有过关于全面废除中学的提案，共 37 人的静冈县县议员中有 14 人投票赞成（金泽［2010b］，p. 94）。

府的玛格丽特·撒切尔，也无法实现医疗服务的社会保险化，这表明医疗服务已被认为是"共同必需"。

日本的公共项目也面临类似情况。战后相当长的一段时间里，一直存在公共项目饱和的问题。公共项目不仅包括经济基础设施，还扩展至农业基础设施、文教设施和福利事业，给各个部门的预算带来了很大的限制。此外，正如公共投资基本计划所示，扩大内需以减少对美的贸易顺差，甚至对外交政策产生了重大影响（井手［2015］第 1 章）。

当然，政治行为者表面上强调"共同必需"，确保了某些特定群体的既得利益得到制度化。在某些情况下，尽管目前可能不需要养老金或护理服务，但考虑到未来它们可能成为生活必需品，反对这些支出会变得困难。总之，经过议定的预算已经超越了"集合需求"的范畴，无法仅用严格意义上的个人需求与否来解释，也不能轻易地通过多数表决加以推翻。

## 1.2.4　德国财政学的局限性——概念化的"共同必需"

所谓的"财政结构"就是"共同必需"服务提供的总和。正如以上的解释所示，在这样的结构形成的过程中，会有激烈的政治斗争，官僚和政治家会受到各种社会团体的有形和无形压力。社会价值、个人需求和政治利弊的激烈冲突下，每个国家都会以各种形式体现出"共同必需品"，这些"共同必需品"将反映在预算中，并不断讨论如何提供更好的供应方式（见本书第 4 章）。

然而，在受到德国浪漫主义和历史学派影响的德国财政学中，国家的绝对性、伦理性、普遍性被视为前提，就像 G. W. 黑格尔的讨论一样，国家作为有机体的链接和公民对此的服从被视为前提。① 因此，在德国财政学中，"共同必需品"也被作为先验的事物来讨论，而其具体内容和决定过程并未被质疑。正如施泰因（Stein）讨论"国家的绝对经济权力"原则一样，德国财政学中的国家权力是"在卢梭的契约论中，位于简单目标协定之上的"（舒梅尔德斯［Schmölders,

---

① 里敕尔指出，国家经济的基础并非自私，而是牺牲、忠诚和共同精神。因此，市场经济中的资源，如征兵、提供军营和征税等，往往会被用于满足"共同需要"（参见 Ritschl［1958］，pp. 236-237）。然而，关于黑格尔式的国家观念是否能直接链接到全体主义的国家观念，在德国财政学的继承过程中，存在着各种不同的观点。例如，参考特拉维索（Traverso, 2010，pp. 74-75）。

1957］，p. 19）。①

初期的财政社会学家们明确意识到的，或者，近年来一系列提及财政社会学的研究所关注的，正是这个问题。

让我们看看葛德雪。他严厉批评了德国财政学在巩固其作为"公共财政"学科的地位的同时，回避了公共需求背后的社会关系如何规定公共支出和公共收入的相互关系的问题。这些批评，一方面承认了"共同必需"的存在，但德国财政学却忽视了这种需求具有什么样的内容，以及是在何种利益关系下形成的问题。换句话说，公共家庭受到社会的限制，同时也忽略了社会的发展这两个方面，从而使财政学越来越成为经济学的附属物（参见大岛［2013］，pp. 62-63；大内［1974］，pp. 482-483）。

熊彼特也是同样的情况。他在《税收国家的危机》中，将国家定义为一个为共同目标服务的机构，并在克服"共同困难"的历史过程中找到了国家的起源，这是从另一个角度看待共同必需的方式。然而，财政社会学并不仅仅是"理解国家的产生"。他从私人经济和税收国家的经济供给能力的关系中捕捉到，"是谁在驱动国家机构，代表谁的利益"。当他同时考虑到德国财政学和马克思经济学时，他认为有机体国家观念和阶级国家观念都是错误的。但是，国家既"反映了社会的权力关系"，同时也试图在国家理念下包容国民。也就是说，熊彼特提出的问题就是社会与国家，以及国家与社会如何互动的两个方面（参见 Schumpeter ［1983a］，pp. 100-102）。

宣扬财政社会学的他们，无一例外地，将国家理解为社会的一种形式，其目的是作为满足"共同必需"的充足机制，并将财政需求作为"共同必需"的实际表现进行关注。同时，无论是奥康纳还是贝尔，他们都没有从德国财政学传统的角度切入去关注这个问题。他们探讨的是，围绕"共同必需"的劳动者和资本家的斗争，以及私人利益和公共利益的相互冲突，如何使社会和政治的平衡变得不稳定。"新国家论"以来对于财政社会学的重新评估也是在同一脉络中。他们尽管明确否定了阶级国家观，但仍然关注了国家筹集和分配财源的能力，以及在这个过程中制度的角色。特别是"新财政社会学"以来的各项研究，都尝试照亮

---

① 岛恭彦的以下观点富有启示性："德国的官僚主义财政学"能够通过适应国家权力的目标和行动来维持传统体系，同时，德国财政学界可以通过围绕预设的"伦理权力"聚集来保持秩序（参见岛［1982］，p. 321）。

"税收"背后的社会关系，试图解读"纳税人的同意"① 所带来的国家和社会的多样性（本书第 2、3 章）。这些问题同时是提倡财政社会学的人们，试图跨越德国财政学的限制时所提出的问题，也是马克思经济学和主流经济学的批评者在不同的知识背景下，批判性地提出的问题群。

## 1.3　财政社会学的目标是什么？

### 1.3.1　与"新国家理论"的不同和相同之处是什么？

正如上述，关注财政决策过程，试图探索国家与社会的相互作用的财政社会学，是从批评性继承德国财政学中诞生的，克服了德国财政学的方法论局限。再次引发这些问题的是非财政学领域的研究者们，那么，他们进行的财政分析与我们所思考的财政社会学有何不同？② 与分析相同的财政现象的公共经济学又有何不同？

财政，就是"国家经济""货币治理"，根据这个定义，不同的国家观对于经济活动和治理的目标意义的表达是完全不同的。如果是马克思主义或新马克思主义，国家被视为阶级统治的工具。③ 那么无论选取哪个国家，国家的经济活动如筹集和分配资金，都会以资本积累为目标，治理的目标也无法与资本家的利益脱钩。

另一方面，在制度论中，国家被理解为治理机构与社会组织有机相连的"复合体"（中谷［2016］，p. 55）。因此，其目标和意义在由历史形成的制度所规定的"脉络"中被确定，并强调其与马克思主义不同，各个国家之间存在差异。④

---

① 关于这个词汇的定义请参照本书第 2 章 2.3.2。

② 正如凯恩斯学派中的 A. 汉森（Hansen）所论述的，战争导致就业和住房短缺加剧，在战后刺激私人投资时，与瓦格纳的生产理论重合；当国家支出的增加导致总收入增加，改善了该国的财政状况时，其逻辑与再生产理论一致（Hansen［1941］，p. 140、p. 150）。然而，汉森的讨论在这样一个问题上存在局限性，即，即使在再分配税收的情况下，他也只能从"经济理由"出发来理解这一点，即增加消费倾向，创造有效需求（Schmolders［1957］，p. 340）。

③ 在奥康纳和其他新马克思主义者看来，国家不是工具，而是一种结构，它们被淹没在由生产过程构成的社会中，公共需求的满足也被定位为正当化资本积累的手段。这就是国家自主性只不过是一种"相对性"的表现（Skocpol［1985］，p. 5）。

④ Mahoney & Rueschemeyer（2003）将此定义为"contextualized comparisons"（情境化比较）。请参见第 4 章。

正如我们已经指出的那样，我们不持有阶级国家观。① 相反，我们也不会像德国财政学那样，从观念论出发，赋予国家特权地位（本书第 6 章）。与"新国家理论"后的流行思想一样，我们把国家视为一个主动的主体，是现实存在的，是治理机构与社会组织的复合体。

但是，与强调官僚在政策决定中的主导影响力的"国家理论方法"，论述历史形成的制度对政策主体行为产生约束影响的"历史制度论"，从官僚、政治家的理性/有限理性选择出发讨论这些前提下制度的约束性的"理性选择论"等② 不同，我们不会把财政问题作为政治分析的"手段"或政治行为的"显现场"。

相反，我们会关注预算作为"共同需要"被认知的过程，将个体的需求转化为社会共有的需求，并对为满足这些需求进行的财政决策过程进行研究（本书第 5 章）。在这里，我们将处理例如普遍主义（Universalism）或筛选主义（Targetism）的财政结构是如何形成的；作为筹集资金的手段，高税负或对金融系统的依赖是如何形成的；这些政策决定与公正观、劳动观、个人责任、团结等社会价值之间的关系如何；以及通过以上问题，各国福利财政的多样性是如何形成的（本书第 4 章）。

### 1.3.2　决策过程分析的重要性

第 2 章中的"新财政社会学"（The New Fiscal Sociology）提出，近年来关于"纳税人的同意"有许多研究正在进行。然而，只是讨论"纳税人的同意"如何建立，制度论所关注的影响"国家能力"强弱的制度性因素，以及拥有约束力的制度群如何在历史上形成，是不足够的，也不能仅通过"新财政社会学"强调的关于税的分析来讨论同意获取的成败。

首先，官僚、政治家，或者他们背后的社会团体设定了在当年预算编制过程中的税制改革目标，并试图实现这些目标。当然，他们的选择会受到已有税收制度的影响，包括一年税制或永久税制的法律体系。

然而，当时的税收负担分配，以及新税制下的负担分配，即纳税人之间的负担平衡，会极大地改变税负感。这些问题与制度影响有关，但更多的是与积累的

---

①　简洁地说明原因，例如，日本在高度经济增长期，为什么会实施在国际上看来沉重的法人税？这样简单的事实在阶级国家观念中无法得到充分的解释。换句话说，阶级国家观念使得国际比较变得困难。

②　关于理性选择制度论，请参见建林（1995）、加藤（1997）、真渊（1987）。

制度改革形成的税制结构以及对此的评价有关。此外，税收与支出的关系是密不可分的，因此在成为制度的或已经制度化的支出与负担的平衡，即感受到的受益程度，会缓解或激化受益者与负担者的利害冲突。

换句话说，税和税、税和受益的平衡如何影响选民的公正感，以及官僚和政治家如何考虑这些，或者没有考虑，我们必须加以关注，否则无法解释如何通过"纳税人的同意"以调整"国家的能力"。

此外，这个过程也可解释何为支出的"束（集合）"。如果将其视为一种"共同必要"可以增强人们对政府政策的支持和社会的稳定。反之如果在狭义上将其视为一种"集合必要"，即把既得利益的集合体视为一个整体，可能产生负面效果。只有这样，才能对两者之间的分歧加以说明。这些分歧不仅取决于实际受益和负担的平衡，而且还取决于对政府的信任感，社会对通常意味着救济的给付的评价，其背后是关于救济问题是否需要的一种道德观的表现。决策过程中对多数投票的输家的考虑程度，以及在形成一致意见过程中的程序的细致程度等都会产生一定的影响（参见本书第7、8章）。

"纳税人的同意"，以及其结果，即高税收负担率这一财政现象的背后，不仅有"新财政社会学"关注的税问题，还有相当广泛的问题存在。[①] 而这些问题要求我们具体地、从历史的角度，分析财政决策的方式如何影响同意的获取（参见本书的第3、6章）。也就是说，会出现远远超出"制度会诱导每个人的选择"范围之外的问题群。

根据我们希望具体分析财政决策过程、从历史内在性的角度看问题的立场，国家能力的有无、制度的约束力应被视为政策主体之间的共识形成或不形成后进行评价的事项。对我们来说，问题不在于国家的自主性，也不在于制度与个人在政治过程中的关系，而在于一个财政结构是如何形成的，在这个过程中，收益和负担会如何影响各主体的社会价值认定，以及被构建的财政对社会价值有何影响。

与"纳税人的同意"有关的制度论之间的差异，特别是与制度变化理论的分析不同，在考虑财政决策的实证问题时，制度内置的理念和目的被削弱，使得做出选择的人总是受到偏离这些理念和目的的激励。

---

① 近年来，在"新财政社会学"的背景下，对给付方面的关注正在增加。对于这一点，请参阅第 2 章。

正如我们可以从 20 世纪 90 年代中期以后的日本看到的那样，一系列以维持货币价值稳定为出发点的中央银行政策最终却让政府公债更容易发行，使政府能够不依赖外国资金来融通财政赤字（Takahashi & Shimada［2015］、木村［2013］）。结果，国债价格的长期稳定被制度化，增税的趋势减弱，"纳税人的同意"变得困难。

这样的结果是从财政法第 4 条规定的非公债主义和制度框架中产生的，即允许因为例外事项发行特例公债。然而，例外情况不仅常态化，而且在中央银行的独立性通过 1997 年的日本银行法修订显著增强后，财政融资加速，产生了反常的情况。所以，当国债价格的稳定是法律制度形式化的结果时，"纳税人的同意"必须考虑税收和金融的关系，以及失去有效性的制度的意义（井手［2012］、大岛和井手［2006］）。

每个国家如何看待财政需求，以及在多大程度上将其视为保障对象或自我责任的对象，也是重要的问题。因此，各国的福利财政采取了多样化的形式。

这里也需要追踪制度的约束力，特定社会的道德价值和公平标准、选民所处的经济状况、纳税人的收入状况等。欧洲有高税率的增值税，日本的消费税却被批评为"不公平的税"。这背后有社会公正的标准，但是，这些标准是如何形成的，我们必须深入这个层次，否则无法解释税收抵抗和痛苦感（本书第 7 章）。

### 1.3.3　公共经济学与财政社会学

最后，我们来考虑与公共经济学的不同之处，这是一门否认"共同必需"存在，并从经济学的角度分析财政现象的学科。首先应确认的是，在公共经济学的学术历史中，极为重要的研究者 R. 马斯格雷夫在理解财政社会学中的问题设定的重要性的同时，有意识地开辟了不同的研究领域。

在他的《财政学原理》序言中，他如此表述：

"为了阐明财政问题的政治决定，需要理解制度和历史结构。然而，同时，财政问题也必须通过经济分析的方法来处理。已经成功应用于国际贸易等特殊领域的一般经济理论知识，也必须以同样的严谨度应用于财政问题。"（Musgrave［1961］，p. 9）

马斯格雷夫将财政研究分为"公共家庭的规范或最优理论"和"围绕财政的政治社会学"两个部分（Musgrave［1961］，pp. 4-5）。前者是公共经济学，后者是财政社会学。这意味着，至少在 20 世纪中叶的财政研究，存在着作为经济学一部分实现经济发展的可能性，以及在批判性继承德国财政学的知识遗产的同时，以财政社会学为中心实现财政学发展的可能性，这两者和谐并存。①

这种"两种观点"的区分非常重要。马斯格雷夫论述了作为"公共欲求"（public wants）之一的"社会欲求"（social wants）（Musgrave ［1961］，p. 10）。从所有人都会消费同等数量的"商品的性质"的角度出发，他首先强调存在这些不可能由私人提供的商品，而且人们的欲求并非由私人而是由社会来满足，并且无法排除不付税的受益者。

这些特性一般被称为"非竞争性"和"非排他性"。"非竞争性"指的是使消费者之间在消费上不产生竞争的商品性质，而"非排他性"没有支付对价的人不会被排除在外的商品属性。在公共经济学中，这些性质的商品被定义为公共产品。

到目前为止一切都很好。问题在于接下来的部分。马斯格雷夫指出了一个"技术难题"，即当特定的服务被所有人等量消费时，不存在最有效的单一解决方案。但是，预算的存在得到正当化并不是因为公共经济学所假设的这种技术难题。由于存在"每个消费者消费不同数量"的现实情况，政府就必须想办法去纠正个人的选择。这才是预算被接受的真正原因。（Musgrave ［1961］，p. 12）

马斯格雷夫将教育和低价住房这类即使可以由私人提供，也被认为有预算提供的优值的"公共欲求"，称为"优值欲求"（merit wants），并与从商品性质出发的"社会欲求"进行了区分。"优值欲求"可能会被特定的阶层，如低收入阶层消费。并且，"价值欲求""真正的目的是让一些人，可能是大多数人，干预他人的欲求方式"，而"根据社会欲求决定的解决方案在这种情况下不适用"（Musgrave ［1961］，p. 20）。

在近年的公共经济学中，人们试图规范、实证地讨论消费公共产品的主体应该如何满足"社会欲求"，以及实际上如何满足"社会欲求"，即公共产品的最优

① 一桥大学——后来成为日本公共经济学的据点之一——的大川政三教授讲授财政学，他回顾了井藤半禰和他的继任者木村元一的学术研究。大川教授说："根据井藤教授的分类，井藤教授研究的是纯粹的财政学。然而，另一个重要的财政学研究立场是财政社会学。财政现象被视为生活在其他社会现象中的实体，财政现象在资本主义社会的生活现实中是如何生成和发展的，财政思想是如何从生活的现实中产生的，这些财政思想又如何反过来影响现实，从这样的立场出发，木村先生开始了他的工作。这是从异于井藤教授的方法意识的立场上对财政现象进行战斗的体现。"（大川［1982］）。至少在 20 世纪 80 年代之前，公共经济学和财政社会学是可以桥接的。

分配。但是，马斯格雷夫认为存在一个不同的领域，即关于"优值欲求"的个人选择的干预。这就是他强调"围绕财政的政治社会学"的重要性的原因。①

当然，并不是说马斯格雷夫或公共经济学家忽视了涉及"优值欲求"的政治过程分析。马斯格雷夫讨论了与通过投票决定预算相关的"优值欲求"，后来的公共选择论也处理了这个问题。

然而，当各主体选择通过投票行为，涉及政治家和利益团体时，就会出现"多数人干预他人的欲求方式"的过程被排除在分析对象之外。结果，马斯格雷夫之前指出的"为了阐明财政问题的政治决定，需要理解社会和历史结构"，仍然作为一个需要由财政社会学独立考察的问题遗留下来。

### 1.3.4　身为探寻活生生的人类的学问

以上整理直接解释了我们把财政的具体决策过程作为问题，并关注社会历史结构的差异来进行国际比较的原因。虽然细节将在本书的各个章节中详细讨论，但为了加深读者的理解，我们先简要地看一下这个问题在现实财政问题中的应用。

例如，国防是典型的公共产品之一。然而，真的能假设国防是等量消费的吗？最容易受到来自其他国家攻击的地区的居民和那些生活在相对平静的地方的人民不仅消费不等量，甚至对服务认知的重要性本身也大相径庭。即使不存在消费国防的人们之间的竞争关系，如果需要国防服务的人只是极少数，那么这项服务就可能在政府提供服务不足的情况下出现。在这种情况下，供应的不足不能通过个人的选择或商品的性质来解释，而必须根据各国对国防及其预算措施的历史过程和社会价值的认识来解释。

再考虑一种公共欲求，社会认可的生活保障是什么呢？一个人可能会被征收更多的税，而这些税所用的服务对他来说没有任何好处，例如最低生活保障，它由政府提供给贫困的人。

---

①　在后来的著作中，马斯格雷夫开始将价值商品背后的"价值欲求"称为"共同欲求"（common wants）。他认为，通过历史经验和文化传统，人们开始拥有共同的利益和价值，并产生了支持社区其他成员的义务感（Musgrave and Musgrave［1989］，p. 57）。然而，从财政社会学的角度看，问题在于这种"共同欲求"的强度和深度因国家而异，以及历史和文化形成的个人"欲求"不同，社会成员整体认为"必要"的预期内容的差异是如何产生的。

有些国家的最低生活保障水平低于其他国家。是因为官僚或政治家不宽容吗？还是因为社会对不工作而能够生存的人的反感比较强烈？或者，是否因为每个国家对受益人的社会污名程度不同？这些差异必须考虑到每个社会的道德价值取向，还需要考察与最低生活保障相关的公共和私人制度，这些价值和制度的评价需要通过仔细分析财政决策过程来揭示。

定义商品的性质，讨论如何在不会损害经济效率的前提下获取税收和进行补贴，当然也是研究的一种方法。然而，在我们研究的财政领域，政府是否提供某项服务并不仅仅取决于商品的性质或是多数票基于收益的计算。

在那里，对处于弱势地位的人的共情，超越收益计算的社会价值观，甚至历史的背景，有时甚至是情感的冲动或偶然，都是预算决定在每一个政治过程中的媒介。并且，在这些预算中，无论是我们自己是否受益，都存在被认为是"共同必要"的服务。

我们分析了财政制度及其结构作为个人选择的前提，以及在这种制度下人们的行为及其产生的心理效应。在这个过程中，就像在财政学的经典作品和近年的行为经济学中讨论的那样，各个主体经常会根据与理性相去甚远的情绪和情感行动，甚至有时会忽视理性判断（Seiler［2019］，Ariely［2013］，Schmolders［1957］）。

另一方面，每个主体在执行职务时都有被分配的"角色"，背后是所属团体重视的价值和成员之间的人际关系（Schmolders［1957］，p. 16）。此外，还有每个主体能够认识到的或不能认识到的当前的政治和经济状况，他们的选择受到这些"超越"个人情况的严格限制。我们通过使用一手资料、访谈调查、民意调查、统计数据等，仔细跟踪这个过程，以揭示主体偏离理性判断或制度要求的动机，或者在各种混杂的冲动因素中找到合法性或合理性。

通过以上的工作，我们可以明确每个主体的"政策意图"，并以此与实施的政策进行比较，从而对政策进行诊断和评价。如果选择经济效率低下的政策是"政策意图"，那么选择经济效率低下的支出对他们来说就是政治合理的选择，而在这种情况下，合理性的概念就变得模糊不清。①

①　政治学家加藤淳子认为，在一个与效用最大化不同的背景下，当官僚自身的行为与他们自己认知的情况不存在矛盾，并且意识到自己的知识有限，试图获得更多的信息时，他们的行为可以被视为有限合理的（加藤［1997］，p. 24）。然而，一个主体如何认识到他们所处的情况，如何客观地看待自己，这个问题只有在细致地跟踪主体的初始意图及其变化后才能明确。

我们从现实中归纳出各种"政策意向"作为每项政策的标准，并根据这些标准评估政策。这样，我们可以对不同国家的同一政策和同一经济效果做出不同的评价。"取代理论上的经济人（homo economicus）模型，探索现实，也就是探索拥有特殊性格、态度、动机以及行为的活生生的人"（Schmolders［1957］，p. 12，pp. 16-17），这正是财政社会学的任务。

# 结　语

贝尔在《后工业社会的到来》中提到，通过"可能性"的逻辑构建重要的是"预测"，并将这些预测与未来可能出现的社会现实进行比较，我们就能知道是什么介入其中，使理想的社会变为现实社会（Bell［1975］，p. 24）。

经济学中自然科学化的过程及其弊端已经被人们质疑很久了（佐和［1982］，内田［1992］）。专业领域越来越倾向于衰败，经济学开始远离从过去的经验和逻辑积累中做出的"预测"，这种预测与模拟是不同的。①

然而，在对现实进行详细观察和描述的过程中，有时候需要把不合理的和非理性选择也包括在内，在这样的一个社会中对个人或群体做出的选择加以分析。以这些人和群体选择形成的财政结构为基准，逻辑地"预测"可能发生的情况，这也是社会科学的重要工作。

特别是在 21 世纪，预计人口将减少，经济长期停滞，如果传统的目标设定和方法不能很好地发挥作用，那么仅仅通过人类的理性和目标行为来解释现实情况将是困难的。更进一步说，如果我们不承认这种解释的困难，只是堆砌起人们是在最大化效用，能够做出理性和目标的判断这种肯定的解释，那么发现问题的时间可能会被延迟，也可能会轻易选择没有逻辑和经验依据的政策。我们在 20 世纪 30 年代经历的那段悲惨的历史，不正是这样的吗？

经济学的财政分析是基于个人的理性选择的规范论对财政现象进行实证分析和评价。相对于这种理论，财政社会学注视那些导致个人偏离理性的因素，探讨人性化的现实是如何以及为何产生的。

由于这种区别，财政社会学明确超越了狭义的经济学。由于这种特性，财政

---

① 我们在这里谈论的"预测"，与制度论中的"选择的可预测性"是完全不同的。

学作为公共经济学的另一极，成为处理政治、社会、经济生活整体的综合关系的"边界科学"（Colm［1957］，pp. 24-25）。①。

我们希望再次回归财政学的传统（当然，我们并不打算赞扬传统主义的美德），回归到寻找真正的财政现象，而不是被称为财政现象的经济现象。这是长期以来社会科学家无法回避的问题。.

但这并不仅仅是回归原点。财政学家们已经忽视了以上重要的课题。他们直觉到历史分析、决策过程分析、国际比较的重要性，并实际产生了各种研究成果，却忽视了他们的学问的有用性在哪里这个"根本性"（radical）的问题。本书将重新回到历史、比较、制度、哲学等我们这些财政学家自视为理所当然的问题的根源，重新审视自身创造的知识体系，实现自我批判。

---

① 　最近，在公法学者的项目中，出现了寻求重构围绕财政的法律框架的努力（上田［2019］，片桐［2016］［2019］，藤谷［2016］［2019］）。他们针对如何控制财政赤字以及如何从法律层面确保财政的法律控制等展开探讨，但公法学者并没有充分研究宏观财政政策的决定过程。政策决策者往往会通过政策的解释权寻找偏离包括法律在内的各种制度的方法。此外，如果这种偏离变得常态化，那么它就会像一个制度一样具有约束力。揭示这些动态过程的工作对于构建具有更大实效力的法律制度是必不可少的，而公法学和财政社会学的接触点就在这里。这一点将在"后记"中加以讨论。

# 第 2 章
# 财政学和公共经济学的对比探寻
## ——新财政社会学的发展与成果

虽然财政社会学的研究经历过起伏，但在经济学家、社会学家、政治学家和历史学家的共同努力下，其研究一直在持续并产生了丰富多样的成果。[1] 这主要是因为财政与社会之间的相互影响这一研究领域和视角吸引了大量的学者（参见第 1 章）。近年来，由于累积了大量具有跨学科特性的研究成果，财政社会学领域出现了被称为"新财政社会学"的新潮流。

我们在本章中将讨论和比较新财政社会学与财政学或公共经济学领域的研究趋势和关系。尽管它们都在研究财政，但在财政学和公共经济学领域中，新财政社会学，甚至财政社会学的研究趋势却鲜少被提及。[2] 我们希望通过尝试探讨其与近邻领域的关系和比较，能够明确新财政社会学的特性及其面临的挑战。

---

① 关于财政社会学的研究概述，参见本书第 1 章以及 Musgrave（1992）、Campbell（1993）、Wagner（2007）、Martin et al. eds（2009）、Leroy（2011）、Yankov（2012）、Backhaus（2013）、Martin and Prasad（2014）、Martin（2020）、米原（1932）、木村（1941）、池田（1960）、神野（2007）、赤石（2008）、井手（2008）、大岛（2013）。

② 对于财政学、公共经济学的研究概述，参见以下文献 Musgrave（1985）（1996a）（1996b）、Wagner（1997）、Boadway（1997）、Boadway and Raj（1999）、Laffont（2002）、Stiglitz（2002）、Wagner（2002）、Silvant and Arrupe（2020）、Backhaus and Wagner（2004）（2005）、Vasudevan（2020）、川俣（1993）。

## 2.1 关于财政决策的讨论

### 2.1.1 是资源配置的效率还是财政决策？

正如"引言"所述，尽管都在研究财政，但财政学或公共经济学领域很少涉及财政社会学的动态。这种情况似乎主要出现在德语背景的研究者中，或者在一些强调制度分析的财政学和公共经济学研究者中，如 Musgrave（1992）、Wagner（1997）、Backhaus & Wagner eds.（2004）、Backhaus & Wagner（2005）、神野（2007）、赤石（2008）、井手（2008）、大岛（2013）等。

这种学科之间的分离在源自欧洲大陆的财政社会学和源自英美地区的公共经济学之间尤为明显，这反映了两个领域研究兴趣的差异（Backhaus & Wagner ［2005］）。公共经济学通常被定义为基于微观经济学的"政府干预经济的研究"（Laffont ［2002］，p. 327；Wagner ［2007］，p. 11；川俣 ［1993］，p. 118 等）。这个范式的代表是最优税收理论，它关注税收带来的牺牲和效率选择的偏差（Musgrave ［1996b］，p. 168），这主要是关于如何提高政府选择的经济效率的规范性政策研究（Boadway ［1997］、Stiglitz ［2002］、Vasudevan ［2020］）。

公共经济学的理论前提和问题在于，它将国家视为独立于社会，能够自主选择最优行动的主体（Backhaus & Wagner eds. ［2004］，p. 8），然而，这无法充分解释复杂的治理现实（Wagner ［1997］，p. 160）。当然，这样的"能做就应做的国家"的前提，在信息经济学的发展下，对国家行动的限制逐渐显现，公共经济学内部也开始出现质疑（Boadway ［1997］、Boadway & Raj ［1999］）。

尽管如此，理论与实践之间的差距仍然很大。J. E. 斯蒂格利茨（J. E. Stiylitz）希望构建一套能够解释现实政策选择的"政治行为的社会学"，独立于公共经济学（Stiglitz ［2002］，p. 356）。在 Mirrlees Review 中，也对政策的政治接受性和持久性分析的必要性进行了深入的讨论（Alt et al. ［2010］）。此外，在规范性公共经济学的论述中，需要对政府行动进行实证分析的观点可以追溯到对公共经济学开创有贡献的马斯格雷夫（Musgrave ［1985］，p. 14）。①

————————————

① 作为政府行动的实证理论的例子，马斯格雷夫提到了公共选择论和财政社会学两种模式（Musgrave ［1985］，p. 14）。

另一方面，财政社会学并不将国家视为独立于社会的实体，而是考虑到了其与社会的关系（本书第 1 章）。在财政社会学的视角下，国家并不是独立于社会之外的"自主国家模型"，而是被纳入社会关系网络中进行治理的"参与型国家模型"（Backhaus & Wagner ［2005］）。我们可以将两个领域的差异和分离归结为是关注效率的资源配置还是关注财政决策。基于这些考虑，新财政社会学并非关注资源配置的规范性政策研究，而是阐明通过财政进行的治理和决策机制的实证研究。

### 2.1.2　基于国家与纳税人关系的整理与分类

然而，我们不能忽视财政学和公共经济学对于国家行动选择和财政决策方式的研究成果。我们将在接下来讨论德国财政学、最初的财政社会学、维克塞尔方法、公共选择学派，以及财政契约论①等。在这一节中，我们将整理和比较前人的研究，讨论新财政社会学的特性，并试图找出其中可能存在的问题。为了明确各种方法的讨论范围，我们首先需要根据不同的国家模型进行分类和整理②，然后进一步探讨"国家与纳税人的关系"。

新财政社会学已经发展成为一种特别关注"税收作为社会契约"和"纳税人的同意"的研究模式。这个视角强调纳税人对强制性征税的自愿同意问题，这既可以是它的重要优点，也可能导致问题。因此，在下面的讨论中，我们将聚焦于国家与纳税人的关系，对具有类似趋势的相关领域进行整理和分类。

### 2.1.3　德国财政学和共同体模型

首先，让我们看一下德国财政学。德国财政学在 19 世纪末达到巅峰，一直到第一次世界大战左右都是主导全球的财政学理论（高木 ［1969］，p.1；池田 ［1984］，p.33）。所谓的"德国财政学"，一般指的是由 L.V. 施泰因、A. 谢夫勒，以及 A. 瓦格纳所做的理论贡献，尽管他们共享理论基础，但在具体主张上

---

① 最早期的财政社会学通常不会被包含在财政学和公共经济学领域中。在这一章中，为了明确新财政社会学的特性，我们选择包含这一学说。

② 关于按照国家建模方式整理财政学说的研究，有 Brennan-Buchanan（1984）、Musgrave（1996a）、Timmons（2005）等。在分类名称上，我们参考了这些文献。

并不完全相同（Musgrave ［1996b］）。在此，我们将集中讨论最为出色的学者瓦格纳的理论（木村 ［1966］、高木 ［1969］）。

瓦格纳的理论受到德国历史学派的强烈影响，建立在历史学和伦理学的基础之上（Shionoya ［2000］）。他的"历史"观点强调历史的相对性而非财政的普遍性，强调国家和财政的角色随着社会的变化而变化。尤其是，他认为，进入"社会时代"后，应将文化和福利目标纳入国家的目标，财政政策应推动文化发展和提高国民福利。因此，国家开支应该增加（这被称为"瓦格纳的法则"），并且需要实行累进税制（丸山 ［1945］、花户 ［1955］、木村 ［1966］、高木 ［1969］、池田 ［1984］）。

瓦格纳在讨论国家目标和财政税收制度如何随社会环境变化而变化的过程中，对财政社会学的形成产生了深远影响。财政社会学以财政和社会的关系为主要研究课题。然而，他的理论中伦理元素构成的部分有一定的局限性。

在德国，从 J. G. 费希特（Fichte）、F. 李斯特（List）、F. W. J. 谢林（Schelling）到 G. W. 黑格尔（Hegel），德国浪漫主义的兴起推动了"整体优于部分"的社会观念（Musgrave ［1996b］，p. 150）。尽管受影响的程度不同，瓦格纳也认为国家通过"限制每个人的自私行为"来"稳固国民经济发展的条件"，以实现"道德目标"（Wagner ［1904a］，p. 22）。根据马斯格雷夫的提议，我们在此将这种把国家视为实现"整体利益"的道德实体的观点称为"共同体模型"（Musgrave ［1996a］，p. 254）。

共同体模型的问题在于，它将财政决策过程视为"仁慈的专制君主"的选择（Schon ［2019］，p. 249）。特别是在讨论纳税基础时，瓦格纳强调"支付必要的税收是人民的自然义务"（Wagner ［1904b］，p. 482）。[①] 之所以将纳税视为义务，是因为他认为，社会的各个阶层都应为"整体利益"服务（花户 ［1955］，p. 3、p. 12）。他甚至对议会主义的兴起保持警惕，将其视为阶级斗争渗入税收分配过程（Schon ［2019］，p. 249）。

正如上述讨论，德国财政学在强调财政政策与社会紧密关联的形成方面，与财政社会学有着接近的思考方式。然而，它基于共同体模型，假设国家是一个道德实体，结果限制了自己对财政决策过程具体分析的可能性。

---

①    瓦格纳的继任者 K. T. 埃赫贝格（Eheberg）也断言，"税收的法律依据存在于国家的绝对必要性和对人民的服从关系中"（Eheberg ［1923］，p. 136）。

### 2.1.4　最初期的财政社会学和阶级国家模型

财政社会学在对德国财政学的批评性审视中得以发展（见第 1 章）。在此，我们将简述首次提出财政社会学概念的葛德雪的论述。①

19 世纪后半至 20 世纪初，正值帝国主义扩张、全球化发展、第一次人口转变和第一次世界大战等，多重危机和社会变革袭击欧洲，这与葛德雪的一生相互重叠。② 在面对人类生活方式的巨大变化和破坏时，他主张通过国家为社会的所有成员免费提供教育、公共卫生和养老金（Exner［2004］，p. 290）。作为"社会国家之父"（Exner［2010］，p. 11），葛德雪的意识非常强烈，他提出了一些非常大胆的政策建议。

然而，实际上，国家并不具备实现社会国家理想的强大财政基础，而是处于"贫穷国家"的财政赤字状态。葛德雪（Goldschied［1958］，p. 210）坚信"只有富裕的国家才能成为公正的国家"，他提出了我们为何只拥有"贫穷的国家"而不是"富裕的国家"的问题，并由此提出了重在分析国家的财政社会学。

他主张需要提倡一个全新的财政社会学，原因在于德国财政学过于理想化，先验地假定国家是一个伦理存在，将实际的"经济和国家"替换成了理想化的"经济和国家"。因此，他主张"只有当国家的法人性质首先被理解为财政性质时，才能正确理解国家"（Goldschied［1958］，p. 204），并努力去理解真实的国家。葛德雪的贡献在于他通过分析税收和财政，揭示了国家的实际状况，并在此基础上讨论社会的命运。他提出"公共收入的起源和构成能够明确社会整体的发展，乃至国家和个人的命运"（Goldschied［1958］，pp. 206-207），这一视角对新财政社会学产生了深远的影响。

葛德雪的观点虽具有突破性，但也存在一些问题。他强调了从税收国家到债务国家的必然转变，但对财政决策多样性的讨论不足。首先，葛德雪提出了"国家是谁"这个问题，并给出了"国家内的国家"即资本家的答案。他认为，国家已经转变为"由统治阶级强加的、财政组织所定义的统治阶级的工具"

① 在这里，我们引用了提倡者葛德雪的观点，但是不同的论者对"财政社会学"的内容有着极为多样的理解。对于早期的财政社会学的讨论，第 1 章和第 6 章可以作为参考。

② 对于葛德雪的生平和他所处的时代背景，可以参考 Exner（2004）（2010）、Miki-Horke（2005），以及大岛（2013）。

(Goldschied［1958］，p. 212）。他进一步指出，持续对税收抱有"敌意"的资本家，为了防止自身损失过多，最终导致财政"不可避免地陷入债务的命运"（Goldschied［1958］，p. 210）。

尽管葛德雪的论述开启了一个新领域——财政社会学，探讨了国家与社会的互动关系，但他始终将国家置于经济结构和资本关系中进行讨论。我们将此视为"阶级国家模型"①。基于这个模型，葛德雪主要强调了税收国家通过对税收的"敌意"转变为债务国家的过程。

### 2.1.5　维克塞尔方法和自愿交换模型

和葛德雪一样，K. 维克塞尔也在对德国财政学的批判中发展了自己的理论，并对财政决策过程进行了深入的研究。维克塞尔主要批判了德国财政学将政治过程看作由"仁慈的专制君主"来决定的方式（Wicksell［1995］，pp. 165-166）。维克塞尔的这种观点是在考虑他所在的瑞典议会制民主的发展的同时，认为有必要揭示纳税人在进行"理性"纳税的理论和制度条件（Backhaus & Wagner ［2005］，p. 23）。他批评德国财政学将政治状况当作黑箱处理，认为有必要揭示"政治状况的秘密"（Wicksell［1995］，pp. 175-176）。

首先，维克塞尔对于德国财政学以"全体的利益"为政策基准，并从税收义务的角度解释纳税的基础，提出了批评。他认为，通过"因为必须支付，所以支付"的税收义务论证，很难判断每个纳税人是否进行了合理的纳税。因此，他选择以每个纳税人的"私人利益"为纳税的依据，类似于亚当·斯密将纳税的基础解释为为保护国家而做出的贡献的观点，采取了"给付反向给付"的立场，即税收利益原则。只有从这个立场出发，才能将财政决策问题看作"应该接受还是应该拒绝这些公共开支"的问题（Wicksell［1995］，p. 128）。

然而，如果将纳税完全交由个人自由意愿来决定，公共产品要么完全得不到供给，要么陷入供给不足的困境。公共产品具有非排他性和非竞争性，即人们无论是否支付税款，都能享受到公共产品带来的利益，这就导致了"搭便车"的问题。这就是为什么维克塞尔强调通过投票过程来同时决定服务和费用负担水平，以反映每个纳税人的选择（Musgrave［1996b］，pp. 161-162）。基于这个思考，

---

①　关于阶级国家模型，第1章可作为参考。

维克塞尔认为"全体一致同意"是理想的投票制度，这样的制度能够达到公共产品的边际效用和价格之间的平衡（即帕累托最优），是"抵抗税收分配不公的唯一明确且明显的保证"（Wicksell［1995］，pp. 154、p. 181；Musgrave［1996b］，p. 162）。

维克塞尔的贡献在于，他将财政决策过程看作在投票制度下纳税人的自愿同意。这种观点可能与新财政社会学的部分观点重合，但维克塞尔将国家与市场过程等同视之，消除了税收的强制性，这是有问题的。在这里，我们把将政治决策视为市场交换过程的国家模型称为"自愿交换模型"①。

如果我们像维克塞尔那样认为，每个纳税人的税收（相当于公共产品的价格）是由其边际效用决定的，那么"税收将不再是负担"（Wicksell［1995］，p. 196）。然而，实际情况中的税收并不是纳税人为享受服务所支付的对价或价格。特别是在现代社会，大部分支出都是由社会保障和福利构成的，税制中也包含了收入再分配的要素，因此税收负担和公共服务的受益之间的关系已经大大削弱。在社会整体层面，在个体层面，由于负担和受益的不对等感，税收的强制转移特性可能成为政治和社会问题（Schon［2019］，p. 241）。维克塞尔的研究虽然关注的是纳税人的自愿同意问题，但他忽视了税收的核心特性——强制性。

### 2.1.6　公共选择论与利维坦模型

维克塞尔的理论被 J. M. 布坎南（J. M. Buchanan）发现并进一步发展，最终在美国催生了一种新的理论流派，即公共选择论。布坎南对维克塞尔的赞扬主要在于，相比公共经济学标准方法只关注资源配置的"结果"，维克塞尔的方法更注重政策形成的"过程"。在公共经济学中，虽然常常讨论带来最优资源分配的政策存在性，但对政策形成过程的分析常常被忽略。同时，标准经济理论对行动者的行为选择所处的制度环境的关注不够。维克塞尔则试图通过寻求政治制度改革来更好地反映人们的偏好（Buchanan［1987］）。也就是说，布坎南赞扬维克塞尔在考虑制度因素的同时，也理解了财政决策过程的复杂性。

---

①　在这里，我们将维克塞尔个人的学说一般性地称为"自愿交换模型"，原因是维克塞尔的观点后来被 E. 林达尔以更正式的方式进行了定式化，并在当前的微观经济学中以"维克塞尔-林达尔均衡"的形式获得了一定的地位。此外，这个命名基于布坎南从维克塞尔的论述中发现了"自愿交换的原则"（Brennan-Buchanan［1984］，p. 9）。这将在后面详细说明。

维克塞尔的影响远远不止于此。布坎南从维克塞尔那里汲取了个人主义的方法论、人类经济行为的假设，以及"政治作为交换"的原则等核心理念，这些都构成了公共选择论的重要观点（Buchanan-Musgrave［2003］，p. 8、p. 22）。布坎南之所以重视这些观点，是因为他并不接受德国财政学所假设的"全体的利益"。布坎南认为，政治不以这种超越个人的价值为目标，而是个体或私人利益集团的行为目标为导向（Buchanan［1987］）。

然而，布坎南与维克塞尔在两个关键点的理论路径上有所分歧。首先，他将人类的经济行为假设应用于国家，视国家为与其他经济主体一样以效用最大化（即最大化收入）为目标的行动者。在自愿交换模型中，税收并没有强制性（Brennan-Buchanan［1984］，p. 19）。但从加利福尼亚的"提案13"反税活动中，布坎南认识到维克塞尔的模型并不能很好地描述现实，他对其表示不满。因此，布坎南将国家视为一种实体，这种实体在尽可能利用从人们那里"剥夺"的权力（即税收权）的同时，又不断出现寻租行为的浪费。在这里，我们将这种国家模型称为"利维坦模型"（Brennan-Buchanan［1984］，p. 34）。

其次，与维克塞尔不同，布坎南将多数票决策制度而非"全体一致的决议"作为讨论的前提。这种选择是更真实地分析政治过程所必需的，但与全体一致的规则不同，多数票决策制度不能对利维坦施加"有效的限制"（Brennan-Buchanan［1984］，p. 9）。当时，社会选择理论的发展表明多数票决策制并不能产生最优解，政策过程研究开始强调官僚主导，而且尤其是在美国，人们开始展现出反政府的态度，因此，多数票决策民主制的问题在理论和实践中都开始显现（Brennan-Buchanan［1984］，pp. 27-32）。

布坎南在此后面临着如何管控强大的利维坦的挑战，他不仅深入研究了维克塞尔的民主投票制度改革，而且开始关注如何通过宪法改革来限制民主决策过程（Marciano［2016］）。布坎南明确区分了两个维度：一个是选择民主决策过程的宪法，另一个是在宪法决定后，个体行为者在民主决策过程中的选择。他明确表示，自己的研究关注的是"宪法选择"。他的目标是通过宪法约束来预防国家财政掠夺（Brennan-Buchanan［1984］，p. 12）。

利维坦模型在考虑税收的强制性的同时，也探讨了国家与纳税人之间的关系。这就是布坎南将自己的方法称为"契约主义"的原因（Buchanan-Brennan［1989］，p. 53）。然而，布坎南讨论的"国家与纳税人的契约关系"仅仅是宪法层面上的。在实际的民主决策过程中，国家并不总是按照利维坦模型行事，也并不总是被定位为"掠夺者"。因为，国家并不总是利维坦那样的存在。

### 2.1.7　财政契约模型

受布坎南的启发，M. 列维（Levi）和 J. 蒂蒙斯（Timmons）提出了将焦点集中在民主决策过程中国家与纳税人的"契约关系"的方法。这种方法已经在新财政社会学中产生了深远影响，因此我们将在此章特别关注。

列维提出了一种名为"契约范式"（contracting paradigm）的理论框架，旨在探索国家与纳税人之间的关系（Levi［1988］，p. 11）。她的重点是理解财政决策的方式，而非评价其表现（Levi［1988］，p. 3、p. 5）。显然受到布坎南的影响，列维站在方法论个人主义和经济人假设的立场上，将国家（或者说是统治者）描绘为一个尽可能从公民那里获取收入的"掠夺者"，也就是说，她将国家视为一个试图最大化收入的行动者。

然而，列维的讨论与布坎南的讨论在一个重要方面有很大不同，即列维专注于在民主决策过程中国家与纳税人的关系，而不是纳税人在"宪法维度"上的同意或选择（Levi［1988］，p. 48）。因此，列维认为，"掠夺性的国家"在最大化收入的同时，也会考虑纳税人的意愿，即，她认为国家会在群众的行为约束下尽力最大化收入。

关键在于，列维假设纳税人是理性的行动者，除非被强制或者被激励，否则他们会尽力实现纳税最小化（Levi「1988］，p. 67）。虽然国家可以强制纳税人支付税款，但列维认为这只会鼓励纳税人逃税，最终可能会动摇国家的权力基础。因此，国家会提供公共产品作为纳税人支付税款的回报，从而激发纳税人对支付税款的"准自愿"遵从（Levi［1988］，p. 11）。这里的"准自愿"是因为税收的强制性仍然存在。

当然，公共产品的提供必然会带来搭便车者问题。列维认为搭便车者问题产生的原因在于：国家信守财政契约，以及，只要其他纳税人支付税款，纳税人就愿意支付税款，即纳税人的行为选择依赖于他人（Levi［1988］，pp. 52–60）。因此，国家不仅需要提供公共产品，而且还需要担负起引导纳税人相互合作的协调角色。在这些讨论中，列维在民主决策过程的前提下探讨了国家与纳税人之间形成的财政契约关系。

随后，蒂蒙斯将列维的观点整理为"财政契约论"。表 2–1 是蒂蒙斯用"囚犯的困境”（即税收博弈）的形式简要描述的财政契约模型。

表 2-1　蒂蒙斯的财政契约模型-税收博弈

| | | 交易 | 强制 |
|---|---|---|---|
| 纳税人 | 遵守 | 第 1 象限：G-T，T-Gc | 第 2 象限：-T，T |
| | 不遵守 | 第 3 象限：G，-G | 第 4 象限：p (-T-S)，p (T + S) -Sc |

资料来源：Timmons［2005］，p. 535。

在这个模型中，参与博弈的纳税人可以选择“遵守”或“不遵守”纳税，国家可以选择“交易”（提供公共产品）或“强制”（即使不提供公共产品也可以筹集税收）。此外，T 代表税款，G 代表公共产品对纳税人的价值，Gc 代表公共产品的生产成本，p 代表逃税被捕的概率，S 代表国家的罚款金额，Sc 代表罚款的成本。

虽然表格中的四种结果在逻辑上都是可能的，但大多数情况下，蒂蒙斯的实证分析结果观察到的都是作为纳税回报的公共产品的提供，即“财政契约”（第一象限的“遵守和交易”），而不是税收和支出之间的关系被割裂的第二、三象限。这也验证了列维的观点。

### 2.1.8　概括近相关领域的讨论

我们已经探讨了德国财政学、早期的财政社会学、维克塞尔的方法、公共选择学派，以及财政契约模型对财政决策问题的关注。通过这些研究，我们发现，对国家的模型化方式的差异，对国家与纳税人之间的关系的理解造成很大的不同。

德国财政学试图在社会环境中解释财政政策的形成，但它将政策选择视为“仁慈的专制君主”的行为。税收的强制性只被视为“义务”，纳税人的自愿同意被忽视。另一方面，早期的财政社会学认为国家的政策是由国家内部的资本家决定的，因此他们总是对税收表现出“敌意”。这就是葛德雪认为税收国家必然会变成债务国家的原因。在这里，纳税人的自愿同意也被忽视。

然而，尽管方法各不相同，但维克塞尔方法、公共选择学派、财政契约模型都把关注点放在了纳税人对税收的自愿同意和契约关系上。特别是，财政契约模型试图在不忽视税收强制性的情况下，解释国家与纳税人之间的“契约关系”，这在考虑实际政策形成时非常重要。只有通过财政契约模型，我们才能开始分析国家与纳税人之间的关系，以及产生这种多样性的机制。

与这些方法相比，新财政社会学在理论上更强调国家与纳税人之间的"社会契约关系"，并在方法论上与个人主义保持距离，这在很大程度上区别于上述的观点。这也导致了它与财政契约模型等的显著差异，并产生了不同的研究结果。在下一节，我们将讨论新财政社会学在近年的研究中取得的一些成果。

## 2.2 新财政社会学的提倡及其后续研究积累

### 2.2.1 新财政社会学的问题意识和分析视角

新财政社会学，由马丁（Martin）等人于 2009 年提出，强调了国家对公民强制征税的"贡献义务"，并提出了纳税人对税收的"社会契约"，即"纳税人的同意"是必需的。这种观点的形成，一方面借鉴了利维提出的纳税人对税收的"准自愿的服从"（quasivoluntary compliance）概念，另一方面摈弃了列维对国家的掠夺者视角，以及税收作为"服务和直接交换支付费用"的观点。相反，新财政社会学主张纳税人的同意取决于税制是否公正地反映了公共财政及其成本，以及纳税人是否被公平对待。

因此，新财政社会学认为：

（1）作为国家规定的义务，纳税建立了社会与个人，以及国家内的普遍互惠关系。

（2）根据纳税人与国家的利益冲突，国家会建立新的税制，并获取纳税人的同意，从而动态地调整社会秩序、国家、税制和纳税人之间的关系。

（3）这种关系的变化不仅会影响税制，还会导致国家和社会的多样性。

新财政社会学认为税收是国家能力和社会生活的核心，试图通过分析税收抵抗（如第 1 章中提到的奥康纳和贝尔关注的问题）、战争、经济发展、制度与税收发展的历史关系以及国际比较分析，理解围绕税收的社会契约、社会关系和社会生活及其变化。新财政社会学特别关注两点：（1）除了正式制度，还关注公众信任（public trust）和社会分裂（social cleavage）等"非正式的社会制度"，如家庭、宗教、劳动、休闲等与税收政策的相互作用；（2）在各种制度发展中，强调了路径依赖（path dependence）、关键时刻（critical juncture）、正反馈（positive feedback）、历史过程的多样性和收敛、历史偶然性，以及制度的连续性、历史的因果链和文脉的分析。

新财政社会学试图理解以下几点：

（1）各国税制系统的社会来源，以及制度环境、政治冲突、历史偶然性如何造成系统的多样性；

（2）纳税人同意的决定因素，不是强制、掠夺、剥削的税收，而是纳税人以放弃手头资源为代价，换取政府提供的公共产品的"集合契约"（collective bargaining）；

（3）国家构建新税制的历史过程，以及由此产生的社会秩序、国家与纳税人的关系、民主主义、家庭形态等社会结论的动态变化和多样性是如何发生的。

新财政社会学希望为新的税收理论提供社会理论、政策科学规范和公共政策改善的知识基础。自新财政社会学提出以来，关注税收与国家、社会、各种制度关系的研究日益积累，我们将在下文的 2.2.2 到 2.2.4 节中进行整理。

## 2.2.2　对各国财政的现代特性和纳税人同意、国家形成的历史驱动因素的理解和分析

从广义上讲，财政史研究的积累正在不断深入。这些研究积累可以进一步分为以下三个方面：

其一，从历史的角度理解各国的税收政策的现代特性和国民与国家关系的形成过程，从纳税人的同意或者"对税收的遵守（tax compliance）"，税收反叛，经济发展与税制的关系，以及对政党政治影响的角度来考虑。以美国为例，美国的联邦税收制度依赖于累进所得税，这在很大程度上是其税收政策的特点（Brownlee［2016］），而这个制度的起源和形成过程（Melrrota［2013］、Thorndike［2013］）以及它带来的广泛的税式支出、减税要求，都引发了公众对负担不公平性和税制复杂性的讨论（Mozumi［2018］）。此外，还有一些研究从过程和影响因素着眼，历史地理解联邦层面引入附加价值税的困难（Prasad［2012］）。

其二，也有研究从以下角度考察"税收的社会史"（social history of taxation）（Delalande & Huret［2013］、Huret［2014］、Martin［2013］），经济利益相关的

政治和人们对社会阶层的认识、社会、民族、性别群体的运动引发的社会对立，以及在"人们对财政不服从的情况下"发生的税收反抗的历史关系。还有一些研究融合了税收政策史和税收的社会历史视角融合（Kanter & Walsh［2019］），并将历史审视和国际比较结合起来（Buggeln et al.［2017］、Huerlimann et al.［2018］、井手编著［2013］）。此外，也有研究从国内制度改革和财政状况、国际政治经济与知识关系两个方面对各国税制特点形成的影响（Branco & Costa［2019］、Huerlimann［2017］、Kotsonis［2014］）来理解各国财政的历史特点。

相比之下，受马丁以及列维和 M. 道顿的研究影响，越来越多的研究开始关注纳税遵从如何影响国家形成、国家能力的发展以及社会秩序的稳定。这些研究通过对比不同国家的财政历史和环境，分析政治、财政制度、法律、税收机构、民主制等因素在纳税遵从和国家形成之间的作用。[①] 例如，斯坦莫等人的研究以"财政交换（fiscal exchange）"的概念为线索，探讨了民主国家中纳税和公共支出之间的关系，以及非正式各种制度如何产生税收公平性，增强公众对税收的认同度、对公平性的期望和对共同目标的社会归属感。（Steinmo ed.［2018］）这些研究还追踪了各国在提高税收接受度方面的历史因素。同样，这一研究视角也被应用到非洲国家和前苏联国家，研究者发现：政府对财源的依赖增加可以增强政府的反应能力和问责制，而在各国特定的历史、政治、经济背景下，防止官僚腐败、改革税务行政、建设高质量基础设施、保障粮食供应和改善社会福利，都会增强公众对国家的信任，提高税收认同度，改善国家的税收筹集能力（Berenson［2018］、Prichard［2015］、Sacks & Levi［2010］）。

其三，虽然并非所有论者都提及新财政社会学、列维或税收认同，但受到 J. 布鲁尔（Brewer）的"财政－军事国家"研究[②]以及 R. 邦尼（Bonney）等人关于现代国家形成历史的影响，追踪国家，特别是现代国家形成过程的财政历史研究也在积累中。如第 3 章所述，这些研究通过追踪财政制度由贡纳制变为以税收为中心的过程，以及国防等各种因素的关系，构建了对国家起源和历史变化的理解。这类研究将研究的地理范围扩大到欧洲、亚洲、中美洲、南美洲，研究的时间跨度从前近代到 20 世纪初。它们强调其意义在于提供了新的财政社会学分析

---

① 关于列维和道顿的研究，以及分析纳税遵从与国家形成和国家能力之间关系的研究的详细整理，请参考第 3 章。

② 《权力的肌腱：战争、金钱与英格兰国家（1688—1783 年）》。

框架，这一框架能解释从近代民主国家研究中无法明确得出的税收合法性、自愿上贡以及国家发展的新模型（Bang［2015］），以及关于税制和其他财政制度的差异和其功能方式的决定性历史因素（Kiser & Levi［2015］）。

### 2.2.3　基于定量分析、实验、访谈调查和历史分析的研究

依据新财政史学和列维的分析框架，累积了一系列研究，这些研究采用包括回归分析在内的定量方法，并结合实验和访谈调查，揭示了可能促进税收认同的条件。例如，实验研究发现，提升税收资金使用的透明度，赋予决定资金使用权，以及将某种形式的回报（reward）与纳税行为挂钩，都能增强对税收的认同和信任（Brockmanne et al.［2016］、D'Attoma［2020］）；使用双向固定效应逻辑回归模型的研究则分析了失业率如何影响不同社会阶层在各国对税收态度的差异，以及引发的阶级矛盾（Dodson［2017］）；另一项研究发现，在120个国家中，国家对公民和公民行为的"监管能力"（legibility）可以提高税收效率和公共产品供应，增强税收的认同度，并改善国家的能力（Lee & Zhang［2017］）；还有一项研究针对1980—2010年间的20个民主国家，关注由税种差异导致的税收抵抗的差异，指出提供多种税种和广泛的税基以及社会保障措施，可以有效抑制税收抵抗（Martin & Gabay［2018］）；此外，一项利用英国税务当局的税收手册的研究指出，为民众提供预算信息以提升财政透明度并避免给民众留下财政制度不公平的印象，对保证税收的认同度以及国家和财政的合法性至关重要（Stanley & Hartman［2018］）。

这些研究及其类似的分析方法积累了众多实证研究，揭示了可能长期影响税收和国家形成的制度差异。例如，一项研究根据卢森堡收入调查数据库的统计数据指出，增值税主导的累退税制、福利国家规模、经济增长以及富裕阶层对福利国家的容忍度之间存在相关性，并说明了工业化时期、政治制度、累进税制的经济和政治结果，以及政治家和纳税人对国家规模的偏好都有影响（Prasad & Deng［2009］）。另一项研究使用了欧洲各国税收数据，指出"结构条件（尤其是经济结构和经济趋势，地缘政治关系，经济精英的力量）"和"政治体制（贵族的权力，行政的世袭或集权特征，是代表制还是独裁制等）"的结合决定了国家的税收能力、税制和征税制度的变化（Karaman & Pamuk［2010］、Kiser & Karceski［2017］）。另一项针对1990—2008年间131个国家的研究分析了政治体制和税

收的关联性，发现民主程度越高，税收越多，但是独裁程度越高，税收也越多，并且处于这两种体制之间的国家，税收规模明显减小（Garcia & Haldenwang ［2016］）。另一项基于多元回归分析的研究指出，15—19 世纪欧洲各国的土地区块，其所有者和使用者的年龄以及地籍记录的使用，都影响了政府评估资产价值的能力和官僚机构的发展，并在高额税收和各国财政能力的程度及差异方面发挥了影响（D'Arcy & Nistotskaya ［2018］）。

还有一些研究试图将以上分析方法与历史分析相结合，以探索可能促成人们接受征税的因素。例如，M. 伯格曼（Bergman）研究了智利和阿根廷，这两国具有相似的税制、经济发展水平和文化遗产，但人们对征税的接受程度却存在差异，这是两国的制度设置、法律传统以及社会对政府强制和规范的严格遵守的文化和社会学习所导致的（Bergman ［2009］）。斯泰因莫（Steinmo）等人的研究中收录的几项研究在进行上述历史研究的同时，通过长期统计数据或问卷调查，分析了影响各国人民对征税接受程度的不同因素。（Steinmo et al. ［2018］）这项研究针对美国、意大利和瑞典的纳税人，指出税率的高低与税收接受程度呈反比，而人们对政府支出的评价与税收接受程度呈正比。"支持再分配的意识形态""财政责任"以及"对政府能力的信任"这三种"对财政的态度"的交互作用决定了税收接受程度。并且，这种"对财政的态度"和再分配制度可以相互增强，对再分配制度的信任和高度的社会信任对提高税收接受程度是必要的（Pampel et al. ［2019］）。

## 2.2.4　税收可能同时增强团结感并产生社会分裂和排斥

越来越多的研究指出，纳税人对税收和财政制度的认知既能增强内部团体的团结感和归属感，也可能引发与被视为外部团体或其成员的社会分裂和对立。例如，一项针对美国纳税人的研究发现，纳税人通常将纳税视为基于对自己国家或社区的"伙伴情谊"（fellowship），是对同伴的道德责任和贡献。他们的税收观念形成了"财政公民权"（fiscal citizenship）或"纳税人的公民权"（taxpayer citizenship），这涉及公民权利和尊严、国家和社区的联系，以及"我们"和"他们"的界定（Williamson ［2017］）。另一项研究采访了美国南部的白人中小企业主、英国的中等收入者、房主和地方志愿者，发现他们将纳税视为道德责任，并认为政府通过财政从"努力工作、值得享受福利的中产阶级"中提取资金，却对

"不值得享受福利的富人和穷人"进行不公平的分配。他们认为存在一个"合法性差距"（legitimacy gap），即国家对税收合法性的解释与他们对合法性的认知之间存在的差距（Kidder & Martin［2012］、Stanley［2016］）。

　　近年来，从种族和性别角度分析财政公民权、纳税人的公民权和合法性差距的研究非常活跃。R. 奥布莱恩（O'Brien）的研究指出，一个人对税收的偏好会受到他所在社区种族组成的变化的影响。当他们认为某种再分配对自己所在的群体有利时，他们会更加支持这种再分配。如果他们所在的群体被视为主导种族并受到其他种族群体的"种族威胁"，群体内部的团结感也会影响他们对税收和再分配的偏好。他还发现，在社区内少数族裔的增加会增强主导种族的团结感和对再分配的支持（O'Brien［2017］）。C. 沃尔什（Walsh）则通过分析1954—1970年间发送给全美联邦法院的数百封信件的内容，指出在三分之一的信件中，人们因自己是白人纳税人，而为维持白人的主权、种族间的教育机会和资源不平等进行辩护。这种关系形成了一个公共领域——通过纳税和财政受益的"纳税人的公民权"，无论实际的纳税情况如何，"非纳税者—非白人"的概念都被用来作为不平等的辩护（Walsh［2018］）。此外，I. 克劳赫斯特（Crowhurst）认为，对意大利性产业工作者的惩罚性税制加剧了被边缘化的性别群体的不平等，并将他们排除在纳税人公民权的范围之外，同时使社会通过财政从纳税人中提取财富，将他们视为"恶"（Crowhurst［2019］）。

## 2.3　新财政社会学以及后续研究的课题与发展可能性

　　新财政社会学及其后续研究提供了一种与传统方法不同的分析视角。这些研究主张，获取纳税人对税收的同意或认可在国家的财政运作中具有重要性，这是德国财政学或公共经济学的公共选择理论中所忽视的。因此，这些研究的核心课题在于探索国家如何获取纳税人的同意或对税收的认可，以及揭示这种同意或认可可能的条件。为了解答这些问题，新财政社会学和后续研究使用了历史分析、定量分析、访谈研究等多种方法，方法的多样性在不断扩大。此外，这些研究强调了由于国家获取纳税人的同意或对税收的认可所产生的社会秩序，国家、税制与纳税人关系的差异，税制、国家、政治、经济、社会以及正式或非正式的各种制度的多样性，纳税人的认知，社会的团结或分裂都相互影响。通过这些方法，新财政社会学及其后续研究揭示了财政与社会的相互关联性。

然而，在梳理了德国财政学和财政社会学的问题意识，维克塞尔学派的方法，公共选择论、财政契约论、新财政社会学及其后续研究积累后，一些未解决的问题显现出来。

## 2.3.1　针对税制以外的各种财政制度分析的重要性

新财政社会学及其后续研究的主要焦点一直在税收和国家与社会关系的探讨上。然而，近年来有人开始注意到，除了税收和社会支出，其他的财政制度对于获取纳税人对税收的同意或认可也同样重要，应纳入分析范畴（Coffman[2018]、Martin[2020]）。例如，有研究指出，预算制度对财政支出灵活性的限制导致了满足社会对政府支出需求的困难，进一步引发了中产阶级的衰退，种族和性别不平等，以及财政民主主义的削弱（Mumford[2019]、Steuerle[2014]）。同时，也有研究认为，美国联邦政府在州与地方之间的财政均衡制度的缺失，是导致财政公民权问题的一个原因（Beland & Lecours[2014]）。以加拿大安大略省和魁北克省为例，研究发现，纠正省际收入不均的财政调整制度，导致了省际间的敌对政治，在 2006 年的选举中，联邦消费税减税成为争议焦点（Major & McCabe[2014]）。还有研究分析了公共信贷和房地产抵押业务作为财政政策更易实施的再分配手段对经济社会的影响（Quinn[2020]），地方财政对地区不平等、地方居民政治共识的形成的影响（Pacewicz[2020]），社会保险制度对多元化的财政目标如社会保障、基础设施建设或国债购买等，以及其与福利国家形成的历史关系（Koreh[2017]）。

新财政社会学及其后续研究开始将注意力转向非税制的财政制度，这使我们认识到需要探讨财政社会学与广义的财政制度研究及福利国家研究的关系。例如，施默尔德斯（Schmölders[1981]）强调，税收权和货币权构成了国家的财政权力。基于类似的思想，铃木（1966）、大岛和井手（2006）分析并考察了政府债务累积与财政金融制度的关系。另外，一些研究描绘了福利国家财政的历史特性，这些特性在与财政相关的各种制度，如财政投融资、劳动、公共企业、政府间财政关系等的关联中出现（金泽[2008]、冈本[2007]、加藤[2007]、林[1992]）。艾德研究了在通俗道德基础上减税和依赖公共事业的财政政策选择，并探讨了这种政策从 20 世纪 90 年代后期至今对日本财政和社会的影响（Ide

［2018］）。大岛（2013）关注了预算循环的功能失调和公共性的松动等问题。如第 5 章所述，日本的财政学者的研究，除了关注税制，也着重于预算、政府间财政关系、支出等财政制度的详细分析和评价。将新财政社会学及其后续研究的观点与现有财政学研究的观点相结合，扩大分析视角，是财政社会学者的一个重要课题。

## 2.3.2  “准自愿的服从”“纳税人的同意”和“对税收的认同”的差异

在本节中，我们将关注几个在许多研究中经常被交替使用的术语，即“纳税人的同意”（新财政社会学的概念）、“准自愿的服从”（列维的概念），以及“对税收的认同”。

列维的“准自愿的服从”概念，以理性和自私的个体为基础，视税收和福利为市场经济中的“个体交换”，这是“财政交换”的基础。与此相反，主流的财政学和公共经济学以市场经济原则和人的经济学为基础，以此构建财政理论。在这种框架下，人被视为理性和自私的个体，而“社会利益”则被视为所有个体利益的总和。因此，国家通过财政手段提供的任何东西都被视为所有个体所期待的，并且在社会层面上是理想的。但这并没有涵盖个体需求的差异、财政契约中的个体协议，以及国家执行财政决策的合法性。

相对而言，新财政社会学中的“纳税人的同意”概念涵盖了“对税法的政治接受和遵从”（political acceptance and compliance），并且被定义为“更受社会契约影响，而不是个人契约”（Martin et al. eds［2009］，p. 22）。新财政社会学进一步认为，税收是基于“纳税人的同意”而对公民施加的义务，这种义务构成了政府和个人之间的关系，以及在民族国家中普遍存在的互惠性。在这个观念下，现代民主国家的公民被视为“纳税人的同意”，而国家则应根据这种“同意”向公民征税并提供公共产品和服务。因此，国家如何获取“纳税人的同意”，并以此形成财政制度，进而影响国家和社会的过程，是新财政社会学的重要研究领域。

然而，在新财政社会学的分析视角中，“对税收的认同”这个术语在第 2.2 节所讨论的新财政社会学后续的研究中有不同的用法，这取决于研究或研究中的论述的上下文。一些研究将其明确地等同于“纳税人的同意”（如 Steinmo ed.［2018］），一些研究将其用于分析个别纳税人接受税制的条件和因果关系（如

Pampel et al.〔2019〕），一些研究将其用于指代个别纳税人的遵守税法的行为
（如 Bergman〔2009〕）。新财政社会学中的"纳税人的同意"是一个包含对税法
政治接受和遵从的概念，强调了国家通过社会契约获取"同意"的过程。因此，
分析"对税收的认同"与影响它的财政制度和其他正式或非正式制度的因果关
系，以及研究国家如何通过社会契约获取"纳税人的同意"的过程，需要我们持
续关注税收社会历史和对税收的认同，同时考察"社会契约"如何影响纳税人的
同意，以及这个过程的历史发展。

### 2.3.3　旧财政社会学和新财政社会学的问题意识

在处理上述问题的过程中，我们需要将新财政社会学与第 1 章和第 6 章中提
到的葛德雪等人的财政社会学进行比较。马丁（Martin）等人在 2009 年的研究
中指出，新财政社会学的创新之处在于，它将税收的社会关系纳入所有与社会变
迁相关的历史或比较研究中，从而重塑了对现代性本身的理解。他们选择"新财
政社会学"这个名字，是为了尊重熊彼特从葛德雪那里借来的"财政社会学"这
一学术概念，因为熊彼特试图超越狭隘的学科领域，将历史、政治和社会研究与
经济研究结合起来。然而，新财政社会学对此进行了批判。尽管熊彼特视税收政
策为经济和社会大规模变化的"征兆"和"原因"，但在 20 世纪的大部分时间
里，历史和社会科学研究者只关注税收作为民主制、资本主义、国家的出现、社
会现代化的"有用指标"，即社会变化的"征兆"，却忽视了税收在社会变迁中作
为原因或驱动力的作用。因此，新财政社会学强调其创新之处在于，他们认识到
税收在理论和因果关系上的重要性（Martin et al. eds.〔2009〕，pp. 2-3）。

以上内容显示，与早期的财政社会学相比，新财政社会学更强调"科学方
法"和实证研究。正如本章所述，自新财政社会学提出以来，研究者们假定纳税
人的同意和对税收的认同是实现国家财政的民主管理、国家的形成和发展，以及
社会秩序稳定的必要条件。在这个基础上，他们进行了对各种财政、政治、社会
制度，以及国内外环境下国家发展历史的追踪研究和国际比较研究，并进行了定
量分析，以及基于实验和访谈调查的研究。这种分析方法将纳税人的同意和对税
收的认同的理论作为前提，其主要目标是"发现和确定对税收接受和国家能力形
成的决定性制度及其因果关系"，以及"从历史角度证实和解释这种关系"。此
外，在新财政社会学的许多研究中，许多制度和其他因素被视为解释纳税人同意

或对税收认同的变量。在此基础上，累积了大量解释和验证税收与社会动态关系的实证科学研究。

另一方面，这些研究存在的问题在于，在讨论纳税人的同意和对税收的认同时，它们往往忽视了对国家形成、国家能力和社会秩序稳定影响的合理性问题。在一个高度认同税收的社会中，税收制度是否真正公正？这是由公民决定的，还是由权力者或官僚决定的？纳税人的同意和对税收的认同是如何取得的？社会契约又是如何构建的？这些都是否真实反映了纳税人和公民的意愿？尽管揭示财政历史的"因果关系"，进行税收认同度的研究，探索公平的税收体系或公共产品的公正交换，有效和公正的税收机构或官僚制度，以及民主制度的因果关系分析等都非常重要，但如果没有对这些问题的质疑，那么"公平""公正""效率"等价值标准及其含义，实际的税制或公共产品的具体内容，公民的需求或对税收的态度，行政或官僚制度的结构或其运作方式等实际问题可能会被忽视。

因此，过分强调纳税人的同意和对税收的接受的研究框架可能会遭遇第 1 章和第 6 章所提到的问题，如以慈善国家为前提的德国财政学的现实解决能力的丧失，以理性个体为前提的现代经济学基础的财政理论的僵化，以及这些理论的解释力和对现实的应对能力的缺乏。此外，无论分析多么精细，如果没有基于其结果的现状评估或批评，财政社会学可能仅停留在进行现实的详尽分析的阶段。

一方面，本书通过第 3 章至第 5 章的财政历史分析、财政制度分析、国际比较分析，对新财政社会学以来研究积累的对财政的"因果意义"进行深度实证研究。另一方面，本书也强调，如第 6 章所述，从这种研究中汲取知识，通过理解财政的"征兆意义"和特定国家财政的现代特征以及研究者自己的视角是如何形成的，来建立基于这种理解的财政哲学和财政学，是修正和正当化原则论或理论的依据。第 7 章和第 8 章基于以上的方法和问题意识，展示了（新）财政社会学的分析有效性。

## 2.3.4　财政学者从事财政社会学的意义

以上的讨论引导我们思考一个问题：为什么财政学者需要从历史的角度进行财政社会学研究。新财政社会学视"纳税人的同意"为民主国家合法性的依据，即国民的意愿被视作赋予国家对公民进行强制税收并提供公共产品与服务的权利。然而，即使我们假设税收是国家形成、经济发展和官僚机构效能提升的推动力，越来越多的研究表明，因为种族、职业、性别等原因，部分人群被排除在外。因此，我们可以得出以下结论：（1）"纳税人的同意"并不一定与"大多数人民的意愿"相符，也不一定反映在国家预算中；（2）人们将其视为"共同的需求"或"共同的欲望"，并采取不同形式表达；（3）这里的"人"既有多样性，也有同质性；（4）这个"人"形成的社会以及具有强制性和共性的"纳税人的同意"的内容和来源会随时间和地点的变化而变化，具有多样性。因此，关注"纳税人的同意"就意味着需要通过对决策过程的分析，考察财政制度与国家、社会结果的动态变化过程和各种影响因素，被称为"共同需求"或"共同需求"的范围的变化与税制的变化，以及这些与国家财政权力和强制性合法性的关系。

另一方面，葛德雪将"构建并非完全脱离现实的财政理论"视为财政社会学的任务之一（Goldscheid［1958］，pp. 206-207），熊彼特则更重视财政史的"因果意义"和"征兆意义"中的"征兆意义"（Schumpeter［1983a］，pp. 10-12），H. 祖尔坦和 H. 耶希特对"通过反思现有财政学的规定性前提来刷新财政学"（木村［1942］、山下［1934a］［1934b］）持有强烈的问题意识。然而，社会科学各领域的研究积累虽越来越多，并提出了详细而且具有吸引力的论述，但几乎没有人提及以上葛德雪等人的这种问题意识。近期，有趋势将财政社会学视为（历史的）制度学派的一部分（James［2015］、Campbell［2005］），或者重视历史的"经济社会学的下位领域之一"（Rona-Tas［2020］）。然而，对于这种"财政社会学复兴"以后的动向，已经有人指出，受到财政社会学影响的研究的普及正在"将财政学溶入社会学方法"（神野［2021］，p. 70）。通过历史分析、国际比较、制度分析，经济学、政治学、社会学等社会科学各领域的知识都被运用在财政社会学的研究中。

本书的第 3 章阐述了通过案例研究和国际比较研究，确定使财政合法性、财政信任、纳税人同意和税收认同成为可能的各种条件的财政历史研究的重要性。第 4 章强调通过案例分析方法确定多元因果关系，及通过国际比较来发现问题，以揭示各国财政多样性所导致的多元社会的动态性。第 5 章指出了分析纳税人的同意和政策决策过程为国家提供强制性的重要性，理解各种制度和行为者行为的前提，以及财政统计分析在这个过程中的重要作用。第 6 章讨论了学者应如何建立自己的财政哲学和财政学内容，让作为一种包含多样性和同质性的"公正"财政制度的各种原则和理论，以及基于这些内容提出的制度和政策建议，使国家的强制权力得到"主观间性"（intersubjective）的理解，从而定位财政社会学。第 7

章讨论了日本的通俗道德与日本型福利国家形成的历史关系，以及其功能带来的社会分裂。第8章关注了互惠性的角色，并进行了再分配政策支持因素多样性和财政制度的定量分析。

# 结　语

在本章中，我们整理了公共经济学对资源分配规范性分析的方法，关注财政决策的各种模型，及新财政社会学及其后研究积累的有效性和挑战，这些研究提供了不同的分析视角。通过这一整理，本章首先显示了如何以各种分析视角分析和解释财政现象，例如将人类视为服务于"全体利益"的德国财政学，以及以人的理性和自愿为前提的模型。这些框架预设的国家观和人类观的差异，表现在财政国家与人民的关系上，以及对财政决策的看法以及分析方法上。相对于这些，本章强调新财政社会学将人类视为兼具多样性和同质性的存在，并将税收制度、国家和社会的多样性，以及通过"纳税人的同意"获得的"社会契约"的形成，视为一种历史变迁的结果。①

本章强调了以下观点：（1）将财政制度的分析范围扩大到税收之外；（2）重视社会契约和制度形成的历史过程，不仅仅关注个体；（3）不仅关注因果关系，同时也关注征兆意义；（4）新财政社会学的方法和分析视角对财政学者非常重要，特别是那些倾向于财政社会学的学者，他们需要不断吸收新财政社会学及其后续研究的成果。作为财政学者，我们最终的任务是基于我们的分析结果来讨论"我们需要何种财政制度"和"我们应该追求何种社会"。新财政社会学重视以税收为起点的因果关系分析和要素分析，尤其强调"原因分析"。但是，当我们试图从这些分析中洞察财政和社会的未来，并试图确定是否存在一个可以依赖的学术体系时，我们可以看到以自然科学为基础的社会科学家，和那些依赖新财政社会学并遵循葛德雪等人问题意识的财政社会学者之间，存在着明显的分歧。

---

①　再次强调，我们需要意识到新财政社会学及其后研究积累与"对税收的同意"的分析视角的差异。如本章2.3.2所示，他们的研究重点和对"对税收的同意"的理解因研究和语境的不同而不同。此外，也有研究从"理性选择分析方法"的角度捕捉到纳税人基于同意的支付意愿，将其视为理性个体对社会规范和环境的适应行为的一部分，如斯泰因莫和达托马（Steinmo & D'Attoma［2022］）的研究，但并不一定是从本章理解的新财政社会学的人类观的立场出发进行的。

# 第 3 章
# 财政与历史
## ——重新评估财政史研究

近些年，在日本的财政学领域，财政史研究并不活跃。尽管在战后一段时间，日本对各国的财政历史进行了大量研究，但这些研究大多与马克思主义财政学有着紧密的联系，因此财政史研究的重要性被认为是不言自明的。马克思主义财政学的目标在于揭示财政在资本主义的历史"发展阶段"中的作用，这使得财政历史研究的价值显得理所当然（参见村松［2015］，pp. 81-82；加藤［1966］，pp. 118-119；武田［1985］，p. i）。然而，随着马克思主义财政学的影响力逐步减弱，相应的财政史研究也在逐步减少。[①] 这表明，重视财政史的重要性已不再被认为是理所当然的。然而，近年来，人们开始重新认识到财政史研究的重要性。[②]

另一方面，在国际上，尽管财政史研究长期被视为"被严重低估的研究领域"（Ormrod et al. ［1999］，p. vii），但从 20 世纪 90 年代以来，财政史研究已经得到了广泛的关注。因此，如今财政史研究已经被认定为历史研究的一个重要分支（Millett ［2009］，p. 479），特别是近年来，税制历史研究已经被认为是一个快速发展的研究领域（Bozzi ［2020］）。此外，自 20 世纪末"新财政社会学"提出以来，重视财政史研究的"财政社会学"的重新评估运动也开始了。这种对财政史研究的兴趣和日本的研究趋势形成了鲜明的对比。

本章的目标是，通过整理近年来在其他国家进行的代表性的财政史研究和相

---

[①]　西山一郎指出，在日本，"似乎关于财政历史的研究越来越少了"（西山 ［2012］，p. 92），宫本宪一也说，"近来在财政学界，财政史研究太少了"（宫本 ［2007］，p. 4）。

[②]　例如，参考财政学研究会（2008）的讨论。

关研究，重新考察财政史研究的重要性。虽然无法全面覆盖所有研究，但本章将对以下三个主题的研究进行整理①：首先是在国家形成历史研究背景下出现的，被称为"新财政史"的研究；其次是在经济史研究背景下，关注"国家能力"（state capacity）的财政史研究；最后是以20世纪80年代 M. 列维的研究为基础，在"财政社会学"的重新评估背景下，关注纳税人的同意、合规，以及财政正当性问题的近年财政史研究。

## 3.1 国家形成与财政——"新财政史"（new fiscal history）

### 3.1.1 "新财政史"

毫无疑问，各国的财政历史研究一直以来都在进行。然而，从20世纪80年代末开始，特别是在欧洲历史领域，财政史研究才开始蓬勃发展。这一时期以后的财政历史研究被称为"新财政史"。这一研究潮流的开启，推动了财政史研究的繁荣，这与 C. 蒂利（C. Tilly）等人在以欧洲为中心的国家形成历史的研究进展有着密切关系。

在20世纪50年代，美国的社会科学研究会议（Social Science Research Council）成立了"比较政治委员会"，主要研究发展中国家的政治发展。为了更好地理解发展中国家的问题，委员会认为有必要重新审视欧洲国家形成的历史，于是成立了专门研究欧洲国家形成历史的项目。蒂利成为这个项目的领导者，他的研究成果被汇总在1975年公开发行的《西欧国家的形成》（*The Formation of National States in Western Europe*）一书中（Pye［1975］，p. ix）。这标志着近代国家形成研究的开启，随后，这个领域的研究变得十分活跃（Genet［1992］，pp. 119-120）。

在蒂利等人的研究中，他们认为"战争塑造了国家"，将战争视为国家形成的最重要驱动力（Tilly［1975］，p. 42；Tilly［1985］，p. 170）。换言之，为战争整备的军事机构的建设过程推动了领土的合并、中央集权和强制力量的垄断等国

---

① 当然，它们之间有相互关联的部分，有重叠的部分，并非每一个都清晰地独立存在。

家形成的基本过程。在财政方面，战争的军事需求导致支出增大，因此如何筹集必要的资金成为一个重要问题。在此过程中，发展财政制度或税收制度成为必要，从而推动了专业行政组织的发展（村松［2015］，pp. 76-77）。这也暗示了，军事的成功乃至国家的形成依赖于财政能力，也就是通过税收或债务能筹集到多少资金（Evans et al.［1985］，p. 166；Tilly［1985］，p. 183）。在这个意义上，财政制度被认为与国家形成密切相关。

然而，P. T. 霍夫曼和 K. 诺贝格指出，尽管财政史研究一直存在，但直到他们的时代，许多财政史研究并未能将财政问题与国家形成的问题成功关联起来（Hoffman & Norberg［1994］，p. 2）。霍夫曼和诺贝格认为，尽管在国家形成的历史研究中已经对财政制度的重要性给予了关注，但大多数的财政史研究，尽管可能详细地阐述了财政制度的演变过程，却忽视了这个问题与国家形成之间的密切关系。

然而，霍夫曼和诺贝格同时也认识到，在他们的时代，有一些新的研究开始着眼于财政史与国家形成之间的关系，例如 R. 邦尼、J. 布鲁尔、J. 特雷西等人的工作（Hoffman & Norberg［1994］，p. 315）。这些研究提供了理解近世欧洲国家财政与国家形成之间关系的新视角，霍夫曼和诺贝格将这些工作称为"新财政史"（new fiscal history）（Hoffman & Norberg［1994］，p. 2）。

在被标记为"新财政史"并对后续财政史研究产生重大影响的研究中，我们至少可以提到两项研究。第一项是 20 世纪 80 年代末由布鲁尔发表的研究，第二项是在 20 世纪 90 年代由邦尼等人领导并进一步发展的一系列研究。

### 3.1.2　布鲁尔的"财政-军事国家"研究

1989 年，历史学家布鲁尔发表了他的作品"*The Sinews of Power：War, Money and the English State，1688—1783*"，集中研究了 17 世纪末到 18 世纪的英格兰的财政、行政以及军事问题。这些领域在同期的研究中通常被忽视。布鲁尔的独特之处在于他揭示了这些领域与同时期英格兰的重大变革（即英格兰国家开始积聚大量权力）之间的关联（Brewer［2003］，p. i）。更详细地说，布鲁尔描述了英格兰通过大规模增税和发行国债来应对巨大的军事开支，并建立起支持这些政策的中央集权行政体系，从而形成了一个"财政-军事国家"（fiscal-military state）。这个新概念是他的独创（Brewer［2003］，p. 6）。他的研究描述了英格兰如何通过财政制度和行政组织应对军事需求，以及如何形成中央集权的"财政-军事国家"，在这一过程中，他被认为描绘了英格兰国家形成的历史（Torres Sánchez［2007］，pp. 17-18）。

虽然早在布鲁尔之前，蒂利等学者就已经提出了军事成功乃至国家形成与财政制度之间的关系的重要性，但布鲁尔的研究对后续研究产生了重大影响。这主要有以下几个原因：

第一，布鲁尔的研究为英格兰描绘了一个与现有理论显著不同的形象。例如，蒂利之前认为在商业化水平较高的地区，由于通过税收更容易获取收入，因此行政机构可以维持相对较小的规模。依据这一理论，在商业程度较高的英格兰，征税过程更为便捷，从而使得其所需的行政机构规模较小，而与此相对，像普鲁士这样的国家则需要拥有更大规模的行政机构（参见 Ertman［1994］，pp. 36-39；Ertman［1997］，pp. 10-19；Tilly［1985］，pp. 181-183；Tilly［1992］，p. 60、pp. 87-91）。同样，也有学者认为，像英格兰这样的富裕贸易国家，无须高额税收就能维持其强大的力量（参见 Mann［1980］，p. 196）。

然而，布鲁尔揭示了 17 世纪末以来，英格兰的行政机构，特别是税务和内部消费税部门的规模实际上迅速扩大。① 布鲁尔指出，英格兰的消费税行政制度需要复杂的计量和记录，以及严格的等级制度，并在中央的严格监督下运行，比 18 世纪欧洲的任何其他国家更加接近韦伯（Weber）的官僚制理想类型（Brewer［2003］，p. 79）。②

第二，布鲁尔的研究对传统的英格兰历史观进行了深刻的修正。在传统的观点中，17 世纪末至 18 世纪的英格兰被视为"自由礼赞的时代"（Brewer［2003］，p. i），英格兰国家被认为是没有大权力的"弱国家"（Torres Sánchez［2007］，p. 17）。然而，布鲁尔的研究揭示了一个具有大规模财政体系，发展了大规模的中央集权和专业行政机构的国家，这个观点显然颠覆了传统的认识（Ertman［1994］，p. 37；Ertman［1999］，p. 30；Brewer［2003］译者注）。

布鲁尔将财政史作为其研究的核心视角，以一种与传统国家形成史研究不同的方式来描述英格兰，这对于激发关于国家形成的新研究提供了刺激（Torres

---

① 英格兰政府的雇员数量似乎远远超过了同一时期的普鲁士（Ertman［1997］，p. 12 的脚注 25）。

② 这里引用的译文，在参考了原文基础上进行了部分修正。

Sánchez［2007］，p. 18）。

第三，布鲁尔提出的"财政-军事国家"这一术语被广泛使用。布鲁尔的研究引导人们关注军事支持过程中的财政制度、行政机构的发展及其重要性，这导致人们对不仅仅是布鲁尔研究的英格兰特定时期，而且对其他国家或时期的军事以及支持军事的财政制度和行政机构的作用也产生了兴趣。结果，作为"动员财政和军事资源以持续战争为主要目标的国家"的大致含义，"财政-军事国家"这个词不仅用于布鲁尔研究的国家和时期，也被用于其他国家和时期（Glete［2002］；Storrs［2009］，p. 2；Torres Sánchez［2007］，pp. 14-15）。这引发了对"财政-军事国家"在各国间的差异和多样性的关注，推动了"财政-军事国家"的案例研究和国际比较研究（Storrs［2009］，p. 6；Torres Sánchez［2007］，p. 14）。可以说，这也引发了对各国财政史作为国家形成的重要因素的新兴关注。

### 3.1.3　邦尼等人关于财政历史变化的模型

作为"新财政史学"的代表，理查德·邦尼在 20 世纪 90 年代引领的一系列研究（Bonney［1995］、Bonney ed.［1999］、Ormrod et al.［1999］）对后续研究产生了深远影响。这些研究最初作为欧洲科学基金会（European Science Foundation）赞助的"欧洲近代国家的起源（13 至 18 世纪）"项目的一部分启动。

这项研究的主要特点包括：

（1）建立了一个被称为"欧洲国家财政数据库"（European State Finance Database）的财政统计数据库；

（2）多个研究者共同对欧洲各国的财政历史进行了大量的案例研究和国际比较；

（3）在这些研究的基础上，试图对财政历史的变化进行模型分析。

这与熊彼特的《税收国家的危机》有密切关系，因为熊彼特在书中使用了"财政史的方法"来论述近代国家的形成过程。熊彼特的观点是，战争这种"共同的困难"会产生财政需求，进而引发通过等级制议会批准的税收，这导致"国家"作为一个"公共"的领域的出现。因此，他指出，"财政需求是最早刺激近代国家诞生的因素"，并且，"'税收'和'税收国家'几乎可以被看作同义词，深深地与国家的概念关联起来"。这种从财政角度观察"近代国家"形成的视角，

为邦尼等人的研究提供了启发，并成为他们研究欧洲"近代国家"的形成过程的
关注焦点。

在西方历史研究中，已经存在许多受到熊彼特观点深刻影响的研究。例如，
E. L. 彼得森在引述《税收国家的危机》后，认为熊彼特成功地将从"domain
state"（"领地国家""领邦国家""直接收入国家"①）到"tax state"（税收国家）
的转变所产生的影响形象化，并提供了一种分析框架（Petersen［1975］，pp. 116-
117）。接着，K. 克鲁格在引用彼得森的研究后，提出可以从财政角度理解近代
国家的转变，即从"领有国家"到"税收国家"的转变，并且通过定义"领有国
家"和"税收国家"各自的阶段理念，将它们模式化（Kruger［1987］，pp. 50-
52）。

邦尼和 W. M. 奥姆罗德尝试进一步发展熊彼特的理论以及克鲁格的模型
（Bonney & Ormrod［1999］）。他们认为，尽管到目前为止在财政历史研究中已
经积累了很多"事实"，但是缺乏一个系统的框架来理解它们。克鲁格的模型在
这方面具有创新性，但邦尼等人认为，它过于依赖特定的时期和欧洲特定地区，
不能充分解释支出、收入、信贷及其系统的不稳定性和变化的动态相互作用。因
此，他们试图修改克鲁格的模型，并提出了一个更具有解释力的财政历史变化模
型（Bonney & Ormrod［1999］，pp. 1-8）。

与克鲁格的模型仅关注从"领有国家"到"税收国家"的转变不同，邦尼-
奥姆罗德模型从财政角度将历史阶段划分为"tribute state"（贡赋国家）、
"domain state"（领有国家）、"tax state"（税收国家）和"fiscal state"（财政国家）
四个部分（Bonney & Ormrod［1999］；Bonney［2002］，pp. 144-149）。这使得人
们可以比较同一时期欧洲和东亚的发展（Bonney［2002］，p. 144）。然而，尽管
邦尼等人讨论了"历史阶段"，他们并未设想一种单线性的发展模式，比如，每
个国家都会从"贡赋国家"过渡到"领有国家"，然后通过"税收国家"最终成
为"财政国家"。也可能直接从"领有国家"变为"财政国家"，或者从"税收国
家"回归到"领有国家"。此外，任何国家都不能局限于一个特定的阶段，可能
同时具备几个阶段的特性（Bonney & Ormrod［1999］，pp. 10-12）。

在邦尼-奥姆罗德模型中，一个引人注目的观点是他们提出了比"税收国家"

---

①    关于"domain state"，邦尼（2002）翻译为"领有国家"，井内（2006）翻译为"直接收入
国家"，大岛（2013）用了"领邦国家"这个词。

更进步的状态，即"财政国家"。虽然熊彼特在第一次世界大战期间曾讨论过"税收国家的危机"，但邦尼指出熊彼特忽视了一个事实，即在拿破仑战争时期，很多"税收国家"已经崩溃，因此，他批评熊彼特并没有对这段历史进行充分的分析。① 他进一步指出，英国在拿破仑战争中能成功抵御法国的侵犯，是因为当时的英国已经进步到比"税收国家"更高的阶段。英国能够持续发行并积累公债，因此在这一阶段，债务违约成为一种显著特征，这与"税收国家"大相径庭。因此，邦尼和其他人将当时的英国称为与"税收国家"不同的"财政国家"（Bonney［1999］，pp. 13 - 14；Bonney & Ormrod［1999］，pp. 19 - 20；Bonney［2002］，pp. 144-145）。

邦尼等人的这一系列研究大大刺激了财政历史的探讨，并为后续的财政历史研究提供了推动力。其中一个重要的贡献就是他们大胆地提出了一个观察国家历史变化的财政视角模型。例如，他们的"贡赋国家"模型，以贡赋为主要收入，可适用于他们的主要研究对象（12 世纪和 13 世纪以后）的更早阶段（Bonney & Ormrod［1999］，pp. 11-12）。此外，尽管邦尼等人的研究主要集中在欧洲，但他们的模型是否可以适用于包括欧洲以外的更广阔地区，这一点也引发了关注。因此，邦尼等人的研究触发了包括亚洲在内的更广阔地区和更长时间范围的财政历史研究的兴趣和努力。

### 3.1.4　财政史研究的地域和时代的扩展

以上的布鲁尔的研究以及邦尼等人的系列研究，提出了在理解（近代）国家形成过程中，财政史视角的有效性。事实上，这些研究后来激发了大量的财政史研究。

例如，关于"财政-军事国家"或"税收国家""财政国家"的形成过程，Glete（2002）、He（2013）的著作进行了地域限定的国际比较。针对特定国家的研究可以参考 Halsey（2013）、Liu（2015）、Torres Sánchez（2015）、Walsh（2013）、Wareham（2012）等论文和著作。尽管 20 世纪 80 年代以来的财政史研究主要以欧洲为主题，但 Halsey（2013）、He（2013）、Liu（2015）的研究已经

---

① 　熊彼特也指出，"税收国家已经崩溃了无数次，无数次地倒下了"（Schumpeter［1983a］，p. 49）。

将其扩展到亚洲。

另一方面，像邦尼等人一样，许多研究者汇总了各国的案例研究和比较研究，并且出版了很多书籍。例如，Cavaciocchi ed.（2008）集结了超过 50 名参与者，进行了欧洲财政史的案例研究和比较研究。Torres Sánchez ed.（2007）、Storrs ed.（2009）汇总了关于 18 世纪"财政-军事国家"的案例研究。特别值得一提的是，前者的研究不仅包括了欧洲，而且扩展到了亚洲和美洲的部分地区。此外，Yun-Casalilla et al. eds.（2012）的《财政国家的兴起》（*The Rise of Fiscal States*）收录了很多包括欧洲和亚洲在内的案例研究，这个标题与 Bonney ed.（1999）的 The Rise of the Fiscal State in Europe 非常相似。

虽然邦尼等人的研究主要集中在 1815 年以前，但已经有研究将研究时间延伸了。例如，Yun-Casalilla et al. eds.（2012）将研究时间扩展到了 20 世纪初。Cardoso & Lains eds.（2010）包含了关于 19 世纪到 20 世纪初欧洲财政史的许多论文。而 Monson & Scheidel eds.（2015）的研究不仅包括了欧洲，还包括了美洲、亚洲和中东的前近代时期。

总结一下，可以看出，近年来发布的大量财政史研究，都受到了"新财政史"研究的刺激。其趋势包括：首先，研究参与者不仅数量众多，而且来自历史学、社会学和政治学等多领域，这显示了其作为跨学科领域的发展趋势（Monson & Scheidel eds.［2015］）。其次，研究对象已经从欧洲扩展到了亚洲和美洲等地。再次，研究时间也在扩大。例如，邦尼等人的一系列研究将"长 18 世纪"作为研究对象，但现在研究已经扩展到了 19 世纪以后和前近代的时期。

# 3.2　国家能力（state capacity）与财政史研究

## 3.2.1　制度与经济发展

近年来，经济学家和经济史学家越来越多地开始关注财政历史和税制历史在经济发展中的作用（例如，Balla & Johnson［2009］、Johnson & Koyama［2014a］［2014b］［2017］、Karaman & Pamuk［2010］、Ma & Rubin［2019］、Sng & Moriguchi［2014］，特别是 Johnson & Koyama［2017］）。这表明相关主题的关注度在提高。其中，新制度经济学（New Institutional Economics）的发展是导致这

种关注度提升的重要因素之一。

在制度派经济学中，"制度"被定义为"嵌入社会的规则体系"（systems of embedded social rules）。这包括了法律、习惯和既定的行为规范。这一派的经济学家主要研究的是与经济、财富生成和分配相关的主题（Hodgson［2018］，pp. 45-46）。

制度经济学起源于 20 世纪初的美国，其早期代表人物包括范伯伦（Veblen）、米切尔（Mitchell）和康芒斯（Commons）。他们主张，个体的偏好不是固定的，而是受制度和文化影响的，换句话说，个人的偏好依赖于具体的环境（Hodgson［2018］，pp. 46-47）。后来的新制度派经济学家，如诺斯（North）和威廉森（Williamson），在接受旧制度派经济学影响的同时，使用新古典派经济学的框架，研究了什么因素决定了制度，以及制度如何影响经济表现（Alston［2008］，p. 32；Hodgson［2018］，p. 46）。

在经济史研究中，诺斯和托马斯（Thomas）在 1973 年的研究《西方世界的兴起：一种新的经济史》（*The Rise of the Western World: A New Economic History*）中首次提出了制度如何影响经济表现的问题。他们尤其关注财产权和所有权的确立，认为这是"有效的经济组织的发展"和经济增长的关键。他们指出，如果没有确立知识产权的所有权，即使有新的创意或发明，也不能保证创造者能从中获得利益，因此，社会上即使有巨大的利益，也不会有大的动力去产生这种发明（North & Thomas［1994］，pp. 2-5）。因此，诺斯和他的合作者特别关注了经济增长因素中的所有权和财产权制度。

诺斯等人试图解释的一个问题是，为什么 16、17 世纪的荷兰和英格兰等地的经济增长明显超过法国和西班牙。他们认为这个差异主要来自财产权和所有权制度的差异。例如，1624 年英格兰制定了"独占法令"（the Statute of Monopolies），从而赋予发明者专利权，保护了知识产权的所有权。这一举措通过提高潜在的私人利益，刺激了研究和发明活动，被认为为英格兰的经济增长提供了环境（North & Thomas［1994］，pp. 201-202、pp. 207-212）。然而，在法国，新的发明受到了限制，"新的发明，在任何情况下，都不应该与现有的权利批准冲突。如果新的发明可能会对现有的独占产生冲击，那么它就会阻碍过去的批准，因此，国王不会批准独占"（North & Thomas［1994］，pp. 173-174）。诺斯等人认为，这样的所有权制度阻碍了法国的经济增长。

诺斯等人的研究指出，所有权和财产权这种制度是经济发展的重要因素，这在很大程度上是开创性的。他们的研究在经济学和经济史领域引发了对制度的关注，至今已有许多探讨制度与经济发展关系的研究。除了财产权保护制度，目前的研究还表明，违约风险、司法制度的信任度、法律和政策的预测性、贪腐程度、官僚素质、信任度和公民合作规范的程度，以及民主制度等制度性指标都是影响经济增长及其持续性的因素。它们共同表明，制度对经济增长至关重要（Ugur［2010］）。

### 3.2.2　国家能力

在关注制度对经济发展的重要性的同时，近年来人们开始关注"国家能力"（State Capacity）或者说国家应当扮演的角色。因为即便有关经济增长的制度在某种程度上已经明确，但为什么某些社会能够采用促进经济增长的制度，而其他社会却无法做到，学者们开始思考这是否能由国家能力的差异来解释（Johnson & Koyama［2017］，p. 2）。最近，国家能力已经成为发展经济学和政治经济学中最热门的概念之一（Johnson & Koyama［2017］，p. 1）。

国家能力被定义为"收税，确保法律和秩序的遵守，提供公共产品的国家的能力（*ability of a state*）"（Johnson & Koyama［2017］，p. 2. 斜体为原文），也被视为"确立暴力垄断的能力，筹集资源的能力（财政能力），实施政策的能力（官僚能力）的综合概念"（Acemoglu et al.［2015］，p. 7）。辛戈拉尼在他关于国家能力的研究综述中定义了国家能力："通常，通过使用征税、官僚机构、军队、议会和法院等手段，国家能力是指能够抵抗潜在的反抗力量，并在其领域内确保实现公共目标的能力"（Cingolani［2018］，p. 106）。尽管国家能力是一个广泛的概念，不同的研究可能会使用不同的指标，但这并不妨碍对国家在经济增长中所扮演角色的研究的积累。

例如，阿西莫格鲁和罗宾逊在他们的研究中提到了能够促进经济增长具有包容性（inclusive）的经济制度对于一个国家的重要性：

所有的产权安全、法律、公共服务、合同和交易的自由，都依赖于国家的支持。在这种情况下，国家是一种机构，维持秩序，防止盗窃和欺诈，确保私人企业之间的合同得以执行。社会的正常运行还需要其他公共服务，如货物运输的道路和运输网络、刺激经济活动的公共基础设施、防止盗窃和欺诈的基本法规等。即使市场和公民可以提供许多这样的公共服务，但要大规模实施，需要多少协调，这往往只有中央权力能知道。因此，国家不可避免地成为法律与秩序、私有财产、合同的强行执行者，也是公共服务的主要提供者，与经济制度紧密相连。具有包容性的经济制度需要国家、利用国家（Acemoglu & Robinson［2013］，p. 117）。

如上所述，国家是推动经济制度的执行者，也是公共服务的提供者。

贝斯利和佩尔森的研究代表了对国家能力和经济发展关系的关注。他们特别关注的是法律能力（legal capacity）和财政能力（fiscal capacity）。前者关注是否提供私人财产权和合同履行的法律规定和服务，这些被看作从法律角度支持市场。后者关注是否能从广泛的税收基础（如所得和消费）中获取用于提供公共服务的收入。他们发现各国的国家能力与所得水平之间存在正相关关系（Besley & Persson［2011］，pp. 6-8）。

### 3.2.3　国家能力、财政和经济增长

正如前文提到的，贝斯利和佩尔森的研究发现税收收入和人均 GDP 之间存在正向关联（Besley & Persson［2011］）。丁切科和卡茨（Dincecco & Katz［2016］）进一步探索了财政，特别是税制与经济表现之间的关系。

他们借助了从 17 世纪中期到 20 世纪初的欧洲国家的长期数据，量化分析了财政中央化以及设立财政监督的政府这两个与国家能力有关的指标是否对长期经济表现产生影响。在这里，财政中央化被看作中央政府设立统一税率标准税制的指标，而设立财政监督的政府则被看作国会获得每年稳定控制国家预算权力的指标。他们的研究结果显示，财政中央化直接并显著地对长期经济表现产生了正向影响。也就是说，相比于财政分散的制度，中央集权的财政制度使人均实际 GDP 年均增长率提高了 0.17%～0.43%。在此期间（从 17 世纪中期到 20 世纪初），样本国家的人均实际 GDP 的年均增长率为 0.62%，因此财政中央化解释了这一平均增长率的 1/4 到 2/3。

他们的研究还发现，由于财政中央集权化，人均税收长期增加。[①] 增加的税收可以用于建立支持市场的行政基础设施，如财产权和市场规定，以及提供如教

———————————

① 对于税权分散在不同地方的国家，各个地方政府可能会出现搭便车的现象，因此相对于中央集权的体制，整体税收可能会减少（Dincecco and Katz［2016］，p. 192）。

育等促进增长的公共服务。这些通过政府对预算的控制而变得更为确定，能够推动教育等非军事支出的增加。

丁切科和卡茨通过以上的研究明确了财政中央化对经济表现特别是对长期经济表现产生了显著的正向影响（Dincecco & Katz［2016］）。这揭示了财政制度在长期经济发展中的重要性。因为研究长期经济发展的因素是经济历史领域的一个大主题，这样的研究进展将导致经济历史领域对财政的关注增加。

在"大分流"的讨论中，财政史的研究也起到了关键的作用。"大分岐"（the Great Divergence）指的是从经济上较为接近的亚洲和欧洲，到18世纪左右，以英国为核心的西欧国家经历迅速增长，从而在经济上大幅领先其他地区的现象（Pomerantz［2015］；深尾［2020］，pp. 4-5）。此外，虽然在14到15世纪时，日本在亚洲的经济水平较低，但是从18世纪开始的增长使其成为亚洲最富有的国家，这被称为"亚洲小分歧"（the Asian Little Divergence）（Broadberry［2015］；深尾［2020］，pp. 4-5）。这些现象的解释因素已经成为经济历史研究的一个重要主题。

在Sng和森口2014年的研究中，他们为了解释日本比中国增长更快的现象，关注了两国在国家能力，特别是税收规模方面的差异（Sng & Moriguchi［2014］）。他们发现，从17世纪中期到19世纪中期，日本的人均税收明显高于中国，并且这个差距随着时间推移而扩大。① 他们通过理论模型将两国在税收差距上的原因归为领土大小的差异。在领土辽阔的中国，监督税收官僚的成本更大，因此官僚的贪污激励也更大。为了防止贪污和纳税人反抗，中国需要降低税负，因此与日本相比，中国为增长提供的公共产品更少。实际上，对当时情况的分析揭示了在中国，贪污程度较大，公共产品如交通基础设施建设等也更为有限，这些都符合他们的理论预测。税收规模以及随之而来的公共产品供应的差异，在近年来受到特别关注，被视为日本和中国经济增长拉开差距的原因，进而成为"亚洲小分歧"的一个解释（Nakabayashi［2021］，pp. 83-89）。这个例子表明，财政史在"大分歧"等重要的研究主题上也可以做出贡献。

这段内容重点探讨了作为经济发展因素的国家能力和财政制度的重要性。这意味着，当我们思考发展中国家面临的经济增长难题时，需要关注这些因素。例

---

① 在他们的估计中，到1840年左右，中国的国家收入至多占国民收入的2%，而日本则超过15%（Sng and Moriguchi［2014］，p. 441）。

如，贝斯利和佩尔森指出，近年来低收入国家的税收规模是 GDP 的 10% 到 20%，而在高收入国家中，平均约为 40%。他们指出，税收规模较小的国家往往难以实现高水平的经济繁荣（Besley & Persson ［2014b］）。因此，他们正在探究为什么在低收入国家中，税收规模会较小。① 税收规模被视为国家收入获取能力的核心，也被认为是支持市场经济能力的关键因素。事实上，已经确认税收的规模与财产权保护程度有正向关联。因此，税收被视为"国家发展的核心"，"税收丰富是国家发展的关键"（Besley & Persson ［2014b］，p. 100、p. 103）。因此，在发展中国家的经济发展中，税制的重要性也引起了重视，税收与经济发展的关系以及发展中国家的税收决定因素的相关研究也越来越多（Gaspar et al. ［2016］；IMF ［2011］、Mawejje & Munyambonera ［2016］）。

随着制度经济学的深入发展，对于国家在经济中所扮演角色的理解和重视也逐渐加深，研究也逐渐聚焦到国家能力的提升和重要性。这也可以看作对之前主流经济学、财政学和经济历史研究中忽视国家作用的一种反馈。造成这种忽视的原因主要有两个。一是这些研究预设了国家课税权的存在，尽管这在历史上并非理所当然的事实（Besley & Persson ［2014b］，p. 99；von Glahn ［2020］，pp. 1-4）。二是主流经济学过于关注对国家的约束，而忽视了国家积极作用的重要性（Acemoglu ［2005］，p. 1200、p. 1223；Hoffman ［2015］，pp. 305-306、p. 328）。经济历史学者霍夫曼曾指出，我们过分关注如何控制强大的政府，而忽视了强大的国家能力可以带来的巨大利益（Hoffman ［2015］，p. 305、p. 328）。②

聚焦于国家能力的研究反映了我们对国家在经济发展中的角色的重新评估。此外，国家能力的研究本身也受到了蒂利和布雷尔等人研究的启发（Besley & Persson ［2011］，pp. 99-100；Besley & Persson ［2013］，pp. 54-56），这也暗示了财政史研究对于理解和提升国家能力有重要贡献。

在这样的背景下，"税收是国家能力的核心"（Morgan & Prasad ［2009］，p. 1351），财政制度和税收制度被看作构成国家能力的核心元素之一，因此被广泛认为是推动经济发展的重要因素。为何历史上会出现富裕国家和贫穷国家？以及什么阻碍了现今发展中国家的经济发展？在研究这些宏大问题的过程中，财政制度的作用和影响引起了广泛的关注。这些问题一直是经济学和其他社会科学领

---

① 　关于 Besley & Persson（2014b）提到的在低收入国家税收规模较小的原因将在后面讨论。

② 　参考 Bergman and Steinmo（2018），第 273—274 页。

域的重点研究对象（Besley & Persson［2014a］，p. 928）。财政史和税制历史的研究不仅可以帮助我们揭示和理解这些宏大问题，解释国家在经济发展中所扮演的角色，以及到底是哪些因素决定了各国的经济增长成功或失败，而且也有助于我们更深入理解当前发展中国家的经济发展环境和条件。

# 3.3  财政正当性、税收同意以及财政历史研究

## 3.3.1  财政正当性与纳税人对税收的同意问题日益受到重视

近期的财政历史研究中，一个格外受到瞩目的焦点是财政的问题，尤其是纳税人对税收的认同和遵从问题（Bozzi［2020］、Cardoso & Lains eds.［2010］、Costa & Brito［2018］、Daunton［2001］［2002］、Delalande & Huret［2013］、Koreh［2017］、Martin et al. eds.［2009］、Steinmo ed.［2018］）。背后的原因主要有以下几点：

首先，自1988年列维的研究以来，纳税人的认同问题逐渐引起了人们的关注，在道顿的开创性成果的推动下，以纳税人认同问题为核心的财政历史研究开始出现。其次，近年来，许多发达国家公众对税收的抵制愈发强烈。再次，如前所述的国家能力问题，妨碍发展中国家经济增长的一个因素是财政正当性的缺失导致纳税人对税收的认同和遵从不足，使税收征收变得困难。最后，近年来，出现了一种名为"新财政社会学"的理论，旨在整合以往被视为分散的税收研究。在这个理论中，纳税人的认同问题被视为一个核心主题。此外，"新财政社会学"强调对历史研究的重视。

## 3.3.2  关注纳税人的同意问题——列维、道顿等的研究

政治学家列维的 *Of Rule & Revenue*（1988）是对纳税人对税收的同意问题的创新性研究。在列维看来，统治者在寻求收入最大化时，必须在他们的相对谈判能力（包括对经济资源和政治资源的控制）、交易成本（达成和执行政策的成本），以及对未来的折现率（对未来的重视程度相比于现在）等因素之间找到平

衡（Levi［1988］，pp. 2-3）。高交易成本会妨碍收入的获取，因此，对统治者来说，降低交易成本至关重要。列维认为，解决这个问题的关键在于纳税人的同意或合规。如果统治者仅通过强制手段征税，可能会激发纳税人的抵触情绪，从而增加交易成本。因此，列维特别强调了建立纳税人的"准自愿合规性"（quasi-voluntary compliance）（在可能受到惩罚的情况下选择自愿缴税）的重要性（Levi［1988］，p. 52）。

那么，纳税人的准自愿合规性是如何确定的呢？如何建立纳税人的准自愿合规性呢？列维提出，这需要满足两个条件：一是纳税人确信统治者会遵守与他们的协议，因为如果纳税人认为自己会被欺骗，他们就不会自愿缴税（Levi［1988］，p. 60）；二是纳税人确信其他纳税人也会缴税，因为没有人愿意成为唯一遵守规定的"受害者"。只有当他们预期他人也会合作时，纳税人才会选择自己也参与合作。因此，公众对税收公平性的认知和信任在这里起到了重要作用（Levi［1988］，pp. 52-53）。

总的来说，列维的研究从降低交易成本的角度突出了纳税人的同意和合规性问题，并探讨了影响二者的因素。这项研究对后续的研究产生了深远影响（参见本书第 2 章）。

另一方面，道顿将英国作为研究对象，把纳税人的同意问题放在了中心位置（Daunton［1998］［2001］［2002］）。他在 1998 年的论文"Trusting Leviathan"中，探讨了拿破仑战争后英国财政的信任问题和纳税人的同意问题。在历史研究中，税收问题往往被忽视（Lowe［2003］，p. 306），道顿的论文被视为是在财政历史研究中首次关注纳税人信任问题的开创性工作。此外，前述列维的研究对道顿的研究视角产生了影响。

在 20 世纪 60 年代到 70 年代的美国，社会政治混乱加剧，公众对政府的信任度降低，这使得人们更加关注政治信任问题，并在这一领域进行了许多研究（Levi & Stoker［2000］，pp. 476-481）。1988 年，前文提到的列维的成果已经发布，随后，列维、道顿等人联合开展了一项关注信任问题的研究项目，道顿的项目报告得到了列维的评论。这种环境对于道顿将注意力转向纳税人同意问题，并在财政历史领域推动这一问题的研究起到了重要的作用（Daunton［2002］，p. xi）。这个联合研究项目的成果已经在 Braithwaite & Levi eds.（1998）中体现出来，而前面提到的名为"Trusting Leviathan"的论文是在这本书中发表的。

　　在英国，法国革命战争和拿破仑战争期间（1793—1815），财政规模急剧扩大，然而战争结束后，财政的信任和却遭到了严重挑战。尽管如此，到了 19 世纪后半，英国成功地恢复了财政的信任和纳税人的同意。道顿试图解释为什么英国能够获得如此高的信任度和同意度。

　　据道顿表示，罗伯特·皮尔和威廉·尤尔特·格莱斯顿于 19 世纪中期实施的财政政策在恢复公众对财政信任方面起到了决定性的作用。他们的策略主要是摒弃特殊利益，推行一种不区分收入类型的所得税，取消目的税以实现财政的通用性，严禁资金的滚存，并将盈余用于偿还国债等。这些政策不仅提高了财政的透明度，也展现了政府的中立性，即财政政策不偏袒任何特殊利益。这些都有助于恢复公众对财政的信任，以及纳税人的同意。这与列维所述的纳税人对公平性的认知导致自愿合规行为的观点是一致的。

　　正如道顿所说，“同意、信任和正统性对于税收的历史至关重要”（Daunton［2001］，p. 7）。他在财政历史研究中明确引入了公众对财政的信任和纳税人的同意这一视角。

　　从 20 世纪 80 年代开始，以列维的研究为导向，纳税人对税收的同意和合规性成了重要的研究主题，尤其是在近年来对“财政社会学”的重新评估趋势中，这个问题得到了更多的关注。道顿对纳税人同意问题的研究将这一视角明确地引入了财政历史研究领域，这为近年来关注纳税人同意和合规性的财政历史和税制历史研究提供了重要的背景。

### 3.3.3　税收的“正当性危机”

　　近年来，众多国家的税收系统正面临着被称为“正当性危机”（legitimacy crisis）的挑战（Peeters et al. eds.［2017］，p. v），税收抵抗的情况正在以空前的规模扩展开来（Delalande & Huret［2013］，pp. 305-306）。这种现象的背景主要有以下几个方面（Peeters et al. eds.［2017］，pp. v-vi）。

　　首先，21 世纪初美国的次贷危机引发了金融领域的混乱，使得希腊、西班牙等欧洲国家爆发了财政危机，并进一步引发了“欧元危机”。为了应对这些危机，各国被迫提升其财政的正当性，从而导致了公共支出的削减和对纳税合规性的严格监控。

　　其次，一些跨国公司正利用各国的财政制度，以最大化地降低在全球范围内的税收负担，这一情况已由巴拿马文件等途径被揭示。富裕阶层同样在利用各地的税制进行避税，而且支持避税行为的行业也在推动着这种趋势（Saez & Zucman［2019］）。此外，许多国家为了吸引企业和富裕阶层，正利用各自的税制互相竞争（Leaman & Waris［2013］，pp. 1-2）。这就意味着，相对于只在国内经营的企业，跨国公司更容易找到避税的机会，而富裕的纳税人也比一般纳税人更有可能避税。这种情况意味着在各企业和纳税人之间，税收制度的实施存在着不公平的现象。

由于以上情况，人们开始失去对政府的信任，甚至失去了为了公共利益支付税款的意愿。在这样的背景下，人们对于信任税制的因素，以及各国信任水平差异的原因等问题的研究兴趣也在增加（Peeters et al. eds.［2017］，p. vi）。近年来出现的这种现象，也引发了人们对于税收抵抗以及纳税人同意历史研究的兴趣（Bozzi［2020］、Delalande & Huret［2013］）。

### 3.3.4 发展中国家中的纳税人同意与合规问题

正如之前在关于国家能力的研究中提出的，税收的规模和经济发展之间存在关系，且在发展中国家，税收的规模偏小已经被认识到是阻碍经济增长的主要问题。贝斯利和佩尔森（Besley & Persson［2014b］）研究了发展中国家税收规模偏小的原因，他们提出，非正式经济的庞大规模导致税收基数的缩小，来自其他国家的援助或自然资源收入削弱了征税的动力，富裕精英在政治中的主导地位削弱了再分配的意愿，而行政权力的检查和平衡机制较弱则容易诱发腐败。他们还强调了遵循税法规定的重要性。近年来，发展中国家税收规模偏小的原因之一——缺乏税法遵从性的问题已经引起关注。已有研究指出："发展中国家的政府、研究者以及国际机构普遍认为，对税收规定的不遵守行为是目前破坏税收动员努力的主要问题"（Umar et al.［2019］，p. 339；IMF［2015］）。为了提高发展中国家的税收，需要的措施是"将不愿意纳税的纳税人转变为主动为国家做出贡献的有税法遵从性的纳税人"（Waris［2018］，p. 104）。

因此，将焦点放在财政的正当性、纳税人的接受度和税法遵从性的财政历史研究可能对当前的发展中国家产生政策影响。实际上，S. H. 斯坦莫（Steinmo）等人在 2018 年的研究中通过历史分析了纳税人的接受度，研究对象包括纳税人接受度和税法遵从性极高的瑞典、英国、美国，以及两个指标都较低的意大利和罗马尼亚（Steinmo ed.［2018］），他们也试图从中得出对发展中国家的政策启示（Bergman & Steinmo［2018］）。斯坦莫指出，逃税的现象不是民族性等因素引起的，而是制度的问题（Steinmo［2018a］［2018b］）。举例来说，瑞典的逃税现象较少，意大利的逃税现象较多，但通过实验，瑞典人并没有比意大利人更诚实，也没表现出更强的公共利益贡献意愿。换句话说，如果给予意大利人和瑞典人相同的制度，他们会做出相同的选择。这意味着，意大利逃税现象较多并不是民族性等因素造成的，而是制度问题（Steinmo［2018a］，pp. 5 - 7；［2018b］）。这也暗示了，在那些税法遵从性较低的发展中国家，制度对税法遵从性的影响是巨大的。

从瑞典、罗马尼亚和意大利的比较中，M. 伯格曼和斯坦莫得出了四个关于纳税人接受度的基本理论（Bergman & Steinmo［2018］）。首先，为了建立一个公民认为公正的税收制度，国家需要加强对公民和土地的监管能力。其次，如果公民感觉他们的税款有所回报，并且其他公民也在承担他们应有的责任，他们会更愿意纳税。再次，虽然税收是为了支持社会公正和平等的公共项目和制度的财源，但如果税制实质上允许富人逃税，将会导致税收减少，并引发对国家的不信任。最后，更有效的税制能在增加税收的同时，构建共同的社会认同和目标（Bergman & Steinmo［2018］，p. 288）。

在此基础上，他们给出了 13 项政策建议，以在纳税人和税务当局之间建立更为牢固的关系（Bergman & Steinmo［2018］，pp. 285 - 287）。这些建议包括：（1）建立一个可以收集个人和企业的收入、交易等信息，并进行有效监管的系统。这也包括建立从第三方收集信息的系统，投资于土地注册管理，以及减少非正式经济等。（2）为了实现"合规友好的税制"，需要简化税制。这包括简化申报程序、建立预扣税制等。实现这一目标需要增强信息收集和监管能力。（3）为了实现公平，防止逃税，首先要对高收入人群征税。然而，尤其在发展中国家，由于许多公民被豁免了个人直接税，他们建议在保持累进税制的同时，让所有人，包括贫困人群，都应纳税。这样可以实现公平和包容。（4）严厉惩罚逃税行为，不容忍腐败。这样可以让纳税人明白政府正在严肃处理非法行为。（5）为了让纳税人感觉到税收的回报，需要提供清晰可见的公共产品，如基础设施、教育服务、医疗服务、国防等。（6）在经济繁荣期而非危机期提高税收。危机期间的增税往往难以维持，因此在经济繁荣期间增税、提供公共产品和提高遵从性，从而形成良性循环。

这些研究和建议都凸显了在发展中国家，税收不足是经济发展的重要障碍。财政以及纳税人的接受度和遵从性被视为这个问题的关键因素。这也是为何财政历史研究开始关注财政的、纳税人的接受度和遵从性。实际上，包括先进国家在内的各类财政历史研究，都试图从当今的发展中国家中寻找和学习如何提高财政的正当性，进而提高纳税人的接受度和遵从性的政策启示。

### 3.3.5　"财政社会学"与纳税者同意问题的关注

近年来，随着"财政社会学"的重新审视，研究者们对纳税者的同意问题的关注力度加大了。这其中，由社会学者 I. W. 马丁等人提出的"新财政社会学"的理论影响了这一趋势（请参考本书第 1 章和第 2 章以获取更多关于财政社会学和"新财政社会学"的信息）。

马丁等人试图把以往分散在税收研究中的学问进行整合（Martin et al. eds. [2009]）。他们认为税收不仅提供国家财源，还具有以下重要特点：首先，税收构建了个人与政府或个人与社会的关系；其次，由于纳税者与国家之间可能存在潜在的冲突，因此通过持续的谈判，税收形成了两者之间的动态关系。因此，关注税收不仅可以帮助我们理解个人、国家和社会等之间广泛的关系，还可以帮助我们理解这些关系的动态性（Martin et al. [2009]，pp. 3-5）。在此基础上，马丁等人使用了熊彼特曾经使用的"财政社会学"这一术语，并提出将以税收为中心的近年研究命名为"新财政社会学"（The New Fiscal Sociology）。从马丁等人的工作以后，我们可以说人们对财政社会学（或新财政社会学）的关注已经增加（Schneider [2012]，Chapter2；Martin [2020]；Mumford [2019]）。

在财政社会学的主题中，纳税人对税收的同意和合规问题被认为是核心议题（Martin et al. [2009]，p. 14；Mumford [2019]，pp. 11-12）。① 例如，马丁等人认为，新财政社会学的视角是在 Levi（1988）的基础上建立起来的，即如果纳税义务被认为是与统治者提供公共产品的公正交换，就可以得到纳税者的同意（Martin et al. eds. [2009]，pp. 18-19）。因此，财政社会学认为纳税者的同意是社会契约的结果（Moore [2004]，pp. 298-299；Martin et al. [2009]，p. 1、

---

① 在新财政社会学中，税制决定因素的社会源头、纳税者同意的决定因素以及税收的社会和文化影响被认为是主要的议题（Martin et al. eds. [2009]）。

p. 18；赤石和井手［2015］，p. 38）。从纳税者的角度来诠释社会契约成立，纳税者的同意和合规问题也是主要的论点之一。

另外，财政社会学强调了历史视角的重要性。就像财政社会学的倡导者葛德雪和熊彼特曾经指出的（参见本书第 1 章），如马丁等明确提到，近期的（新）财政社会学也非常注重历史视角。这主要是因为，若不采用历史探讨，就很难有效解释某一国家税制形态的原因，或纳税人的同意原因（Martin et al. eds.［2009］，pp. 13-14、p. 20，参见本书第 1 章）。

正如前文所述，近期的财政社会学借鉴了列维（1988）的理论，认为当纳税义务被看作是与统治者提供的"公共财富"的"公正交换"时，就可以获得对税收的同意。然而，即便以此理解税收的同意，也存在一些问题：首先，这种"公正"的认知从何而来？其次，人们如何定义"公共"，认为何种是对他们有益的"公共财富"？这些问题意味着我们的研究领域应扩大至纳税人对统治者的信任，以及纳税人的政治身份等方面。近期的财政社会学强调，若不加入历史背景，就无法理解这些问题（Martin et al. eds.［2009］，pp. 19-20）。

近年来，对财政社会学的重新评估，特别是新财政社会学的提出，不仅加强了对纳税人同意和合规问题的关注，也提升了对历史研究的关注。无论每一项研究是否直接受到财政社会学观点的影响，全球范围内对税收反抗的增加，以及在发展中国家，作为阻碍增长因素的纳税人同意和合规问题受到关注，都成为重要的背景因素。可以说，近年来，人们对于财政社会学所关注的与纳税人同意相关的财政历史研究的重要性的认识已经得到了加强。

### 3.3.6 小结

正如前文所提到，从列维的研究开始，税收的正当性、纳税人的同意和合规性这一问题开始受到关注，通过道顿等人对英国税制历史的实证研究，这一问题已经成为财政史研究的一个关键视角。其重要性，在"财政社会学"的重新评价过程中，受到了更进一步的关注。因为在这个过程中，纳税人的同意问题被视作主要议题，同时，也强调了其历史研究的重要性。另外，近年来，发达国家的税收反抗越来越强烈，而在发展中国家，税收的正当性、纳税人的同意和合规性的缺失被视为影响税收获取、进而阻碍经济发展的问题。

在这样的背景之下，关注税收正当性、纳税人的同意和合规性问题的财政史研究被认为有如下意义。

首先，这可以揭示各国财政成功或失败的关键因素。"建立财政能力是构建一个成功国家的必要条件"（Steinmo［2018a］，p. 4），同时，"在成功的社会中，公民和纳税人乐意缴纳税款。"（Bergman & Steinmo［2018］，p. 273）。税收是国家能力的核心因素之一，这也揭示了经济发展的关键因素。此外，正如"财政-军事国家"的理论，在国家形成历史的研究中，战争一直被视为财政制度发展进而影响国家形成的关键因素，但这也揭示了理解战争以外的其他重要因素的必要性。实际上，卡尔多索和莱恩斯（Cardoso & Lains）在研究了 19 世纪到 20 世纪初被称为"和平的世纪"的欧洲财政史时，强调了政府的信誉以及纳税人（包括公债购买者）的同意问题（Cardoso & Lains［2010］，pp. 9-10）。霍夫曼进一步指出，在 14—15 世纪的百年战争期间，战争并不能导致永久性的税收制度的形成。在当时的法国，并未因为是战争时期，就建立起永久的税收制度。相反，是国王提供的消除盗贼的公共产品，让所有人都能从中获益，从而使政治精英达成一致，建立起永久的税收制度（Hoffman［2015］，pp. 308-314）。①

其次，对于近年在各国愈演愈烈的税收抵抗，这样的研究有助于我们加深理解。

最后，这也有助于我们深入理解阻碍发展中国家经济成长的税收正当性、纳税人的同意和合规性问题，同时，也能为我们提供政策建议。

# 结　语

在本章中，我们整理了一些关于财政历史研究的背景以及这些研究的问题意识和贡献。尽管在日本，财政历史研究的趋势似乎正在减弱，但在其他国家，财政历史研究的兴趣却正在增加。我们主要关注了三个研究趋势。首先，自 20 世纪 80 年代末以来，代表性的财政史研究，如布鲁尔和邦尼的"新财政历史"，都是在国家形成史的背景下进行的财政史研究。其次，近年来，特别是在经济史领

---

①　经济史研究者霍夫曼在强调国家研究的重要性的同时，也指出："我们可能需要超越我们通常的研究方法，转向行为经济学、进化人类学、政治学、财政社会学等领域。"（Hoffman［2015］，p. 328）这一点颇为引人深思。

域，"制度"研究和国家能力研究中的财政史，特别是税制史研究正在兴起，因为税收被视为国家能力的核心元素之一。最后，自 20 世纪 80 年代列维的研究以来，财政正当性、纳税人的同意和合规性在"财政社会学"的重估框架下得到了关注。

这些财政历史和税制历史研究具有以下几种意义。首先，如"新财政史"研究所示，它们可以揭示国家形成过程的历史重要阶段。其次，如经济史的"制度"研究和国家能力研究所示，它们可以揭示以"大分歧"讨论为起点的"为什么出现富裕国家和贫穷国家"。再次，它们有助于理解近年来在许多国家中对税收的抵抗及其影响因素。最后，它们可以揭示阻碍发展中国家经济发展的因素。这是因为在发展中国家，财政的和纳税人的同意往往较弱，这可能导致国家能力的缺失。正如斯坦莫等人的研究所示，这不仅是发展中国家本身的财政历史和税制历史研究，从先进国家的财政历史和税制历史研究中也可获得对近年发展中国家的启示。

最后，我们回到本书第 1 章中提出的问题，即满足"共同需求"的决策过程。在本章中，我们整理了近年来的财政历史研究，特别是从第 3.3 节的整理中可以发现许多共同的问题意识。例如，马丁（2008）和斯坦莫（2018）的研究。马丁研究了美国 20 世纪 70 年代发生的针对财产税的"税收反抗"的原因。传统上，美国的房屋只被征税一部分资产价值，这种非正式的减税成了惯例。这是地方税务机构的一种自主行动。马丁指出，试图实现现代化征税，消除对房屋所有者的实质性特权，却又引发了税收反抗。因为非正式的房产税在一定程度上起到了相应的社会政策的作用，满足了居民的需求。这就是说，居民的需求是保护自己免受房价上涨的冲击（Martin［2008］，p. 17）。而政府试图取消对住房的实质性减税举措，与人们的诉求背道而驰，因此引发了税收反抗。

在前述的斯坦莫等人的研究中，从公平的"社会契约"的角度来看，人们不仅关注税收，还关注税收如何使用，即支出的问题（Steinmo ed.［2018］）。以罗马尼亚为例，研究发现，罗马尼亚的逃税行为多，税收规模小，其中的原因包括政策的不稳定性、腐败，以及公共服务的支出不足等（Todor［2018］）。罗马尼亚人民认为他们没有从税收中得到足够的服务，认为"社会契约"的正当性受到了损害（Todor［2018］，p. 264）。20 世纪的瑞典，税负大，税收的同意和合规程度也高。在二战后的瑞典，长期执政的社会民主党反复强调人们可以从税收中得到利益。换句话说，他们强调通过税收实现教育、基础设施，特别是社会保障

的充实，并使人们意识到公共服务和税收之间的关系（Jansson［2018］，pp. 62 -
65）。他们主张，税收能带来利益，满足需求，因此成功获得了对税收的同意。
我们可以说，近年来，有越来越多的财政史研究开始接近"财政社会学"的问题
意识，即"共同需求的财政分析"。

# 第4章
# 财政研究与比较分析
## ——寻找问题的国际比较

本章的目标是对财政学和财政社会学中的"比较"概念进行方法论研究，以扩大财政国际比较的方法论意义和潜力，并提出相应的问题。

"比较"是一种广泛应用的分析技术，它不仅用于社会科学的研究，也在日常沟通中广泛使用。在财政学中，查看学术报告列表就可以看出"国际比较"已经被公认为一种重要的分析方法。然而，尽管已经进行了一些比较分析的尝试，但在社会科学全体中，财政学和财政社会学的国际比较如何被特性化，以及如何赋予其积极的意义，这样的讨论尚未充分进行。因此，本章意在开启财政学和财政社会学的国际比较的可能性，提出"为发现问题的国际比较"这样一种新的提问方式。

本章的结构如下。第4.1节将揭示社会科学中财政学的"国际比较"的特性。第4.2节将基于财政学的源流，阐述财政学和财政社会学中"比较"分析的定位。尽管在财政学中，比较分析作为一种手段被高度重视，但其方法论意义尚未得到充分的研究。在第4.3节，我们将讨论在社会科学各个领域中"比较"是如何被定位的。从比较政治学的方法论争议出发，我们将探讨少数案例分析的有效性，同时也将指出定量和定性研究并行存在的问题。第4.4节将指出财政社会学将历史和比较作为两个推动力引发的未解决问题，并提出针对国际比较的问题。最后，在梳理本章内容之后，我们将提出未来的问题并对本章进行总结。

## 4.1　财政学的可比性和非可比性

### 4.1.1　财政学的可比性

在日本，针对政府债务水平和消费税率等财政问题，国际比较分析方法得到了广泛应用。这是由于日本与其他先进国家相比，面临着众多的财政挑战。为了找寻解决这些问题的政策借鉴，通常会参考像北欧国家（特别是瑞典）这样被认为是优秀或理想的国家。[①]

财政社会学的一个核心问题是，尽管日本在全球范围内的税收负担相对较低，但公众对税收的感知压力却较高，因此如何形成对税收负担的共识，即"纳税人的同意"成为一个重要的议题。国际比较分析期望通过研究其他国家的"纳税人的同意"，来为日本现在和将来可能存在的"纳税人的同意"提供理论和政策洞察。[②] 特别是北欧国家，尽管税收负担在全球范围内较高，但对高税负的社会共识形成相对完善，这与日本和其他先进国家形成了明显对比。[③]

在财政学和财政社会学中，国际比较不仅是一种"必要的"分析工具，而且对研究人员和公众以及政策制定者来说，也是一种容易理解的方法。这是因为在财政学中，存在一个大家共识的框架——预算，以及各国基本相同的税制等（也可以说是由于国际机构等的统计制定使其"标准化"）。换句话说，正因为预算存在一定的相似性，我们才能分析出各国税制和社会保障制度的差异。相反，在社会学中，类似民族志这样的研究方法，更倾向于描绘社会的复杂性，而非其整体框架。在这种研究方法下，比较社会就像比较人生一样复杂。因此，我们可以认为，财政分析有一个特点，那就是比较起来更为容易（或者为了比较而被制度化）。

然而，尽管国际比较在财政学中被视为一种"必要的"分析手段，并且是一种容易实施的方法，但有时候，财政的国际比较可能变成一种"完全不必要的"分析方法，并存在忽视某些结构性问题的可能。

---

①　例如，可以参考神野（2010）、翁等人（2012）、汤元·佐藤（2010）、井手（2018）等的研究。

②　对于"纳税人的同意"这个概念和定义，请参考第 2 章 2.3.2 节。

③　关于北欧国家（包括其他国家）中纳税人和国家的关系，可以参考 Steinmo ed.（2018）等著作。关于信任程度的高低与交易成本的关系，可以参考 Holmberg and Rothstein（2020）等著作。另外，关于北欧国家（丹麦）的税收反抗，可以参考 Martin（2008）等研究。

### 4.1.2　财政学的非可比性

一种观点认为国际财政比较"并非必要"，其理由在于，全球并不存在一个与日本具有完全相同的历史和制度背景的国家，因此基本上不可能进行比较。一些人甚至认为，如果不充分考虑日本的历史和制度背景，就无法找到解决其财政问题的关键。在这样的思维模式下，例如，北欧国家和日本的比较分析可能看起来并无太多深入之处。在这种情况下，比较分析往往需要面临"那就是北欧可以做到的事情吗？""对政策进行拼凑式应用存在问题""并未考虑人口规模"等种种批评。确实，当我们试图以一个单一的故事线看待一个国家时，这个故事实际上是独一无二的，我们无法从头再来。因此，尽管国际比较这种方法看起来简单，但实则充满了困难和挑战。①

另外，财政学的（传统的）比较分析方法也存在薄弱之处。这主要表现在，我们往往倾向于比较那些具有一定规模的预算制度，也就是那些已经预算化、制度化的事物，对于那些未制度化的、不受主流关注的社会问题则往往会视而不见。例如，帮助外国人居民或性别相关预算等问题，这可能会随着时代变迁而改变。尽管近年来关于儿童保育服务等的财政学研究正在增加，但在过去，这样的研究并不多见。因此，我们可以说，一些领域的比较分析在发展，而其他一些领域（特别是关于少数群体的社会问题和制度）在财政学中的比较分析则相对困难，这是一种结构性的问题。

综上所述，财政学既开启了比较的可能性，同时也面临着比较的困难。对于这种财政学的方法论的可能性和限制，我们如何充分利用国际比较的优势，又如何有效应对其存在的挑战呢？

## 4.2　财政学与财政社会学中的比较方法的发展轨迹

### 4.2.1　比较方法在财政学中的起源

财政学中的比较分析方法源远流长。1890年，A. 瓦格纳在德国帝国税制改

---

① 关于这个问题可参考岸等人（2018）。

革的研究中，进行了全面税负的比较分析，这被视为"科学化"的比较财政理论的开端（佐藤［1966］，p. 6）。第二次世界大战结束后，经济合作与发展组织（OECD）和联合国等国际机构开始以进行国际比较分析为目标，开展预算制度的分类等财政统计数据的编制工作，建立了必要的统计数据基础（加藤［1997］，pp. 80-81）。日本在 1964 年成为 OECD 的一员的时候，国际比较研究已经在积极开展。但当时，由于财政统计的统一性不足，出现了几个方法论问题：①各国的财政统计范围不一，②关于使用国民经济核算（如预算计算等）的问题，③以及货币单位转换问题（佐藤［1973］，pp. 26-27）。

在这种环境下，研究者开始关注发达国家财政发展的规律。其中最为知名的是 A. T. 皮科克和 J. 韦斯曼的"置换效应"（displacement effect）和"集中化过程"（concentration process）（Peacock & Wiseman［1961］）。"置换效应"指的是，受两次世界大战和大萧条的影响，支出在战后仍保持在原来的水平；而"集中化过程"则是在"置换效应"产生的同时，许多地方政府的职能被中央政府吸收，导致地方政府的权力和开支相对减少。

当然，也有对皮科克和韦斯曼假设的批评。例如，U. 希克斯提出了联邦国家下的州政府财政，英国-北欧（Anglo-Scandinavian type）型地方财政，以及高度集中的欧洲大陆型地方财政这三种地方财政的国际类型（Hicks［1968］）。

总的来说，这个时期的财政国际比较研究，其方法论的焦点在于寻找宏观财政状况的普遍趋势。

## 4.2.2　日本财政的特征

日本财政的国际比较研究可追溯至明治时代末期。小林丑三郎开创性地在其作品《比较财政学》中介绍了欧美国家的案例（小林［1905］）。当时的外国预算和制度描述等资料极其缺乏，1922 年设立的东京市政调查会和内务省等机构开始收集外国的基础资料。这些资料并未全部公开，但一部分研究者和官员使用并分析这些资料，从而逐渐增加了对外国制度的分析。

在二战后，日本财政的国际比较分析更关注日本财政的独特性，而非与其他先进国家的相似性。木村元一将日本财政的传统特性列为：财政规模大、军事开支占比高、公债累积快、税制现代化慢、财政政策与金融政策结合推动了资本积累（木村［1959］，pp. 144-145）。这些特性与大内兵卫等人列出的日本经济特性，即发展速度快、使用通胀刺激生产、农业和中小企业仍保留前资本主义的生产方式、人口众多资源稀缺、战争推动并毁灭了经济发展、垄断高度发展、日本人生活水平低，密切相关（大内等［1955］）。

铃木武雄还指出了非民主性特征、地方财政长期困窘、政府事业规模大等日本财政特征，他总结这些特征为"由日本资本主义的后发性所带来的日本财政的后发性"（铃木编［1961］）。

虽然木村和铃木的讨论并不完全一致，但可以说他们从日本经济的特性中找到了日本财政的特性——从属于资本主义的发展。

然而，进入 20 世纪 70 年代，先进国家开始观察到地方财政规模的扩大，皮科克和怀斯曼的"集中化过程"理论开始失去说服力。受到前述希克斯的地方财政三类型的影响，高桥诚对此提出了自己的观点。他将地方财政描述为"历史悠久、深深扎根于国土，支撑着财政结构的基石"（高桥［1978］，p. i）。他以英国为"基轴国"，力图避免依赖"日本特有的外向思维"，如"英国神话"和"英国病"，来进行国际比较（高桥［1978］，p. iii）。在此基础上，他认为日本地方财政的国际特性包括：历史性特征，即日本地方自治体必须应对后发性和现代性的双重挑战；地方财政支出的相对比重高；中央和地方政府之间有大量的财源再分配；地方财政运营的一致性强；地方公共投资的资金筹措方式。

此外，佐藤进从西德的案例出发，探讨了财政的国际比较分析方法。他以西德的财政调整制度为例，指出各国的制度不可能直接移植，每个国家的制度都有其独特的历史渊源和理论基础（佐藤［1983］，pp. 234-235）。①

总的来说，高桥等人对国际比较极感兴趣，他们不仅关注日本财政的政策含义，也致力于建立各国地方财政的国际定位的分析框架，也就是结合各国独特的地方财政和可分类的国家财政的分析框架。

## 4.2.3　福利国家财政论

我们可以看到，源于马克思主义财政学的"福利国家财政论"是与构建国际

---

①　金子胜主张，我们需要在历史和制度性的考察基础上进行地方财政的国际比较，并掌握日本的特殊性格。这是因为"即使是看似采取相似政策方向的国家，由于他们的历史制度结构不同，所呈现出的具体地方财政政策将大相径庭。而即使采取相同的政策手段，其社会影响也会有所不同"（金子［2003］，p. 39）。

比较的分析框架完全不同的分析框架。从曾经的马克思主义经济学到现代资本主义的理解，例如加藤荣一继承了大内力的"国家垄断资本主义"论，提出了福利国家的概念。从 20 世纪 70 年代到 20 世纪 80 年代，加藤开始逐渐强调福利国家的概念，其他社会科学研究者也跟随其步伐。这种学术趋势的变化背后有两个原因：一是 1973 年的石油危机引发了"福利国家危机"的呼声，使"福利国家的改革"成为政治焦点；另一个是马克思主义经济学家们对现有社会主义的失望，以及对福利国家制度的重新评估（冈本［2007］）。

随后，欧美国家出现了"福利国家危机"论和"福利国家的重建"论（Pierson［1991］，p. 63）①，而在日本，林健久提出了将福利作为国家政策的核心，并将公共援助和社会保障相关费用作为福利的核心，最外围是以政策金融为中心包括财政投融资在内的广泛治理体系为基础的"广义福利国家论"。林健久通过将福利国家的概念扩展到治理系统和军事领域，将福利国家论作为国家论进行展开，并使用皮科克和怀斯曼的"置换效应"概念将其作为阶段论进行展开（林［1992］、冈本［2007］）。

另一方面，加藤的特色在于他将福利国家理论视为一个社会系统，这个系统中包含承担福利功能的组织和制度，他称之为"福利国家系统"（冈本［2007］）。同时，加藤也和林一样，逐渐捕捉到福利国家的变化，并在福利国家危机论之后，主张福利国家的"解构论"。然而，解构论并非字面上的解构。加藤认为，普遍主义和脱商品化的 20 世纪型福利国家，正在通过目标设定和以工作公平为基础的福利制度改革，逐渐向"支援国家"（The Enabling State）转变（加藤［2005］）。

林和加藤的讨论开启了福利国家理论的新篇章，但是在此后的福利国家理论中，主要议题开始转为未来福利国家的"解构"或"重组"。在 20 世纪 90 年代，林和加藤将关于福利国家财政的讨论方向，引向全球经济关联中捕捉到的经济结构变化，霸权国家和基轴国家的变化如何影响其他发达国家的福利国家财政重组，以及存在的模式。比如林和加藤（1992）把美国作为霸权国家地位的弱化当作重点，后来这种观点在持田和今井（2014）的工作中得到了延续，他们进一步

---

① 　根据 C. 皮尔森（Pierson）的观点，福利国家因市场经济的不兼容性和人口统计学的变化（如老龄化）而"消失"的论述是没有依据的（Pierson［1996］，pp. 335–336）。因此，应该支持的是"福利国家体制的类型正在经历最快和最大的变化"，而不是"消失"的观点，这就是"再网格化"论的主张（Pierson［1996］，pp. 342–343）。

讨论了福利国家和国家财政制度的变化是经济结构变化（如欧元的引入或主权危机等）的一种表现。

尽管福利国家财政理论承认各国财政反映经济结构变化的多样性，但主要的分析焦点仍然在于先进国家财政的总体模式的转换。在日本，受到"福利国家危机"论的影响，福利国家理论得到了广泛的讨论，它在马克思主义经济学的谱系中，关注资本主义制度的关联性，模式的形态成为讨论的焦点。另一方面，福利国家理论使用"广义福利国家"的概念来解释日本财政的特性。

因此，日本财政学的福利国家财政理论并不能完全符合高桥（1978）所设想的分析框架。这是因为在福利国家理论的分析框架中，国家财政并没有被假定为是自主和多样的，而是将焦点放在了日本财政的国际趋势和日本财政的特性上。也就是对于财政学的国际比较分析来说，"如果比较本身不是分析的目标，那么就需要积极地讨论在比较这个过程中，何种内容会以何种方式被抽象化和方法化"（井手［2008］，p. 54）。

## 4.2.4　日本福利国家财政的替代性功能

从广义福利国家的观点来看，不少研究发现，日本的财政系统中存在福利制度以外的"替代性功能"。尽管日本并不像北欧国家那样是一个大福利国家，但我们仍需要考虑是否存在替代再分配和治理的功能。

首先，日本公共事业与福利国家关系的特异性即日本的公共事业规模在国际上十分突出，可以视为其历史制度的特点。宫本宪一质疑了从高度经济增长期开始的公共事业的结构和其存在的问题，并将日本定位为与"军事国家""福利国家"并列的以公共投资为中心的"企业国家"（宫本［1981］）。[①] 公共事业规模显著的问题与金泽史男在讨论日本财政运作特点时提出的"公共投资倾向型财政运作"有共通之处。在主要国家，公共资本的形成正在逐步减少或保持在相同的水平，但常规转移支出正在增加。在日本，后者也在增加，但前者的显著增长更

---

①　"福利国家"以 20 世纪 60 年代之前的英国为代表，当时的英国生产力停滞，国家全面管理劳动力，以应对社会危机。"企业国家"以高度经济增长期的日本为代表，政府制定经济计划和地区发展政策，以管理经济的方式推动大型企业资本积累，并通过公共投资和教育提升来促进生产力的发展。"军事国家"以 20 世纪五六十年代的美国为典型，通过军事力量维持和扩大世界资本主义体系，同时将军事开支作为过剩资本的出路，以此来解决失业问题（宫本［1981］，p. 8）。

为突出。换言之，"尽管主要国家的公共资本形成呈现减少或保持原水平的趋势，然而，经常性的转移支出却在不断增加"，"对于日本来说，尽管后者与其他国家一样在增加，但只有前者的显著增加格外引人注目"（金泽［2002］，p. 3）。因此，"公共投资重视型财政管理"虽然是一个基于国际比较的概念，但金泽更关心的是，在经济高速增长期过后，日本如何能维持公共事业的高水平运营结构。

近年来，如何在日本的福利政策中定位公共事业的角色引起了关注，井手英策的"就业团结社会"的"土建国家"论也继承了这一观点。所谓"土建国家"，是指通过公共工程和较低的税收负担率结合的经济政策和再分配政策来弥补日本较低的社会保障。这是福利国家的一种存在方式。井手等人的关注点在于，为什么在20世纪70年代欧洲式的福利国家会出现瓶颈，以及应如何设想在脱离"土建国家"后，依据普遍主义原则重新构筑福利国家。因此，"土建国家"虽然是由公共事业水平在国际比较中派生而来，但其解释范围极为广泛，其概念设定并不以作为国际比较工具为目的。

进一步探讨日本财政和福利国家的特性，可以看到一些通过企业和地方政府渠道实现福利制度替代性功能的讨论。对于福利制度的替代性功能，许多研究者都曾有关注，这里主要对神野（1992）（1993）的论述加以介绍。

神野直彦以广义的福利国家论为参考，强调了日本福利国家财政的特殊性。他认为，除了社会保障制度本身，企业和地方自治体作为中介组织的福利功能也是非常重要的。通过运用这些中介组织的福利功能，公民成为这些中介组织的一部分，以此达成社会整合，这就是日本福利国家财政的调节功能（神野［1992］）。此外，神野还提出，尽管日本地方政府的执行力在全球范围内算是非常强大的，但是中央政府通过对财源的控制，握有决策权，这种税收和财政系统被神野定义为"集中分散系统"（神野［1993］）。然而，神野的"集中分散系统"理论，其实只是描述了自20世纪40年代以来日本税收和财政系统的特性，并没有进行国际比较，也没有讨论其他发达国家的情况。

总的来看，日本财政的定位，一方面基于广义的福利国家理论，另一方面则与公共事业的依赖程度和地方分权的趋势等现实环境紧密相关。尽管这种特征确实借鉴了国际比较的标准，但其最终的目标并非分类或在全球范围内找到日本的位置，而是揭示日本财政的独特性，因此并没有构建一个全球比较的框架。

### 4.2.5　单元一致性

近年的公共经济学研究，即使没有直接引用，在分析时往往也默许采用"单元一致性"理念，也就是说，在特定的因果关系中，这种关系也可以在其他案例中得到应用。因此，通过国际比较分析，有些研究企图构建通用理论或寻求政策指向。例如，和足宪明试图将国际比较的定量分析和过程追踪相结合，揭示特定的因果路径，并试图形成关于地方财政赤字的通用理论（和足［2014］）。在此，过程追踪被视为确认定量分析中揭示的因果路径的一种方法。

强调"单元一致性"的分析方法在将其他国家的成功案例应用于本国时，确实存在方便得出政策启示的优点。然而，当尝试应用这种分析时，可能会遇到由此带来的问题（在其他案例中可能存在不同的因果路径），或者如果海外案例对日本财政不具有政策性启示，就很难引起研究人员的关注。

如上所述，国际比较是一种从财政学在日本开始普及之时就被广泛使用的方法，并随着统计建设和技术进步而得到广泛应用。另一方面，从历史制度的背景、地方财政和广义福利国家的视角出发，日本财政的独特性得到了强调。同时，也有以"单元一致性"为前提进行的分析。在这两者并存的情况下，我们认为在考虑历史制度背景的同时，未能在财政学中充分发展出国际比较的框架。

### 4.2.6　在财政社会学中的比较研究

财政社会学是否能够解决财政学在比较分析方面存在的方法论问题？至少可以说，财政社会学已经在尝试解决这个问题。实际上，近年来大量研究财政社会学的学者都将历史和比较视为两个重要的研究工具，同时也承认国际比较分析的重要性（池上编辑［2015］，p. 41；神野［2002］；Martin et al. eds.［2009］）。那么在财政社会学中，国际比较分析又是如何被定位的？

熊彼特在《税收国家的危机》中，通过对一战后奥地利的观察，讨论了"税收国家"的历史社会形态，这是一种通过税收满足财政需求以解决"共同困难"的方式（Schumpeter［1918］）。

如第 6 章所述，H. 耶希特试图在现象学中寻找财政学的方法论基础，同时引入 M. 韦伯的社会学，尝试在"全社会经济机构"的背景下对财政进行分类。他利用了韦伯的传统支配和理性支配的分类，进一步提出了传统财政和理性财政的分类。相对于这种理论，V. H. 兹尔坦基于知识社会学展开财政社会学研究，试图更接近"事物本身"（神野［2002］，pp. 54-55）。

然而，上述财政社会学的倡导者们在研究国家或财政与社会的相互关系时，虽然试图从本质论或事物本身来理解国家财政的动态，但他们似乎并未将国际比较分析视为财政社会学的必要元素。

对于这样的传统财政社会学，"新财政社会学"（The New Fiscal Sociology）应运而生。例如 I. W. 马丁等人"从一般历史转向比较历史"，并尝试"阐明同一发展水平上的国家或诸国间的税收政策差异"，因为"税收结构的多样性，即使面临全球化带来的潜在收入压力，也显得十分稳固"（Martin et al. eds.［2009］，p. 13）。然而，新财政社会学的研究范围非常广泛，通过各种比较研究，试图揭示税制与社会因素的相互影响，包括税收政策在发达国家和发展中国家的不同，其与种族、性别的关系等（Martin & Prasad［2014］）。对于经济全球化如何影响发达国家和发展中国家财政的多样性，以及对其趋势和机制的关注，都是这种方法的重点。

再者，在财政社会学中，国际比较的"国家"不是被视为"行动主体"，而是被视为"机制或机构"来理解（井手［2008］，p. 39）。因此，"税收国家"的概念需要有更广泛的理解，而"在中层次（mezzo level）上的政策输入过程，即围绕财政的决策过程"（井手［2008］，p. 49）也应被纳入比较分析的考量。换言之，这引入了韦伯的行动者理论的视角。

关于这种方法论，佐佐木伯朗尝试使用财政社会学的方法进行国际比较分析，即围绕财政决策过程的国际比较。佐佐木以日本和德国的长期护理保险制度的引入为例，延续了 F. K. 曼的研究，即研究国家和社会以及它们之间在财政现象上的互动，以政治学的政策网络理论（P. 卡赞斯坦［Katzenstein］）为基础，分析了日本和德国的财政决策系统的差异（佐佐木［2009］，p. 154）。

井手英策编辑的《危机与重建的比较财政史》（危機と再建の比較財政史）（井手编［2013］）在新财政社会学的框架下进行国际比较，并借用了韦伯的"理想型"理论。井手等人以比较政治学中的制度变迁观念为参考，致力于建立新财政社会学的国际比较法。他们更关注的是自主的国内治理如何产生多元化的财政结构，而不是各国财政如何回应经济全球化。在他们看来，经济全球化是影响国内政治的外部因素。

具体来说，井手等人的方法与以往有所不同，表现在以下几个方面：他们在参考比较历史制度分析的同时，关注的并不是制度变迁的机制或对行为主体的影响，而是通过决策过程的分析，阐明"国家结构"的存在方式。他们将通过这种方式揭示出的治理模式，与"财政重建"这一"理想型"进行比较。因此，在财政社会学中的比较，既不是单一制度的比较，也不是一般理论的建立，而是要探索社会因素如何通过决策过程影响财政导向的国内治理方式，进而将这些不同的治理方式与"理想型"进行比照（井手编［2013］）。尽管如此，井手等人的重点在于，通过比较"财政重建"这一"理想型"与各国不同的治理方式，来描述日本庞大财政赤字的形成机制。因此，他们的目标并不在于对各国的国际地位或类型化进行分类，而是旨在揭示日本财政的结构性问题。

新财政社会学的国际比较分析试图阐明财政与社会因素之间的相互作用，它关注制度和政策的形成过程，以期获取理论启示。在这个过程中，他们采用了各种方法，包括基于历史制度论的分析、"理想型"的分析等。

财政社会学与历史制度论在很多方面有着类似之处（James［2015］）。据 K. 詹姆斯称，财政社会学"不是构成特定的方法论路径，而是包含了跨学科的方法论范围"，并且与历史制度论紧密相连（James［2015］，p. 225）。简洁地说，财政社会学的国际比较分析如何与历史制度论中的国际比较分析进行区分，或是否应该进行区分，是一个当前应当深入研究的问题。所以下一节，我们将整理比较政治学中国际比较分析的位置和方法论争议。

## 4.3　比较分析的方法论

### 4.3.1　比较福利制度理论

比较分析在各种社会科学领域被广泛使用，并且其方法论问题并不局限于特定的学术领域（Smelser［1976］）。然而，比较分析的重要程度和应用场景取决于具体的学术领域。以下我们主要探讨在政治学中比较分析的应用和相关的方法论争议。

在比较政治学中，最为人所知的国际比较分析无疑是 G. 埃斯平–安德森（Esping-Andersen）的福利制度理论。福利制度理论基于"权力资源动员理论"，使用"去商品化""阶层化"和"去家庭化"三个指标，将福利国家制度划分为自由主义、保守主义和社会民主主义三类（Esping-Andersen［1990］［1999］）。福利制度理论的最大贡献在于，它通过对制度状况的指标化，实现了福利国家的类型化（揭示了多样性），并批判了 H. 威伦斯基等人的经济决定论（Wilensky［1975］）的线性逼近方法。也可以将其理解为是从威伦斯基所倡导的福利国家收敛论向多元论的转换。

　　福利制度理论不仅对比较政治学产生了深远的影响，还在财政学的国际比较研究中产生了重要的影响。许多学者对福利制度理论进行了扩展或者批判。比如，C. 皮尔森对"社会民主主义制度"的分类提出了批评，他指出，"支持社会民主主义战略成功的假设主要源于对斯堪的纳维亚，尤其是瑞典的案例研究的推导"（Pierson［1996］，p. 78）。此外，M. 艾斯迪维斯和阿倍也指出，无法简单地将三种福利制度理论或其他的类型论应用于日本。产生这种问题的原因在于，他们仅从"作为提升社会权利的福利国家"的角度来看待福利国家，因此产生了"社会民主主义偏见"（social democratic bias）（Estevez-Abe［2008］，p. 4）。

　　另外，在福利制度理论中，日本的福利国家处于自由主义制度和保守主义制度的中间位置，这使得直接将类型论应用到日本变得困难。这加速了强调日本财政和福利国家的独特性的讨论。近年来，艾斯迪维斯和阿倍试图通过使用"功能性等价物"（functional equivalents）这个概念来扩展对福利国家的认识，并解释日本的福利国家[1]，这与前文提到的林健久的广义福利国家理论（林［1992］）试图通过扩大福利国家领域的方式进行分析形成了对比。因此，当试图在福利国家理论中定位日本这样被视为例外的国家时，我们需要寻找普通的福利制度之外的各种制度作为解释因素，这就说明福利制度理论和其附带的类型论并没有足够的解释力。

　　因此，尽管埃斯平-安德森的福利制度理论对比较政治学乃至广泛的社会科学产生了深远影响，但其类型论受到了很多批评。结果是，对于那些类型模糊的国家（如日本）需要按特例处理，福利制度理论也因此失去了说服力。上文中的福利制度的类型论是一种试图将发达国家共有的福利制度分类为几种类型的讨论，但近年来，新制度论中试图揭示历史特殊性的"独特性"的"比较历史制度

---

　　[1]　日本的"功能性等价物"包括：①劳动介导型福利（work-mediated welfare benefits）和保护性就业（protect jobs）；②以特定利益接受者为中心的断裂的社会保障制度；③不是通过增税，而是通过鼓励储蓄的政策。

分析"引起了关注。

### 4.3.2    比较历史制度分析

J. 马奥尼和 D. 鲁施迈耶提出的"比较历史制度分析"是试图将国际比较分析和历史分析两者兼顾的尝试（Mahoney & Rueschemeyer eds. ［2003］）。① 比较历史制度分析重视"因果分析""历史连锁""时序过程""系统化的比较"和"情境化的比较"。采用"情境化的比较"的历史研究者可以使用少数实例，与大量实例相比，更能考虑到独特的情境并测量变量，"他们可以在理论和历史之间通过多次迭代分析，以详细的实例证据构建新概念，发现详细的解释，并重新定义现有的理论假设"（Mahoney & Rueschemeyer eds. ［2003］，p. 13）。

这里所说的"情境化的比较"（contextualized comparisons）是一种比较差异的方法。据提出此概念的 R. 洛克（Locke）和 K. 泽伦（Thelen）介绍，各个现象本质上是"不同的"，因为他们在各自的国家背景下具有"不同的起点和不同的过程"，因此传统的相似性比较"只能提供全局视图的一面"（Locke & Thelen ［1995］，pp. 3-4）。在"情境化的比较"这种比较差异的方法中，所揭示的不是相似性，而是其独特性（Locke & Thelen ［1995］）。此外，这种分析方法注重分析"历史连锁"，并重视事物的过程和各个事件的"时机"。这意味着它考虑到了复杂的因果关系，不是由一个因素决定的，也包括因素之间的组合和因果路径的顺序等（Mahoney & Rueschemeyer ［2003］，p. 12）。

在新制度主义的历史制度主义中，通过比较"差异"，出现了许多表示复杂因果关系的概念装置，这凸显了其重要性。P. 皮尔逊介绍了比较制度论中的"路径依赖性""重大转折""阈值""排列"和"时机"的概念，并指出了它们的重要性（Pierson ［2004］）。另外，W. 施特雷克（Streeck）和泽伦在整理近年来的各种制度论概念时，指出了"路径依赖性"和"重大转折"的问题，并强调了渐进变化的重要性（Streeck & Thelen eds. ［2005］）。

以上的"比较历史制度分析"和制度变化概念的整理可能会成为对假设类型

---

①    需要注意的是，即使是名为"比较历史制度分析"的方法，像 A. 格雷夫（Greif）那样的研究者也会在 D. 诺斯的"新制度学派"的基础上，使用博弈理论的均衡分析来进行制度形成的分析（Greif ［2006］）。

具有持续性的类型论的批评。但是，财政学或财政社会学并没有把关注点放在"路径依赖性"或"重大转折"等制度变化的机制上，这种历史制度论的观点也是"一种制度决定论"（井手［2008］，p.50）。也就是说，历史制度论或"比较历史制度分析"与财政社会学的国际比较分析有什么不同，"情境化的比较"是什么，这些问题仍然不清楚。

"比较历史制度分析"和各种复杂的制度变化概念已经使比较政治学的分析更加精炼，但近年来，定量分析和定性分析的关系，以及少数实例分析的有效性也成为讨论的焦点。

### 4.3.3 大样本（Large-N）与小样本（Small-N）之辩

特别在涉及大样本（代表大量的案例）和小样本（代表少量的案例）之间的优劣争议时，定量分析与定性分析的关系性就显得尤为重要。大样本分析是对多个案例进行比较，而小样本分析则是对少数案例进行比较。当案例数量较多（大样本）时，更易于检验一般趋势和理论，但考虑到各国的历史背景和多样性，比较就变得困难，容易导致分析过于宽泛。另一方面，少数案例分析（小样本）可以考虑各国的历史情况，但从中得到的启示可能相对于大量案例来说有所局限（Mahoney & Rueschemeyer［2003］）。

关于这个问题，G. 金（King）等人的作品《社会科学的研究设计》（社会科学のリサーチ・デザイン）（King et al.［1994］）对社会科学研究中的定量研究（使用大量数据和统计分析）和定性研究（基于少量案例和历史材料的分析）进行了方法论探讨，试图搭建双方之间的连接。

金等人提出了两种解决大样本和小样本问题的方法。一是提出"非常简单的数学模型"并关注"单一变量的因果效应"。另一个策略是"从少数案例中获得更多的观察"。他们特别强调了对从少数案例中获取更多观察的"过程追踪"这个决策过程的分析。然而，他们认为，由历史导向的或解释性社会科学家进行的"解释性"研究，并未满足普遍适用的因果关系标准，因此被认为是停留在描述性层面。因此，他们对单一案例的分析持有批判性看法，认为"过程追踪"只是在模型验证中确认因果路径的过程，并倾向于把定量分析和独立变量与因变量的"黑箱化"作为替代方法（King et al.［1994］）。

H. 布雷迪（Brady）和 D. 科利尔（Collier）在其著作《社会科学方法论争》

（社会科学の方法論争）（Brady & Collier et al.［2010］）中反驳了金等人对定量分析的过度依赖，并指出了定量分析的方法性问题，同时强调了定性分析的重要性。他们主张两种分析方式都无优劣之分，应让各种方法论并存并互补。A. 乔治（George）和 A. 贝内特（Bennett）在他们的著作《社会科学的案例研究》（社会科学のケース·スタデイ）（George & Bennett［2010］，日文版2013年）中也持有类似观点。他们在充分认可金等人的贡献的同时，批评他们错误地理解了"过程追踪"，认为这只是获取更多理论观察含义的另一种方法（George & Bennett［2013］，p. 197），并强调了"案例内分析"的优点。他们认为，"案例内分析"有助于产生新的假设，详细检查因果机制，并捕捉如"多元因果"问题（在第4.4节中将详细展开）等复杂因果关系。因此，他们还强调了替代对照比较等比较方法的一致性验证和"过程追踪"① 等"案例内分析"的有效性②。

### 4.3.4　定性与定量分析的融合

在 G. 格尔茨（Goertz）和 J. 马奥尼（Mahoney）的《社会科学的范式争论》（社会科学のパラダイム論争）（Goertz & Mahoney［2012］）中，他们并未争论定量研究与定性研究哪个更优，反而强调了两者的性质差异。他们探讨研究的基本导向，是偏向于定性研究者一方，通过案例过程分析（within-case analysis）对单个案例进行推理，还是偏向于定量研究者一方，通过案例比较分析（cross-case analysis）对全体进行推理。也就是说，"定量研究根植于推理统计（统计学与概率论），而定性研究则更多地基于逻辑学和集合论"（Goertz & Mahoney［2015］，pp. 2-3）。因此，他们倡导跨越这两者的界限，实行"混合方法研究"（mixed-method research）。

然而，定性研究和定量研究的融合，在同一研究中采用这两种方法，会带来方法论上的挑战。格尔茨和马奥尼所强调的定量研究与定性研究之间的差异，主

---

①　根据乔治和贝内特的观点，"过程追踪"在生成和分析因果机制的数据上"非常有用"，并且"即使基于几个或者单个的案例，也能进行因果推断"。它是"克服仅仅依赖于共变量来进行因果推断的唯一的观察手段"，并且对于"解决同一结果归因性问题特别有用"。因为它能"证明达到相同结果的不同的因果路径，或者由同样的因果因素导致的不同的结果"（George and Bennett［2013］，p. 247）。

②　然而，乔治和贝内特支持将历史性的解释转化为分析性的解释，以形成理论，即使这可能会丧失案例的重要特性或"特异性"（George and Bennett［2013］，pp. 248-249）。

要是从定性研究（即案例分析）能否符合定量研究的假设检验的角度出发。然而，如前田健太郎所指，假设验证型的比较分析存在方法论上的问题（前田［2016］）。这是因为，假设验证型的比较分析需要在研究开始阶段明确变量，如果案例研究试图寻找关键的独立变量，将会陷入无尽的回溯（不断追溯历史的起源），从而限制案例研究的进行。即使通过历史研究找到了变量，在假设验证型的方法论下，这将被等同于凭空想象的变量检验。

在比较与历史研究的融合问题上，保城广至提出了构建"中层理论"的观点（保城［2015］）。"中层理论"是 R. 默顿（Merton）提出的理论构建方式，它并不试图通过逻辑推理和演绎来推导出通用理论，而是通过依据历史重要事件进行时间划分、地域划分等基于经验的方式，来限制时间、空间和问题的范围，从而在这个范围内实现理论化。在假设验证型的案例分析中，往往会遇到"普罗克鲁斯特的床"的问题，也就是当存在例外的国家、地区、时期或问题时，利用比较案例分析来验证假设变得困难。因此，保城主张的并非试图适用于所有国家、地区、时期和问题的一般理论，而是主张在理论的解释范围内设定"限制"，以避免在假设构建过程中产生各种偏见，并强调方法论的严谨性。

然而，从这些方法论争议中获得的启示，并不能直接地应用到财政社会学的方法论中。首先，"财政社会学研究的不是制度，而是作为平台的制度，如税收，它通过主体间的行动进行调解，引发相互作用"（佐藤［2015］，p. 53）。在财政社会学中，"制度"是一个涵盖了行动者与制度之间相互作用的深远且广泛的概念，而"对照比较"这样的比较分析可能无法充分阐明这一点。

其次，理论化目标的差异构成了第二个原因。财政社会学通过历史分析揭示国家结构以及其动态变化，所以，其分析的最小单位应是对一个国家的研究。井手英策曾经指出："财政社会学的目标是制定宏观理论来解释民族国家的财政，而不是全局性的埋论"（井手［2008］，p. 54）。如此表述，说明了财政社会学并非因为缺乏区域或全球的解释能力而选择单一国家作为其分析的最小单位。实际上，它是希望通过研究各国的财政动态来解释各国社会的宏观理论，因此才有意将各国的财政作为分析对象。尽管与"中层理论"在理论化的范围和限定性上有所共通，但它们的理论化目标是有所不同的。

最后，第三个原因在于，格尔茨和马奥尼试图将定量研究方法与定性研究（案例分析）结合在一起，但他们实际上仍然是在将定性研究（案例分析）置于定量研究方法的框架中。因此，他们并未充分利用案例分析的方法论优势，甚至如前田所指出的，可能忽视了历史研究中发现的变量，或者将案例分析仅作为追溯定量研究结果的步骤（前田［2016］）。财政社会学，如下一节所述，将历史和比较作为分析的两个主要支柱。但这并不意味着要强行将定量研究方法套用到定性分析（如案例分析或历史研究）上，也不是将定性分析仅视为验证定量研究结果的附属工具。

## 4.4　重新审视财政社会学中的比较方法

### 4.4.1　重新审视财政社会学中的历史分析和比较方法

正如我们之前讨论过的，比较分析在财政社会学中是一个至关重要的分析手段，与历史分析同样重要（池上编［2015］，Martin et al. eds.［2009］）。井手英策等人采用的"情境化比较"以及运用"理念型"的研究方法（井手编［2013］），实际上是试图将历史分析与比较的研究方法整合在一起。

这种方法论的合并是为了实现财政社会学中的一项重要任务：从各国的财政历史语境中对社会价值进行比较。然而，由于"比较"的方法还没有被充分讨论，我们可能需要重新整理关于社会科学中比较因果关系的观点。

首先，确定因果关系的一种方法可以追溯到 J. 穆勒（Mill）。在他的著作《逻辑体系》（*A System of Logic*）中，他提出了一致法（共享现象有共享原因）、差异法（通过差异的条件和结果来确定原因）和共变法（在两个阶段应用一致法）① 三种方法。一致法的原则是："如果研究对象共享一个可能的条件，那么这个条件就可能是这些现象的原因。"然而，一致法存在的问题在于无法在逻辑上证明因果关系，以及存在"多元因果"问题，因此更理想的是尽可能使用差异法，即比较只有一个原因条件不同的案例，这个原因条件类似于实验中的实验条件（Reagan［1993］，pp. 59-60）。

这些方法对于后续的比较分析的精细化产生了影响，其中尤其是"多元因果"的观点。所谓"多元因果"，是指复杂的因果关系，包括"同一结果归因性"

---

① "共变法"是将一致法分为两个阶段来应用的方法。简单来说，就是通过将案例分为存在-存在和不存在-不存在两种模式来确定因果关系。

（equifinality，不同的原因可能导致同样的结果）和"多重结果归因性"
（multifinality，同一个因素可能导致不同的结果）（George & Bennett［2013］，
p. 18）。如果把"多元因果"作为前提，那么即使条件相同，结果也可能不同，
或者条件不同，结果也可能相同，这将使得类型论和归纳论的学术价值大打折
扣。这样的前提就是财政社会学方法所依赖的因果关系。

我们在第 1 章也谈到了"多元因果"，在"多元因果"的前提下，只要各国
财政类型在相同的条件下产生不同的结果，或在不同的条件下产生相同的结果，
那么它的解释能力就几乎荡然无存。财政社会学的方法，它以"多元因果"为逻
辑前提，它的任务就是进行"情境化比较"，也就是说，比较"差异"，揭示同样
的条件可能产生不同的结果或者不同的条件可能产生同样的结果的各种因果路
径。因此，在财政社会学中，历史分析总是伴随着比较的意义。这是因为历史分
析会揭示复杂的因果关系。反过来，如果从定量分析中得出的结果在定性分析
（案例分析）中通过过程追踪进行验证，在"多元因果"的视角下，可能并不是
一个有效的方法。反而，将定量分析中异常或偏离的案例加以比较分析可能更为
必要。

### 4.4.2 "多样性就是多样性"

财政社会学的目标并非为了形成一般性的理论，也并非仅仅关注对财政历史
的描述性分析。国际比较分析不只是为了精确地识别特定的因果关系进行假设检
验，而且用于阐释各国的国家财政机制（机构）如何自我变化。在财政社会学
中，我们强调国家的"自主性"，因为我们并非要找出国家财政变化的趋势，预测
其会收敛还是扩散，而是要揭示多样性本身，换言之，我们要构建一个能作为整
体自主运作的理论体系，或是解析一个国家的国家结构动态变化的机制（机构）。

因此，国家财政是否展现多样性（或是否具有收敛性的趋势），并非财政社
会学首要考虑的。国家财政可以拥有各种因果路径，无论初始条件如何，都可能
产生相似，也可能出现差异。我们应视国家财政为沿着无数可能的因果路径不断
变化的过程。简单地说，"社会一直在不断地多样化变化，而且将继续多样化变
化"，这就是我们需要实证展示的。

然而，这并不能仅仅被解释为"多样的事物就是多样的"（井手编著
［2013］）。如佐佐木所指，"以事实为基础推导出结论的方式非常直接且易于理

解，但推出具有普遍性的结论却很困难"，在财政社会学的应用中，"为了揭示'社会因素→决策过程制度→政府活动财政'这一确定关系，必须设定关于两国社会结构的假设，并基于事实和数据进行验证"（佐佐木［2009］，p. 164）。也就是说，在财政社会学的国际比较分析中，我们需要在经验基础上确定每个国家的社会特性。①

　　在这一点上，池上岳彦指出，在财政社会学的国际比较分析中，"需要设定每个国家独特的社会价值"。首先，一国研究在财政社会学中需要观察每个国家的财政运行与其特有的社会价值的关系。其次，一个国家的财政运行与社会价值的关系可以运用到观察其他国家的财政运行和社会价值的关系上（池上编［2015］，第 2 章）。

## 4.4.3　通过"理想类型"进行比较

　　设定社会价值后进行比较分析的方式，其方法论与韦伯的"理想类型"比较分析有相近之处。在韦伯的比较法中，"理想类型"是一个关键的概念，它源于"特定的重要文化意义的相关理解"。在社会科学中，这种文化意义实质上是所谓的"问题"。如果我们认为社会科学的一个目标是解决实际问题（并试图找出问题所在），那么这种问题意识就可以被视为"文化意义"。韦伯指出，构建"理想类型"需要超越简单地将"经验现象"的共性归纳为"类概念"，而需要在这些现象的复杂历史联系中，根据其特有的文化意义，进行概念化构建（Weber［1904］，pp. 120-121）。换句话说，"理想类型"是在基于特定问题意识观察规律时诞生的，而不仅仅是简单的规律性。因此，"理想类型"总是从历史事实中浮现出来，而不是从理论中产生，并且可能为了重新构建基于文化意义的类概念，与现实不完全吻合，同样地，"理想类型"也可能会发生变化。"理想类型"的价值并不在于其与现象的匹配程度，而在于观察其与现象的差异。②

　　在这里，我们要思考其与历史分析的关联性。直觉上，当我们越努力进行严格的历史分析时，每个国家的多样性就越明显，从而使得寻找相似模式的国际比

---

　　①　关于这一点请参照第 7 章的实证研究。

　　②　关于对"理想型"的理解，可以参考韦伯（1904）或野口（2011）。据野口雅弘解释，韦伯的比较法涉及把多个概念或类型互相对照，进行反思，既不是把所有事物归一到某一类型，也不是把每一件事物都看作独一无二的，而是探求存在关系的方式（野口［2011］，p. 4）。

较分析变得越困难。但是，根据韦伯的"理想类型"，可以通过历史分析揭示复杂的历史联系，并从比较的视角将"类概念"构建为"理想类型"，所以在韦伯的比较方法中，历史与比较并不矛盾。

皮尔森和斯考切波也指出了类似的观点（Pierson & Skocpol［2002］）。在比较研究中，被认为有意义的是那些具有"足够相似性"的案例，这些案例会成为比较的对象。这里的"足够相似性"并不指完全相同，即使从不同的视角看起来差异巨大，这也是可以被接受的。

那么，在财政学或社会财政学领域，国际比较的目标是否就是揭示出"充足的相似性"，并基于此，对比如北欧和亚洲国家的财政制度进行分类，并形成理论？

当然，未来可能会出现这样的类型化理论。然而，如果我们依据韦伯的"理想型"方法，我们可以认为还有很多其他可能的应用。例如，像井手等人所做的，他们并没有选择发展各国财政的类型化理论，而是选择通过"情境化比较"来探究不同国家之间的差异（井手编著［2013］），这一点我们在前文已经提到过。这种方法考虑到了从类型化理论中进行归纳的困难。

然而，我们可以认为井手等人的方法论也存在一些问题。再次梳理一下，井手等人对于现有的财政问题，在"足够的相似性"和基于此的类型化理论上，选择了从"情境化比较"的角度进行批判性审视。

但是，至少在井手等人看来，他们主要关注的是通过"情境化比较"来揭示日本财政的特征，因此他们并没有积极地讨论与此关联性较弱的偏离案例（最不具有代表性的案例）。这些偏离案例不仅是"充足的相似性"的"例外"，有时还被视为现有财政问题范畴的"例外"。换句话说，财政社会学在使用历史分析和国际比较分析的过程中，在财政问题和社会价值之间切换时，是否存在被忽略的例外案例呢？这是本章的问题所在。

### 4.4.4　利用比较法进行问题探索

我们为何需要关注那些特殊的案例？原因在于，即便是针对某一国家的特例，只要可以借此展示财政社会学的比较分析是成立的，那么这将能为以往被忽视的财政问题提供新的视角。这种方法有助于我们从批判的角度审视现有的财政社会学，并开辟新的可能性。

　　如我们先前讨论的，财政社会学在应用"多元因果"方法时，为避免得出"多样就是多样"的结论，需要在进行国际比较时提前设定像韦伯的"理想型"那样的前提。以北欧模型为例，我们可以在各国历史和制度的背景下检查与该理想型的差距，从而探讨"纳税人的同意"的具体形态。

　　然而，这种方法（没有严密的代表性就可以成立）在找不出"足够的相似性"时可能就会遭遇问题。举例来说，如果在日本，社会大众并没有认识到某个问题，并且几乎没有相关的制度或预算安排，那么我们可能就无法进行充分的财政问题与社会价值的相互参照比较。在这种情况下，与日本或其他国家的比较参考本身可能会变得困难。

　　当然，观察日本尚未引入的其他国家的独特制度，并关注社会问题的视角并不是全新的。此外，假设验证型的国际比较也引入过异常案例。但是，即使是很罕见且无法经受假设验证的特例，我们或许还可以通过案例分析发现新问题（变量）和建立理想型的途径。反过来看，并非通过案例分析来确认因果路径，而是通过案例分析发现新问题，也许能在方法论上具有超越简单确认工作的意义。在本章中，我们想将这种立场的方法命名为"利用比较法进行问题探索"。

　　在"利用比较法进行问题探索"的框架下，即使在一个国家的单个案例分析中，也可以利用比较法的优势。这是因为，通过引入或参考各国的背景，可以赋予其超越简单历史研究和案例研究的意义。毕竟，各国的社会问题本质上受其历史和制度背景的"认知"影响，因此，某个国家的社会问题在另一个国家可能并不被视为问题。例如，日本关注由老龄化和人口下降等引发的财政问题，但在北欧，这些问题可能并不像在日本那样引起关注。在这种情况下，北欧的研究人员可能不会像日本那样，将其作为重要的研究对象。

　　比如，日本正在面临老年人被赶出住房的严重问题，但在北欧，这个问题在20世纪70年代就已经得到了解决（仓地［2021］）。相反，在北欧，移民问题和多元文化共生政策比日本更为政治化，且与福利国家的持续性息息相关（Petersen et al. eds.［2017］）。当然，在日本，外国人问题和多元文化共生政策近年来也开始引起关注，但关于如何进行预算和制度化的讨论尚未积累足够的成果。因此，从日本的视角出发，研究北欧的老年人问题对于逐渐老龄化的北欧国家可能有一定的意义，反过来，日本研究者对北欧的移民问题进行研究，对于思考日本未来的移民社会也可能具有重要价值。

　　换句话说，通过在各国间进行问题意识的比较分析，我们可以发现新的问题和变量。一些在某个国家会被视为重大社会问题的事情，在其他国家可能不会被同样看待，甚至可能没得到合适的预算和制度支持。明确这一点，可以有效地揭示各国的社会价值观。因此，本书中多次提及的北欧国家对于日本来说，不仅是理想和典范，也是发现和解决问题的领跑者。我们可以从比较中互相学习。

进一步讲，我们在参照问题意识的同时，进行少数例子和例外情况的分析，"为了发现问题而进行的国际比较"，可能将引导我们去关注财政学在结构上曾经忽视的问题，即"少数群体"的问题。"为了发现问题而进行的国际比较"，并不是证实普遍趋势和变量间关系的一种方式，而是通过挖掘某个国家特定的例外情况，找出尚未得到充分关注和解决的问题，进而揭示新的问题和变量。

通常，我们可以将"少数群体"理解为"多数群体"的反面或翻译为"少数派"。但在本文中，我们并不仅仅强调政治上的少数派。社会学者凯恩（Keane）的书里将"多数群体"定义为"那些可以不被察觉的人"。[①] 这一定义精确地揭示了，多数群体可以忽视或无须关注少数群体的存在，尽管在当今社会，各种社会问题仍然呈现出多样性，我们都有可能成为不需关注他人即多数群体的一员。在财政领域，也存在着许多"可以不去关注的人"，如那些预算规模微小的领域，或者未得到制度化和预算化的领域。如前所述，财政学可以对已经制度化的事物或已经纳入预算的事物进行制度化和量化的国际比较，因此，这样的制度或问题往往更容易成为国际比较分析的焦点。相反，那些未被制度化和预算化的问题以及少数群体，往往不会成为国际比较分析的重点。"为了发现问题而进行的国际比较"，就是希望通过挖掘这些被忽视的问题，从其他国家的少数例外情况中找到问题，从而揭示出国际比较分析的方法论价值。

财政社会学被定位为一门通过财政考察社会整合方式的治理学科。然而，如果我们从财政"社会"学的角度考虑，财政学是否也可以成为一种揭示其结构上被忽视的社会问题，从而发现问题的学问呢？我认为这是财政社会学的另一个方法论意义，它揭示了国际比较的方法论价值。

---

① 凯恩等人指出，多数群体拥有的特权之一就是"他们可以在不知不觉、无须自我伤害的情况下度过"（凯恩和上原编著［2019］，第15章）。之后，在他们的售书活动中，他们定义了多数群体为"那些可以不被察觉的人"。

# 结　语

在这一章中，我们探讨了财政学和财政社会学中进行国际比较的方法论意义及其可能性。不仅在财政学中，国际比较也是社会科学一般常用的一种研究方法。然而，财政学是一门在国际比较上相对容易进行的学科，尽管它面临一些结构性问题，比如在考虑政策背景的同时比较那些没有制度化或预算化的事物。此外，各国的历史和制度环境使得进行比较和制度应用较为困难。因此，在财政学中进行国际比较，既存在可能性也存在困难，这是一个矛盾的现象。

在这个背景下，我们在本章中整理了政治学的方法论争议和随财政学历史演变的"比较"分析的定位。是否应该通过国际比较来寻找一般性的理论和趋势，或者描绘多样的类型和各国财政的多种方式，在政治学和财政学中，方法论立场各不相同。在这种环境下，财政社会学将"比较和历史"定位为分析的两大支柱，并试图从各国财政的多样性中揭示社会的动态变化。这种观点虽然在某种程度上与格尔茨和马奥尼等人提出的定量和定性分析方法有共通之处，但它更广泛地理解了案例分析方法的意义，强调"多元因果"，并设定"理想类型"。为了避免案例分析仅仅是定量分析的追踪，我们需要通过历史研究发现变量，并将其作为"比较"的工具。

在这一章中，我们提出了互相引用问题意识和以国家为例的例外情况分析，"为发现问题的国际比较"，这并不与财政社会学的定位——"历史和比较"作为分析的两轮驱动，以及财政社会学所基于的国家观点——存在矛盾。确实，如果深入进行问题意识的国际比较分析，可能会增加针对少数群体的特例，或者以小型社会群体为研究对象的分析，但这并不意味着我们放弃从预算整体上把握国家的总体框架，映射出各国的社会画像。在社会学中，比较的困难，难以捉摸各国的社会画像，以及存在的压迫和困难，这些可能成为分析的出发点。然而，在财政社会学中，我们期待其同时拥有微观和宏观视角，构思将个别或少数群体的需求制度化的路径。例如，我们不仅可以详细描述外国居民的生活方式，还可以从国际比较的视角提取个别需求，进一步构思未来帮助外国居民的财政制度应该如何[1]。因此，关键的问题是如何在财政中构建"国家"视角和这种方法之间的

---

[1]　可参照高桥和仓地（2022）。

桥梁。

历史分析与这种方法并不冲突。M. 布洛克（M. Block）认为，比较的方法不仅能帮助历史学家找到真实的原因，同时还能防止他们走入死胡同（Block [2021]，p. 25）。我认为，通过持有问题探索视角进行历史分析，可以推动财政历史分析的进步。现在，我想讨论一下未来需要面对的问题。

首先，我们要注意国际关系和国际机构的影响。财政自其形成以来就与民族国家紧密相连，每个国家都基本上拥有财政自主权。即使在像欧盟这样经济一体化进程深入的国际机构中，也只有货币一体化，并未完全实现财政一体化。然而，各国的财政制度无论是形式还是实质都彼此关联，这包括经济压力的影响、政策协调、政策模仿以及政策扩散等多种因素。因此，在各国财政相似性的形成过程中，很难忽视这些因素的影响。此外，预算这一相似的框架，也有其历史渊源，即由于 OECD 等国际机构的努力而形成共性。换言之，我们在进行财政学的国际比较时，需要认识到分析框架本身就是受到国际关系影响。①

其次，我们需要考虑地方财政的视角。本章主要关注国家财政，并未对财政社会学中的地方财政分析进行充分研究。如果地方财政分析以自治体的多样性为前提，那么自治体间的比较将如何定位呢？各国都有自身的背景，这使得国际比较分析面临很多困难，同样，自治体间的财政比较也存在许多困难。比如，我们常用财政力指数来进行自治体间的财政比较，但仅依靠这一指标并不能完全反映实际情况。

虽然本章已对财政学和财政社会学的方法论进行了讨论，但依然有很多研究尚未充分积累的国家和案例。而弥补这些空白并非一个财政学者所能单独完成的。本章所提出的问题仅是开启国际比较方法多样化发展的起点。我相信，只有更多的财政学者在方法论和分析上进行积累，我们才能推进国际比较的发展。

---

① 关于国际关系和国际机构在财政分析中的重要性，已有一些研究进行了讨论。例如，关于美国对日本的外部压力的影响，请参见高桥（2020）的研究；关于北欧合作关系对税制的影响，请参见仓地（2014）的研究。此外，还有一些研究在考虑环境税的国际协调影响的同时，进行了各国税制的比较，例如茂住（2019b）的研究。

# 第5章
# 财政与制度
## ——从财政统计分析和财政决策过程进行考察

　　探索财政社会学的一项研究课题是如何将个人需求在被看作"公共必需品"前，转化为社会的共同需求，并通过财政决策过程满足这些需求（第1章）。基于此问题，本章的任务是研究制度分析在财政研究中的重要性及其分析手法。

　　关注财政决策过程就是分析政治决策机制的过程。一个国家的所有活动都必须在预算范围内进行。因此，揭示预算编制、审查批准、执行、决算等预算循环的实际运行状况，就等于研究一个国家的活动如何在民主控制之下进行。特别在预算规模较小的时代，国家坚持预算原则被认为是"预算内容合理性"的重要因素之一（大岛［2013］，p. 18）。① 预算理论可以看作研究预算制度如何限制权力的研究。在传统的财政学中，预算理论之所以被重视，就在于此（神野［2021］，第6章）。

　　另一层次上观察财政决策过程的价值在于，它可以评估财政如何满足人们的需求以及它获得公众合作的程度。如果把预算看作一种工具，旨在满足社会各类需求并在经济上实现它们，那么预算的制定过程就可以被看作财政捕获和理解这些需求的过程。此外，预算中列出的收入也可以被视为一种展示整体经济负担结构的方式。收入结构展示了政府如何从经济中获取资源。例如，通过所得税、遗产税和公司税的统计数据，我们可以理解国家如何向不同的纳税人分配负担。② 特别是，税收统计具有揭示经济循环结构（包括收入分配）的功能。在税法等方面，收入、资产等已经在法律上得到了明确的定义。③

---

① 关于这个论点，还可以参考古市（2015）的第603—604页。
② 关注纳税人的同意，对税收与社会关系进行分析的一系列论述，请参阅第2章的第2.2节。
③ 个人通过税务申报可以证明其所得和资产是合法的。关于税制记录和公开社会收入和资产分配的功能，可以参考托马斯·皮凯蒂（Thomas Piketty）的论述（Piketty［2014］，pp. 544-545）。

总的来说，财政统计可以被理解为不仅是记录公共部门如何满足人们需求的工具，还是记录人民与国家之间关系的手段。公共开支的质和量表明了公共部门满足需求的方式，而公共部门的收入结构则反映了它如何从人民那里获得合作。此外，财政统计还揭示了哪些需求未得到公共部门的满足，以及哪些人未为公共部门的合作做出贡献。①

基于上述观点，本章将讨论财政统计分析和财政决策过程分析的重要性。首先，揭示财政统计的时间序列变化、国家间的差异以及地方政府间的差异，并明确其中的因素，这本身就具有极大的价值。财政统计不仅在财政学领域得到广泛应用，也在许多其他研究领域发挥作用。在讨论财政制度研究的背景下，本章将探索财政统计分析与财政决策过程分析之间的互补关系。

## 5.1　财政制度研究与其分析方法

### 5.1.1　财政研究中制度论的意义及其分析方法

在研究"预算如何被认知为'共同需求'的过程，以及如何将个人需求转化为社会共同需求，并确定满足这些需求的方式"时，通常使用财政决策过程分析的方法。这种方法被视为追踪一个制度或政策具体实现的全过程的手段。

在财政研究领域，财政决策过程分析的重要性得到了强调，其中财政社会学家大岛通义的贡献尤为突出。在他 1972 年的论文中，大岛指出，在分析"现代财政"时，需要采用"过程论的方法，以捕捉多种因素之间的相互作用"。他进一步指出，"财政的所有运动都在决策制定和执行的过程中交织在一起"（大岛 ［1972］，p. 260）。② 因此，通过分析与财政相关的决策机制和过程，我们可以揭示"某个时代、某个国家财政的独特性质"。③

大岛强调需要关注财政的意思决定过程，这一观点与财政统计分析和财政制度分析有关。这是因为，尽管财政制度基本上是由法律制度构成的，但制度并不

---

① 关于这一论点，请参阅第 4 章的"结语"部分。

② 根据大岛的说法，这个想法是由 1957 年岛恭彦的论文讨论发展而来的。在大岛于 1966 年撰写的有关德国财政的论文中，也提出了同样的观点（大岛 ［1972］，p. 260）。

③ 这个认识在国际比较的背景下被指出，值得注意。

仅仅局限于法律制度。① 例如，关于财政"健全性"的经济理论可以成为对决策过程②中参与者的某种束缚规范。制度也包括这种规范。因此，在法律制度分析中，还需要考虑政策惯例和非正式规则。在制度实施时，技术和惯例可能会导致财政支出的波动（参见本章5.1.2节）。换言之，为了理解财政支出和收入的变化，揭示财政决策过程中的惯例是必要的。

对于那些关注财政制度中管控主体的人来说，以上的观点也非常重要。财政法学家藤谷武史就强调过这一点。在他对"财政体系"的定义中，他将其描述为"根据一定的规则，收集、管理和分配国家活动所需的费用，以支持国家机构的运作和政策实施"。同时，他还提出，"一定的规则"不仅包括宪法和税收财政法，也包括"与财政体系相关的主体自觉遵守的规范，这些规范需要在共同行为模式中共享，且需要某种合理化论证来证明其存在"（藤谷［2014］，p. 83）。

根据这种观点，财政制度不仅包括狭义的法律体系，也包括各种基于法律体系的惯例以及所有利益相关者的行为模式。③ 此外，藤谷也指出，约束财政决策过程中相关决策者（政治家、行政官员）行为的不仅是财政法。藤谷指出，财政法第4条中的"健全财政主义"就是一个例子。这个法条禁止通过发行债券来筹集财政支出的资金（除建设性公债外）。然而，由于特例公债法的常态化，日本政府持续发行特例公债。事实上，所有与财政决策过程相关的决策者和部门都是基于每年都会发行特例公债的假设来操作的。藤谷认为，特例公债的常态化本身可能构成了一种"财政制度"。因此，财政制度的变化也有其法律解释的一面，这种法律解释与财政决策过程中的行动者所处的经济社会环境密切相关。因此，不仅财政法第4条，还有关于财政和经济的理论和规范都可能影响行动者的行为（藤谷［2011］）。

理论、规范和类比都会影响人们对制度的理解。近年来的制度理论认为，外部符号，如法律和学说，有助于形成共识（青木［2010］；藤谷［2011］，p. 19）。例如，即使人们不了解义务教育制度的细节，他们仍可以理解并全力支持其核心理念。即使人们对某个制度的具体细节并不清楚，但他们可以通过类比理解其制

---

① 在考虑财政制度时，公共服务提供主体的组织是重要的。关于这一点，佐佐木（2016）和佐佐木编著（2019）进行了探讨。

② 在本章中，将使用"财政的意思决定过程"这个词来指代包括预算制定过程和政策决定过程在内的概念。

③ 当然，这种讨论考虑了所谓的新制度论的成果。

度框架，人们可能被说服，同样也可能对该制度表达反对。

　　总的来说，无论是在财政统计分析还是在法律制度分析中，执行过程和行动者对制度的理解都非常重要。从这个角度看，财政决策过程分析为财政制度研究提供了有益的视角。对于那些无法直接应用财政决策过程分析的领域或问题，利用财政统计进行分析可能是一种有效的方法。基于上述观点，接下来我们将探讨在财政制度研究中，财政决策过程分析的意义。

### 5.1.2　关注制度的财政决策过程分析

#### ● 制度与制度解释

　　历史上，财政制度在一定程度上被塑造为一种控制国家权力的手段。因此，在财政研究中，人们通常会考虑一种理想的法律制度，以防止国家进行不应当的行为。不仅法学家持有这样的观点，财政学者也有类似理解。在理论上，不应当的国家活动往往被视为法律制度的缺陷所导致的。

　　然而，如果存在具有足够权力控制功能的法律制度，是否就不会出现不希望的国家活动呢？不理想的法律制度是否就不会形成呢？在这里，我们需要关注的是，行动者如何基于他们对制度的解释进行实践，以及这种实践如何导致新的法律制度的产生。为了证明这一点，我们可以参考大岛通义在他的著作《纳粹德国的再军备》（1996）中的实证研究。在这本书中，大岛分析了 20 世纪 20 年代到1939 年间纳粹德国的军备再扩张。尽管第一次世界大战后，德国的军事力量受到了《凡尔赛条约》的限制，但为何在不到 20 年的时间里，德国的军事力量却增强到可以压倒其他国家呢？

　　大岛称这种研究方法为"制度论的思考"，以此来寻找答案。因此，大岛强调，在进行"数量财政分析"的基础上，重要的是要"将国防部门或军队内部的再军备政策及其财政活动与其他相关政治、经济主体之间的关系结合起来考察"（大岛［1996］，p. vi）。大岛认为，关键在于"以财政制度为焦点来考察这些关系"。这里所说的"制度"不仅包括了"财政相关的法律、预算会计制度、财政管理惯例、税收、公债等收入机制，还包括了在预算政策决策过程中财政部与各部委及政府之间，在财政管控过程中议会与政府及审计机构之间，以及在货币和信用政策中财政部与中央银行之间的权力分配"（大岛［1996］，pp. vi‑vii）。

　　大岛将这些称为"制度性框架"，并指出"通常情况下，涉及政治主体间相互关系变化的行为，应当被视为某一主体对现有制度性框架的偏离或改变"。此外，他强调了这些制度性框架在规定再军备财政实施中的重要性（大岛［1996］，p. vii）。从这些背景中，我们可以理解到，要了解财政制度，不仅需要理解财政统计和相关制度的知识，还需要理解其运作过程以及相关主体的行为。下面，我们将通过具体的例子进一步解释这个观点。

　　大岛强调，希特勒对于德国的战争准备进展迅速的前提之一是 1933 年 4 月 4 日的政府决定。根据这个决定，针对国防部预算的财政管控被解除，从而确保了军事财政的资金筹集。因此，国防部在国家内部成了一个"例外的状态"（大岛［1996］，p. 7）。大岛强调的一个重要观点是，这个 1933 年 4 月的政府决定是建立在之前的制度框架以及在该框架下的行动者行为的基础上的。

　　具体来说，德国在 20 世纪 20 年代的"秘密再军备及其财政'合法化'"为 1933 年政府决定铺平了道路（大岛［1996］，p. 23、p. 369）。简洁地说，情况如下：1927 年夏季，一起关于秘密再军备资金的丑闻使政府和议会不得不面对德国秘密再军备的监管问题。政府选择了一个"超出法规"的解决方案，而不是让议会控制财政。这导致了秘密再军备预算的编制和执行被交由一个联合审议委员会进行，该委员会由审计院院长、与军队有关的人员等人组成。这既是一种"超出法规"的财政控制，也是在政府的监督下对秘密再军备行为的合理化措施。大岛指出，通过这一机制，直到希特勒政权成立之前，德国国防军在政府的监督下已经构建了再军备的财政基础。

　　当考虑制定法律或政策时，行为者的行动与制度背景是不可分割的关系。行为者并不是仅仅被制度影响，而是在特定的制度环境中进行选择和解释，同时他们的解释又可能影响其他行为者。大岛与井手在他们的《中央银行的财政社会学》一书中详细探讨了这一概念（大岛和井手［2006］）。

　　他们研究了战前日本和德国中央银行与政府之间的金融交互。这两国都采用了央行购买国债的方式，德国中央银行还通过汇票融资，来支持政府的财政需求。这提出了一个问题：当政府的权力得到执行时，明文规定的法律制度是否仍然有效？通过历史实证分析，大岛和井手展示了这两国央行是如何主动应对政府金融需求的。中央银行的相关人员积极地解释了当时的制度，并且甚至在其他主体之间进行了协调。

　　从他们的研究中，我们了解到新的法律制度往往是对之前活动的实际情况或已达成的协议的确认。例如，1942 年颁布的《日本银行法》中，大部分内容实际上都是对先前已经执行的政策的确认（大岛和井手［2006］，p. 194）。德国也有类似情况。为了理解新制度，不仅需要了解新制度的实际情况，还需要重视"解释旧制度的政策主体行为"（大岛和井手［2006］，p. 195）。

　　大岛和井手的分析在制度论中引出了一个核心问题。人们遵守某项法律是因为有这项法律存在吗？制度之所以能够发挥作用是因为人们已经在进行与新制度一致的行为吗？为了揭示实际财政制度的权力抑制功能，分析财政的决策过程是必不可少的。

## ● 中央政府预算编制过程中的"制度"体现

　　财政决策的理论和惯例可能会对财政运营产生影响。考虑到本章 5.1.1 节中提到的这一问题与中央政府的财政运营之间的关系，宫岛洋的《财政再建研究》（1989）是一个有价值的参考。

　　预算理论中的一个议题是增量主义的预算编制。这一概念最早起源于美国的预算研究。预算编制需要进行"简化"。预算编制涉及众多项目，各机构必须在有限时间内做出复杂的决策。因此，在实际预算编制中，各种选择并不会经过根本性的审议。相反，预算编制以"前一年度预算"为基础，并对预算的增减进行探讨（野口等［1977］，pp. 6-7）。这就是增量主义的预算编制。

　　增量主义的预算编制是建立在"税收收入持续增长"的前提下的（宫岛［1989］，p. 12）。因此，随着战后稳定增长的结束，可能会动摇"支撑增量主义的各主体相互依赖和期望关系"。这一前提条件的动摇以及试图增税但失败的尝试，引起了宫岛对日本预算编制方式的关注（宫岛［1989］，p. 12）。

　　宫岛的研究涉及了 1975 年以后的财政再建政策。宫岛参考美国的预算研究，将财政支出的削减可能性分为"技术性削减可能性"和"政策性削减可能性"两类。前者指的是在现有制度下的短期削减可能性，后者指的是通过制度变革实现中长期和政策性财政支出削减的可能性。基于以上支出削减的可能性，宫岛指出了一般会计支出的分类。实际上，在财政再建过程中广泛使用了一般支出和非一般支出等分类（宫岛［1989］，p. 8）。宫岛指出，"政策性削减可能性"主要依赖于①强有力的政治领导者的需要，以及实现宏观预算编制的实质化和优越性保障

———————
①　这涉及强化天花板（预算限制）以及早期设定，以及设定"例外事项"。

（宫岛［1989］，p. 16）。

宫岛将"不增税的财政再建"下的预算编制实际情况总结如下。首先，由于一般消费税的引入失败，财政再建计划从 1980 年度预算编制开始以抑制财政支出为特点。其目标是改善国家一般会计的"财政收支"。然后，"通过压缩一般支出中的国债费用和地方交付税之外的一般支出，实现收支改善"。作为一般支出压缩手段，"设定天花板（预算申请上限）的严格化"受到重视。在目标期间，宫岛指出为实现这些目标开发了各种削减手法。例如，"临时""特例""紧急"等被描述的制度，以及"协议、惯例等的临时变更或停止"，在预算编制中得到了充分的运用（宫岛［1989］，pp. 92-93）。

除了简单的支出削减之外，还存在两种值得关注的削减支出的方法：①在财政再建期间，临时停止或减少一般会计支出，在重建目标年度后从一般会计中补足停止或减少的金额，这是一种临时的延期措施；②通过将某项费用从一般支出转移至非一般支出，实施"分类调整措施"（宫岛［1989］，p. 151）。后一种方法旨在保持一般会计支出总额不变，从而实现一般支出的削减政策。宫岛的研究揭示了详细的预算编制技术，并明确指出，为改善一般会计收支，实际运用了各种技术和特别会计等其他会计手段，以实现"无须增税的财政再建"。

在综合前述整理后，宫岛的研究有两个重要意义。首先，在解释财政再建这一宏观政策实施的过程中，他强调了微观层面上的精细预算编制技术和方法的微调支撑机制，确立了制度性的解释框架。其次，宫岛的研究强调了考虑会计间关系和"临时措施"对财政分析的重要性，但并未明确探讨预算编制参与者意图的分析，这成为后续研究的课题之一。

在这方面，高桥凉太朗关于 20 世纪 70 年代预算形成过程的研究对这一课题有了进一步深化（高桥［2020］）。高桥揭示了当时大藏省官僚在政策选择中广泛应用制度的"原状回复性"逻辑。例如，即使在进行所得税减税时，也采用了不会导致永久性制度变革的"反税方式"。① 高桥指出，根据这种"原状回复性"逻辑，自治省和大藏省在确保地方财政资金来源时，并未选择提高地方交付税的法定税率，而是选择了国家负担和地方债务发行的"折半规则"的临时性引入。当时的自治省出于对引入一般消费税后提高交付税率的期望，接受了具有较高

---

① 在这里，所谓的恒久性制度改革可以说是针对宫岛所指出的"通过制度变革实现中长期政策性财政支出削减"。

"原状回复性"的"折半规则"（高桥［2020］，pp.230-231）。

　　技术变化所引发的制度变革，对随后的预算编制产生了影响。例如，"削减支出的可能性"和"原状回复性"等理念在政策决策过程中发挥了调解各利益相关者的作用。然而，这种影响通常是短期的。在当时的历史背景下引入的制度被保留了下来，最初参与制度引入的行为者也在政策过程中产生了意想不到的效果。①

　　因此，在理解中央政府的财政运营以及与中央政府相关的地方财政（政府间财政关系）方面，对财政制度进行详细分析和财政决策过程分析具有重要意义。② 然而，这种分析方法可能难以完全涵盖某些问题。其中一个问题是，对于像地方政府这样观察对象众多的情况，难以做到全面讨论。对于这一问题，使用调查问卷和财政统计数据进行分析是一种有效方法。

　　对于本章所探讨的议题，采用定量研究方法能更好地阐明财政所需的功能和角色。财政决策的分析和这些方法相结合，可以为我们提供更为全面的视角。在接下来的部分，我们将深入研究与这些议题紧密相关的研究，为读者提供更为详尽的解读和讨论。

## 5.2　财政统计分析与预算研究

### 5.2.1　国家预算研究与地方政府财政分析

#### ● 基于调查数据的地方政府预算研究与财政统计研究

　　在财政制度分析中，研究者们对政府预算和决算统计数据给予了极大关注。至今为止，已经积累了大量关于增量主义预算编制和地方政府支出决策的研究。这些研究往往会使用调查问卷和财政统计数据进行分析。在这里，所谓的财政统计分析不仅仅是旨在估算制度效果，还包括利用预算和决算统计数据进行描述性

---

　　① 　例如，"折半规则"至今仍然存在（高桥［2020］，p.231）。
　　② 　关于日本预算编制的研究中，宋的博士论文（宋［2016］），分析了小泉政权时期的支出削减。

的统计分析。

国家的活动通过预算得以体现。因此，有关预算编制的研究被认为是"通过预算表达决策规则的分析"，有助于理解实际政府的行为。若不能准确理解政府活动的实际情况，便难以提出切实可行的政策建议（野口等［1977］，p. 2）。

与国家预算不同，地方政府的数量众多。因此，基于数据的分析在地方政府研究领域有着广泛应用。针对地方政府的调查可以研究外部环境（经济环境和政治状况），以及预算编制过程中议会、首长和居民的角色。①

野口悠纪雄等人通过对地方政府财政部门的问卷调查和面谈研究，分析了将"增量主义预算编制"理论应用于地方政府的可行性。该研究从既有研究中归纳出了"内部官僚模型"和"外部环境模型"。内部官僚模型强调将"预算编制涉及的决策主体，即行政官员，视为内部官僚"，并在这个框架内强调了"基于赫伯特·A. 西蒙（Herbert A. Simon）的有限理性的决策"。基于这种论点，预算编制的决策可以被解释为"基于前一年预算数额的简单机械规则"。外部环境模型强调"公共实体所处的环境，包括人口、收入等利益集团的压力等行政部门外部的因素"。根据这一模型，预算编制被视为将外部因素的变化"翻译成货币术语的过程"（野口等［1978］，pp. 1-2）。野口等人的研究结果表明，大规模自治体（通过人口规模和财政规模来衡量）更符合"内部官僚模型"和"增量主义假设"，而小规模自治体则更受到首长在预算编制中的影响力影响（野口等［1978］，pp. 67-68）。

这些研究揭示了中央政府和地方政府预算编制的实际情况。然而，关于预算编制如何随着社会经济变化而调整的分析尚不充分。要想通过调查数据揭示自治体预算编制的变化，需要连续多年进行相同的调查。然而，这样的尝试几乎没有。

宫崎雅人对各个都道府县进行了调查，使用了与野口等人（1978）几乎相同的方法，研究了20世纪70年代末和21世纪10年代都道府县预算编制的变化。其中一个背景是，21世纪10年代的自治体可能采用了与过去不同的决策规则。通过调查数据，宫崎揭示了在都道府县层面上增量主义预算编制的趋势减弱，以及在预算编制过程中首长的影响力确实存在（宫崎［2015］）。

制度理论的一个议题是制度与主体行为的关系。例如，假设存在各种法律制

---

① 当然，也可以利用国际层面的比较数据进行分析。

度来管控地方政府的政策决策。实际上，在这些法律制度的框架下，地方政府会采取何种行动其实并不明确。①

在针对地方政府的研究中，这个问题从地方政府自主行动的角度进行了分析。教育行政学者青木荣通过对公立学校设施建设项目的分析，揭示了尽管政府间财政关系（法律制度）具有集权性，但在一定范围内，地方政府的行动具有自主性。例如，青木指出，市町村在受制度影响的同时，仍能够利用"自主财源，通过增补独立项目的形式实现自己的构想和计划"（青木［2004］，p. 310）。

近年来，利用地方政府的决算统计数据，已积累了采用计量方法分析规定自治体支出因素的研究。这些研究也关注了地方政府的行为方式。例如，研究探讨了市町村财政实力（人均剩余财源额）与地方独立项目之间的关系（安藤［2017］），以及都道府县支出与知事或议会的政党倾向和政策偏好之间的关系（曾我和待鸟［2007］），还有知事或议会的政党倾向以及二元代表制等因素与财政支出之间的关系（砂原［2011］）。

此外，宫崎还通过揭示中央政府对"收入管控"的实际情况，着重探讨了"这种制度束缚如何影响地方政府在支出方面的裁量行为，尤其关注了投资性支出"（宫崎［2018］，p. 9）。

由于地方政府众多，上述问卷调查和计量分析成为揭示政府支出决策因素和预算编制过程的有效方法。这些研究分析了在财政决策过程中难以完全涵盖的问题。这些研究不仅旨在揭示社会对财政的影响以及支出的决定因素，同时还在分析地方政府社会经济状况与财政之间的关系方面具有重要意义。在这个过程中，财政统计数据作为一种分析工具被用来发现地方上的各种问题。

### ● 城市研究和地域研究与地方政府财政分析

关于社会动态与财政统计之间关系的研究在城市财政和环境污染研究中有众多研究积累。② 在地域研究层面，已经积累了众多关于财政统计和地域统计的收集和整理研究。1977 年出版的由宫本宪一编著的《地域开发与自治体》共三卷，是关于地区开发和财政的代表性研究之一。这项研究在借鉴了农村社会学家福武

---

① 　关于制度与主体之间的关系，本章的 5. 1. 2 节已经提及。
② 　此处提及的研究已经在横田（2015）（2017）进行了详细的研究。

直等人的研究基础上①，针对市的泉北工业区、水俣市和冲绳县进行了详细的日本地区开发的实践性分析。书中详细分析了"地方行政""地方财政""地区规划""地区社会运动，社会教育和居民参与""地区政治"等问题（宫本编［1977］，p. 28）。

宫本等人的方法被称为"地区开发资产负债表分析"（横田［2015］，p. 115）。基于这种方法，远藤宏一的研究表明，考虑到社会成本，战后地区开发（如工业园区开发等）的投资并没有取得相应的成果（远藤［1977］）。这项研究探究了财政制度是否满足了地区的需求，政策是否给地区带来了什么。

基于以上成果，莲见音彦、似田贝香门和矢泽澄子编撰了一系列研究，进行了"财政的社会过程分析"（莲见编［1983］，似田贝和莲见编［1993］，莲见等编［1990］）。这些研究分析了高度成长结束后增量主义预算编制的动荡以及财政重建在特定市（福山市和神户市）中的实施情况。②这些研究充分利用了大量的调查数据，对特定市的情况进行了全面调查。以下将重点介绍其财政分析方法。

在第一次福山市调查（莲见编［1983］）中，关于地方政府财政分析的学者指出，地方财政与"地方政府机构，地区社会结构等之间的有机关系和结构性关联尚未充分把握"（莲见编［1983］，p. 473）。因此，在这次调查中，福山市的支出被细分为"相关部门""地方政府功能""相关组织或受益组织""相关职位及性质""按性质区分"和"受益层次"，并对其变化进行了分析。在神户市调查（莲见等编［1990］）中，关注点放在了支出的项目上，同时也分析了支出与补助金等财政来源之间的关系。

在20世纪80年代末至90年代初进行的第二次福山市调查（似田贝和莲见编［1993］）中，财政的社会学分析的任务是："公共产品分配如何引导解决城市社会各种问题"，公共产品如何分配给各个阶层，以及"通过哪些团体或集体进行公共产品分配"的问题（似田贝和莲见编［1993］，p. ii）。

这些研究试图通过地方政府的政策来揭示城市社会结构（中泽［2007］，p. 186；野吕［1997］）。尝试通过重新分类财政支出来确定政策受益层，这是财

---

① 关于这一点，横田（2015）在第126页的注27进行了进一步的讨论。
② 关于莲见编著（1983）、似田贝・莲见编著（1993）的研究，已在中泽（2007）、野吕（1997）、横田（2015）中进行了详细的讨论。

政学领域中不常见的方法，因为在多个地方政府中进行数据收集和支出的重新分类是困难的。此外，正如参与调查的横田茂所指出的，分析的主要焦点集中在支出上，并没有深入探讨"公共政策－财政支出"的财政来源（横田［2015］，p. 118）。

从财政社会学的角度出发，汤浅阳对日本的地方自治体问题进行了研究，特别关注了旧煤矿地区和与核能源相关的地方政府（汤浅［2018］）。在这项研究中，以国内外的财政社会学、三卷《地区开发与地方政府》，以及财政社会过程分析的成果为基础，设定了分析框架。该研究认为社会由"政府、市场和公民社会这三个部门"组成，每个部门都有国际社会、国民国家和地方社会层次。然后，将财政视为连接"系统与系统"的"有力回路之一"，并将"财政社会学"定位为"通过关注财政的相互作用性质进行分析的研究领域"（汤浅［2018］，pp. 14-15）。

综上所述，这些针对特定组织和地区的研究通过关注地方政府的政策来分析其社会结构。这些研究通过关注公共团体的财政支出和收入统计数据，强调了从社会和财政关系角度分析实际情况的重要性。与此相关的是关于财政统计与人们偏好和制度支持之间关系的研究，特别是关于特定制度或政策与人们的制度认知之间关系的研究，在近年来得到了发展。这一点将在 5.2.2 节中详细整理。

### 5.2.2　人与财政的相互作用

正如第 1 章和第 2 章所指出的那样，财政支出和财政收入对社会成员产生的影响，以及这种影响又如何进一步影响政策，是一个重要的课题。然而，要对此进行实证分析并不容易。解决这个问题可以从至少三个方向入手：（1）运用财政统计和民意调查数据进行分析；（2）关注政策决策过程中舆论的作用；（3）从舆论和社会结构解读个别公共团体财政统计的变化。在本小节，我们将整理并讨论采用这些方法的研究。

正如第 2 章和第 8 章所探讨的，过去的研究已经详细分析了制度结构与人们对再分配支持等因素之间的关系。在这里，我们着重介绍将舆论和人们的激励结构引入政策决策过程分析中的政策反馈理论。这一讨论在历史分析和定量分析中都有所涉及，并被认为在考虑财政统计分析与财政决策过程分析之间的关系时具有启发性。

## ● 政策反馈理论

在探讨政策和制度与人们对制度的支持度之间的关系时，一个重要的议题是由 P. 皮尔森引入的政策反馈理论[1]（Pierson［1993］［1994］［1996］）。那些从财政支出中受益的人可能会有支持制度维持和扩大的动机。这是因为通过维持和扩大财政支出，这些人可以获得利益。皮尔森将这种反馈结构称为政策反馈。皮尔森将这一机制视为制度对人们选择的影响。此外，他还指出了制度存在的利益结构的形成（资源效应）和制度解释效应，以探讨这一机制（Pierson［1993］，p. 598、p. 626）。这些效应不仅影响普通人，还涉及参与政策决策过程的行动者（精英）。

根据资源效应，特定制度或支出可能因其维持现状而受到广泛支持，因为从该制度中获益的受益者众多。这些受益者不仅包括制度的使用者（社会保障受益人），还包括在公共部门工作的人（如运营该制度所需的员工等）。

然而，人们并不一定严格比较从制度获得的利益和负担，并因此支持该制度。人们可能会支持制度所传达的信息、规范以及体现这些的制度结构（Rothstein［1998］）。这就是解释效应。制度的结构本身可能会影响人们对制度的解释。

以上所述的政策反馈并不是自动发生的。索斯和施拉姆指出，制度或政策的"可视性"以及人们与制度或政策的"近接性"会影响人们对制度或政策的认知（Soss & Schram［2007］）。

可视性是指政策对人们产生多大程度的认知影响。例如，当某项政策在媒体上得到广泛关注时，它的可视性较高。

近接性是指人们与某项政策接触的程度。有时候个人可能亲身经历某项政策，但也可能因为某项政策在地理上与个人较远（比如外国政策等），导致制度的利用者与个人之间存在较大的社会距离。政策与人们距离越近，即人们越直接地体验政策，个人就越可能基于自身经验对政策进行评价。即使个人并非制度的受益者，如果周围存在制度的利用者，个人也能够获得有关该制度的信息。但如果周围没有制度的利用者，个人可能会基于媒体等信息来形成对制度或其利用者

---

[1]　关于政策反馈理论，森（2016）对其研究历史和定位进行了探讨。在政策反馈理论中，制度和政策几乎被互换使用。关于皮尔森的研究，西冈（2005）进行了详细的研究和探讨。

的印象。这即是近接性的概念。

政策反馈还可能引发破坏政策支持基础的负面反馈。实际上，政府支出并不会持续不断地增加。根据对美国数据的研究，政府支出的增加（减少）会导致国民下调（上调）对该支出增加的支持水平（Wlezien［1995］）。例如，当政府支出增加时，人们对所认为的理想支出水平与实际支出之间的差距可能会缩小。在这种情况下，人们可能不再支持与以前相同水平的支出增加。

A. 雅可布和 R. 韦弗指出产生负面政策反馈的途径包括：（1）对于有组织利益关联者来说突然出现的损失（例如在制度引入时未预期的情况）；（2）人们对政策损失的认知（负面偏见、框架效应等）；（3）指出其他可行的政策选择的增加（Jacobs & Weaver［2015］）。在这里，我们将重点解释途径 1。在欧洲，最初，雇主支持社会保险费（包括雇主负担）及以此为财源的方案。然而，人口结构和就业环境发生了变化，社会保险费逐渐增加。面对不断增加的社会保险费负担，雇主开始同意通过削减社会保险支出来降低成本。从长远来看，政策本身可能因为环境变化等原因，导致其支持基础受到削弱。

对上述讨论进行整理后，M. 布斯迈耶等人提出需要针对政策反馈不同方向的范围和效果在时间上的滞后来加以区分（Busemeyer et al.［2021］）。

在关注反馈方向时，我们可以考虑三种分类：（1）政策支持政策扩大；（2）政策支持维持现状；（3）政策破坏现有政策基础。例如，支持高水平福利政策不一定意味着支持进一步的支出扩大（分类 2）。而支出削减或不支持低水平支出可能同时表示对维持现状的反对（分类 3）。

关注制度或政策范围所带来的反馈分为一般反馈和特定反馈。前者涉及福利国家本身或各个制度组合对人们认知的影响，后者则指特定制度对人们的影响。例如，福利体制可能影响人们的意识，而个别制度可能会影响人们对该制度的支持。①

最后一种分类是长期反馈和短期反馈。前者指过去政策选择产生的反馈效应，而后者指短期政策变更产生的效应。

在考虑制度时，关注政策反馈需要注意上述区分。这一点对于思考政策反馈效应的大小和异质性等问题也非常有帮助。

———————————

① 关于这一点可以参考第 8 章。

### ● 政策反馈效应的规模与异质性

关于政策反馈效应的研究存在几个要点，涉及效应的大小、方向以及异质性。我们可以参考 Larsen（2019）的政策反馈研究综述，并对这些要点进行梳理。

在定量研究方面，除了存在反馈效应的研究外，还有研究报告指出并未观察到效应。这可能与研究者所使用的数据和方法有关，同时也可能与反馈方向和范围有关。制度或政策可能会引发正向反馈（即支持）或负向反馈（即不支持）。

将特定制度与某一反馈效应进行一一对应是否恰当？例如，从短期角度来看，制度的扩充可能会加强对该制度的不支持，但从长期角度来看，人们可能会逐渐转向支持该制度。举个例子，起初反对政府支出增加的人，随着制度范围的扩大和周围受益者数量的增加，可能会改变立场。

反馈效应可能会受到其他因素的影响。这意味着即使是正向的反馈效应，高收入阶层也可能会表现出较弱的效应，这被称为效应的异质性。在政策反馈研究中，已经指出了收入、年龄、劳动市场状况、教育水平和失业率等因素，会影响政策反馈效应的变化（Larsen［2019］）。换句话说，即使存在反馈效应，政策并不一定会对所有个体产生均等的影响。

关于制度和政策通过资源效应和解释效应对人们产生影响，存在一定的共识。这些影响可能需要一定的时间才能明确地显现出来。然而，关于这些反馈效应的内在机制，通常需要依靠推断来判断。

从当前的视角来整理和分析关于政策反馈和制度对人们认知影响的研究，可以得出以下结论：首先，许多研究仅使用单一时点的数据，因此无法确定制度是否已经改变了人们的认知；其次，一些研究对于制度的定义较为模糊。要解决这些问题，需要关注单一国家的时间序列数据，或者整理多个时间点的国际面板数据。目前，这种类型的研究正蓬勃发展。①

### ● 关于财政支出、收入与民众的交互作用

民意调查与财政统计的方法在研究财政与公众的关系上表现出巨大的优势。在财政社会学中，支出与收入之间的互动机制长期是一个热门话题。对于这个话

---

① 关于这一点，还应参考第 2 章和第 8 章的研究综述。

题，本节的论述可以为研究者提供参考。仅依赖于财政的决策过程分析是不够的，某些定量研究中所涉及的洞察是必不可少的。

鉴于这一研究背景，本章希望深入探讨的是如何整理和解析中长期财政数据的趋势。更具体地说，本章注重观察某个公共组织的中长期财政支出和收入（例如预算和决算），并试图洞察其变化模式。

这种研究方法与纯定量分析不同，它不能直接提供一个制度如何影响人们制度感知的答案。但是，通过关联财政数据变动与该组织的政治、社会和经济背景，我们可以更好地理解财政与民众之间的关系。然而，仅仅观察财政统计数据并不能全面了解整个社会画像。为了深入解读财政统计的动向，研究者需要运用多种资料。

以沼尾波子的研究为例，她对长野县小海町从 20 世纪 50 年代到 80 年代的公共项目变革进行了深入分析。在这一研究中，沼尾尝试将决算数据与该町的经济、社会和政治背景相结合进行解读（沼尾［2014］）。为了更好地理解这些财政数据，沼尾使用了有关地区经济的信息、"公民馆报"、町民访谈，以及关于政府间财政关系的详细知识。基于这些分析，沼尾指出该町并不是被动地进行项目，而是在某些制约条件下进行（沼尾［2014］，p. 274）。

注重中长期财政数据的研究和社会动态分析被视为一种有前途的方法。虽然已经有大量的相关研究，但解读财政数据仍然需要研究者运用多种知识和资料。同时，从政策稳定性和变化的角度来看，政策反馈理论可以为分析提供有价值的视角。

本节主要介绍了利用财政统计来解读社会动态的财政社会学的研究方向。计量分析和问卷调查在解析财政统计动向时都起到了关键作用。此外，本章还强调了利用财政数据进行决策过程分析的重要性。我们将在下一节进一步探讨这一问题。

## 5.3　财政统计与财政决策过程分析

### 5.3.1　从财政统计解读财政共识

通过从财政决策的视角分析财政统计，我们有可能深入探讨财政共识是如何形成的。为此，我们将研究整理财政统计，并讨论与税收和财政共识相关的研究成果。

至今，税收作为社会政策手段仍然是财政政策的主要理论。虽然相关理论众多，但主要有考虑纳税人纳税能力的税收政策，以及强调作为收入再分配手段的税收政策。在日本20世纪20年代的税制改革中，"社会政策"被视为一种"政策象征"。20世纪20年代的税收政策被理解为旨在保护"中产阶级"的税收政策（神野［1985］）。

财政社会学者神野直彦在1985年题为《社会政策性税收政策的展开》的论文中，使用了当时大藏省进行的5万706户纳税人负担调查数据，强调了"20世纪30年代中期，地主、自耕农、中小商工业者"等"旧中产阶级在税收负担结构方面承受了显著压力"。[①] 研究史表明，在20世纪20年代，对中产阶级的保护是被追求的目标。而进入20世纪30年代，对这一中间阶层实行了较重的税收负担结构。

神野利用财政统计数据定量地了解了租税负担的结构，然后探讨了将社会政策作为"政策标志"来提出的租税政策的形成过程。值得注意的是，在"租税政策"中，政策主张是围绕"租税负担结构"形成的利益关系展开的，而神野指出的是从其中得出的"租税政策的方针"（神野［1985］，p. 16）。

神野指出，影响20世纪20年代租税政策的因素之一是追求社会政策性税收政策的税收思想。在当时，解决"社会问题"成为学术上的课题，这种税收思想逐渐产生了影响力。神野调查了其中一个主导者小川乡太郎的理论，研究了他的社会政策性税收政策论与1920年和1926年的税制改革论之间的关系。

神野研究了1920年税制改革中所得税的最低征税标准的提高、劳动扣除的修正以及股息收入的综合征税等内容。他指出，实际上这些改革不是为了减轻低收入者和中产阶级的税负，而是计划增加高收入者的税负。背后的原因在于：首先，社会政策下的税收理论倾向于通过增加富人的税负来矫正收入不平等，而这一税收理论在政策层面具有影响力；其次，当时财政支出的扩大，特别是军事开支的增长，使得富裕阶层从中受益。换句话说，考虑到第一次世界大战后的经济状况和开支增长带来的利益等因素，对富裕阶层的征税得到了正当化。神野指出，这些因素可能使税收改革包括的"政策主张在政治上变得更加有力"（见神

---

① 这项分析本身已在神野（1979）的研究中进行过。

野［1985］，p. 28）。这也是富裕阶层能够为政策达成共识的原因之一。①

这项研究在整理和分析税负结构和财政统计的基础上，探究了特定税制改革的成因，提出了当时的税收思想、财政支出状况和社会状况等影响因素。这篇论文试图运用财政统计，解读财政相关的政治决策过程和社会动态。

在财政史和城市史研究领域，已经积累了众多关于财政统计与地方政治经济关系的研究。代表性的研究包括大石嘉一郎和金泽史男合著的《近代日本都市史研究》（2003）以及大石和西田美昭编著的《近代日本的行政村》（1991）。在这些研究中，我想提及财政学家金泽所撰写的部分。② 金泽参与了关于长野县埴科郡五加村的合作研究，他充分利用了该村的收入和财政统计的历年数据，从行政财政角度确认了"日俄战争后期行政村运营稳定的结构"，并揭示了"这种结构受到了第一次世界大战和 20 世纪 20 年代政治经济影响"的变化情况（金泽［2010b］，p. 168）。值得注意的是，他通过五加村的租税结构来验证 20 世纪 20 年代后期的税制改革。从中可以发现，虽然当时"保护中产阶级"的呼声极高，但税收结构并未实现相应的社会需求。通过逆向分析，他还分析了当时"中产阶级保护"政策的对象和意识层面（金泽［2010b］，pp. 240-241）。这项研究通过整理和分析财政统计的动态和历史，试图解读当时的政策动向，也可视为一项有价值的历史分析。

要分析财政支出和收入之间的相互作用，需要使用全年的财政统计和收入数据。此外，还需要相关变化的解读材料。尽管在不同分析时期，以个别组织为单位整理这些统计数据可能较为困难③，但这仍然是一种有效的分析方法。

关于中央政府和地方自治体的财政运作，存在着许多涉及公共事业、财政转移以及金融等方面的研究。其中代表性的研究包括金泽史男于 1985 年和 1986 年发表的关于预金部地方资金。④ 战后日本财政的一个显著特点是公共投资水平较高，这一点已经被广泛指出。金泽分析了石油危机后公共投资的定位及其如何作

---

① 　这里不涉及对于 1926 年改革的讨论。

② 　在提及金泽的论文时，请注意指的是收录于大石、西田编著（1991）中的原始论文，而不是指金泽所著（2010b）中的论文。这里提到的金泽（2010b）的首次发表是在 1991 年。

③ 　关于战前地方自治体的财政决算统计收集以及通过描述性统计方法分析变化情况的研究，安藤、古市和宫崎在（2020）中提到。在这篇论文中，为了解读财政统计的动态，引用了各种相关文献。

④ 　译注：预金部是日本大藏省内部管理邮政储蓄资金的部门。

为一种政策而被合理化。他将这种整体称为"公共投资偏重型财政体制"。金泽在追踪考虑了时局问题的情况下，探究了中央政府如何维持较高水平的公共投资决策，并指出地方团体是如何通过政府间财政关系等制度引导向公共投资的。①此外，还积累了众多研究以理解这一体制的内在实质（门野［2009］、宫崎［2018］）。

以上所述，关于日本财政结构的特点，即高度注重公共投资的财政社会学成果，可以在井手英策的《财政赤字的渊源》（井手［2012］）中找到。井手指出，财政社会学的问题不在于揭示预算的政治过程，而是在揭示预算的政治过程结构之后，考虑预算与社会因素之间的相互关系，以及这种整合性和不整合性如何影响社会和财政运作（井手［2012］，p. 30）。预算是否充分反映了人们追求的价值以及希望解决的问题，将直接影响"治理的稳定性"。

这项研究以预算编制论（大藏省统制）的观点来理解治理结构，同时把握了"社会价值与公共需求"的关系。在这两者之间起到中介作用的被认为是"规范和信任"（井手［2012］，p. 32）。② 最后一点与对财政的共识有关。

《财政赤字的渊源》一书探讨了日本大规模公共事业、不足的社会保障减税政策以及缺乏核心税种增税等问题之间的关系，该书在上述框架下进行了论述。在高度增长时期，通过减税实现中产阶级的融合，以及通过公共事业确保就业，满足了各阶层的需求，同时形成了支持这一体系的财政结构，这些靠自民党的筹票结构以及高度增长期以后的预算编制方针得以维持。

然而，尽管公共需求发生了变化，但在宏观预算编制方面，日本的预算制定却无法适应社会变革。由此导致人们对政府的信任降低。未能获得人们同意的政府难以挑战核心税种增税（井手［2012］）。

以上论述也与预算制定的角色评价有关。预算编制的重要功能之一是通过将社会利益和社会问题转化为支出来实现的。预算编制受到制度（财政重建目标及实现该目标的技术）的影响，同样也意味着制度影响着预算编制中满足需求的功能。揭示这一点是财政决策过程研究的目标。

本节对财政统计进行整理，对税收和财政支出形成共识的论文，以及与之相

_____

①　由于篇幅限制，无法逐一详述，但收录在金泽编著（2002）中的论文对这一问题进行了详细分析。

②　此论点参见第 8 章、第 1 章和第 2 章。

关的一些研究进行了探讨。下一节将结合具体研究实例，考察一些研究策略及其意义。①

### 5.3.2　财政社会学与财政决策过程分析②

#### ● 财政决策过程中的选择的重要性

本章所关注的是，预算中的支出和收入通常都会受到某种形式的合理化论证。在分析制度的合理化时，研究者通常会集中于财政决策过程。

关注财政决策过程在分析制度时是一个被广泛采用的方法。然而，财政是一个极其复杂的现象。我们所需要的是不同方法之间的良好协调。这包括数学模型③、计量分析、模拟④、历史研究、制度研究以及访谈等。例如，根据日本各个都道府县的数据分析，第一波新冠病毒感染时期的失业冲击、自杀率以及社会安全网的利用率之间存在一定的关联（Ando & Furuichi［2022］）。这一结果为我们理解社会经济危机中社会安全网制度的功能提供了定量线索。那么，为什么在日本建立了这样的社会安全网？为什么在 2020 年引入了各种特例措施？这一制度是否能够最初设想的那样发挥作用？从社会安全网建设的财政决策过程分析也可能会非常有益。这类研究可能揭示出需要进行新的定量分析的问题。定量分析还可以揭示出在财政决策过程分析中无法明确的问题。

在明确了上述研究分工的基础上，为什么财政社会学的研究者会关注财政决策过程呢？本章对这一点进行了总结。最后，结合之前的讨论，我们将就财政决策过程分析的意义进行具体的研究考察。

在财政研究中，有一个常用的策略，无论是否明确承认，那就是关注财政决

---

①　第 7 章中进行了基于长期视角的财政社会学分析。制度结构和人们对政策的支持分析则在第 8 章中进行。

②　在这里，为了考察在第 1 章中提出的财政社会学问题，笔者整理了一些研究，认为这些研究对于讨论是有益的。由于篇幅限制，未能提及的论文中也有很重要的内容。

③　在政策领域，有时可能会涉及某种数理模型激发的讨论。当然，即使是制度研究者或历史研究者，在这种情况下可能也需要学习这些数理模型。

④　重建政策领域中构建的模拟模型，也是更深入理解该政策的尝试。在这一点上，关于公共养老金制度的横山宽和的观点可能会有所帮助（横山［2015］）。在分析财政决策过程时，模拟分析可能会发挥重要作用。

策过程中的选择。这些常受关注的选择通常是多个政策方案。首先，研究者通过一手资料、报纸、行政资料等了解政策过程中存在多个选择的情况。假设存在A、B、C三种选择，而实际选择了B。在这种情况下，分析者可以通过分析选择B的原因，揭示制度引入的一部分背景。即使选择B的理由不清楚，比较其他方案与B的案例也能为我们提供案例背后的合理逻辑以及反映的利益。

例如，仓地真太郎分析了北欧国家引入二元所得税的不同制度差异的原因（仓地［2014］）。首先，仓地明确了二元所得税在北欧国家扩散的过程与这些国家所面临问题之间的关系。然后，仓地挖掘了瑞典和丹麦引入二元所得税的政府委员会内部讨论，指出了存在多个提案的情况。根据仓地的分析，特定提案的被选中，与瑞典和丹麦当时的历史背景以及税收结构的公平性问题有关。尽管两国都强调垂直公平性，但实现方式各异，这导致了制度上的差异。

通过追踪财政决策过程和所提出的选择，我们可以揭示政策规范基础的动态变化过程。这个过程可以理解为制度正当性随着社会经济变迁而逐渐褪色。当规范基础动摇，并与其他重要议题相交织时，它也可能在财政决策过程中产生影响力。

小西杏奈以对1959年法国所得税改革的分析为例，阐述了这一点。由于财政需求的增加、物价问题等原因，重新审视降低劳动收入课税等税收原则的动机增强，税制也随之发生了改革。小西通过对改革前后税负结构的估算，揭示了改革后仍然保留了传统税收原则，例如对劳动收入的相对减税。此外，小西还指出，传统税收原则如何与政权的重要议题（例如物价问题）相互关联，从而影响了税制改革的推动过程。在这一过程中，研究者需要关注政策主体如何理解这些传统税收原则（小西［2010］）。小西不仅揭示了规范基础动态变化的过程，还表明了这些规范如何与其他政策相互联系，从而对实际改革产生影响。

在财政决策过程中，我们可以通过确定政策主体所关注的舆论，并将其与政策选择联系起来，从而揭示舆论在其中的作用。宫崎雅人对1964年后战后日本市町村民税征税方式进行了分析。当时，地方自治体可以从几种类型的地方税征收方式中进行选择。特别是当时的自治省对1963年11月选举前后的舆论做出了反应，这一过程在该论文中得到了关注。通过关注当时的政策选择和选举，宫崎分析了舆论对政策制定的影响（宫崎［2008］）。

### ● 通过关注财政的决策过程，综合考虑收入和支出

在涉及财政社会学的研究中，强调了需要综合考虑收入和支出的视角，以及财政制度的重要性。[①] 近年来的实证研究中，岛田崇治在 2015 年的论文中明确意识到了这一点（岛田［2015］）。岛田指出，财政社会学强调需要同时考虑收入和支出，不仅仅是从收入来规定支出，还需要综合分析视角，包括从支出来规定收入的方面（岛田［2015］，p. 161）。具体而言，岛田关注了处于财政危机下的西德在 1975 年进行的所得税改革以及随后的增值税的增税，指出"在支出和收入两方面的政策努力可能对租税政策的决策产生影响"（岛田［2015］，p. 162）。

岛田认为，在考虑了当时的通货膨胀、工资谈判以及新的社会问题（如儿童贫困等）后，德国提出了通过对大多数人减税和加强儿童津贴来加强所得税改革，以满足中等收入阶层和低收入阶层的需求。这对于满足中低收入群体的需求非常关键。这种政策产生的效果得到了人们的认可，并在后来的增值税增税政策中成为获得公众同意的"政策套餐"。

岛田的研究通过追踪涉及支出和收入的改革连锁，将二者的关系体现在财政决策过程分析的框架中。在这个过程中，他从当时的资料和文献中推测出改革对纳税人负担结构的变化，并从中探讨改革的效果。岛田动态地描述了政府间的财政关系，包括支出和收入的相互作用。岛田的成功之处在于，他不仅将中央政府放在决策过程中，还明确地将中央银行、政府间的财政关系、舆论以及相关行动者的角色纳入财政决策过程中。

### ● 政策论和财政决策过程分析与制度研究之间的关系

确保制度研究的重要性在于将制度作为独立变量。论证制度对关键结果产生的影响和效果，不仅在理论上，也从政策角度都至关重要。例如，关注实现持续经济增长和未能实现此目标的国家，可以论证导致经济增长率差异的因素之一是某个特定制度。从理论上讲，制度或制度配置本身就具有产生特定结果（如高经济增长率）的重要意义。对于那些关心特定结果的人来说，这些因素具有政策含义。证明制度的重要性不仅赋予研究以"理论创新性"，还赋予其"现实合理性"

---

[①]　关于这一点，第 1 章和本章 5.1.2 节已经进行了讨论。

（稗田［2012］）。制度研究的重要性和吸引力在很大程度上取决于这一点。

　　随着制度研究的进展，越来越多的研究者开始认同制度的重要性。因此，在案例分析中，为追求理论创新性，出现了一些将制度作为被解释变量的研究（如制度变迁理论）。将制度作为被解释变量的研究更容易展示出理论创新性。然而，这些研究是否具有现实合理性和政策含义并不明显。这一重要问题在关于制度变迁理论成果的评论文章中往往会被指出（稗田［2012］）。

　　针对这一问题，财政的决策过程分析可以从另一个角度做出贡献。首先，如何在特定国家引入某一制度？实际上，并非所有国家都会引入在理论上优越的制度。在理论上存在问题的制度有时仍会在某些情况下继续存在。为了回答这个问题，就需要准确理解某一制度的引入和废止过程，把握其历史背景。通过理解某一制度引入的历史背景，分析者可以揭示引入该制度的困难。

　　举例来说，佐藤一光通过整理环境税的理论和财政学定位，研究了德国和日本环境税的政策决策过程，以考察环境税成功的因素。通过追踪环境税的政策过程，佐藤揭示了环境税的"政治可接受性"与环境税率之间的关系（佐藤［2016］）。佐藤在强调传统税收理论重要性的同时，也考虑了财政社会学的分析视角。通过"财政政策的政治过程"分析，佐藤提到了"基于制度结构和社会背景揭示财政经济如何运作的财政制度学视角"。此外，他还指出了在德国政治过程中关于"围绕'公平性'的利益调整过程"的重要性（佐藤［2016］，p. 11）。这样，明确财政制度的理论定位，并追踪其在财政决策过程中的处理方式以及参与者的制度理解，是一种有效且广泛采用的方法。

　　财政的决策过程分析可以为制度研究做出贡献，尤其是从制度评价的角度来看。特别是准确理解某项政策的引入历程，对于当前政策评价也是有益的。

　　理解某一制度是如何在历史背景和妥协的基础上形成的，对于进行适当的制度评价是至关重要的。例如，政治学家丰福实纪分析了针对雇主的减税政策中配偶扣除的提出过程，以及与扣除相关的政党之间的减税竞争（丰福［2017］）。理论上，配偶扣除会抑制就业，因此有必要缩小其范围。然而，如果不了解这种政策形成的历史背景，就很难对该制度进行准确评价。而且，对于提出现实制度改革建议来说，这种观点也变得重要。这种观点不仅适用于定性研究人员，而且制度引入和历史背景为制度评价提供了重要的视角。

　　为了评价制度，需要了解有关制度的知识，其中包括理解制度的运作。而要真正理解实际的制度运作，还需要调查财政运营的历史背景。财政学者小西砂千夫在研究日本地方财政时指出，评价财政制度需要考虑"制度运行的背景"和"制度之间的关联性"（小西［2017］，p. 9）。

首先，要理解制度的运行背景，需要考虑到"制度形成的社会、经济和政治背景"，以及了解制度形成的过程。财政制度是在特定社会中运行的，因此通常是在某些限制条件下通过妥协而成。如果不了解这些限制条件，就很难理解制度的各种规定以及实际运作情况。因此，这些知识在制度评价中是必要的（小西［2017］，p. 9）。

另外，像地方财政制度这样的财政制度往往具有互补性。为了理解这种关联，需要了解当初引入该制度时的经过，以及当时政策主体所面临的限制条件。随着时间的推移，参与者对制度间关联的认识可能会逐渐减弱。因此，为了理解制度，需要仔细追踪制度的形成过程和具体运作过程（小西［2017］，pp. 9-10）。

在对制度进行评价时，可能会引用其他国家或地区某一制度的成功或失败案例。然而，导致历史案例成功或失败的因素是什么？某一制度成功或失败的历史条件、社会背景是怎样的？要理解这些，需要基于相关案例的历史背景进行分析。

从这个角度来看，一个值得关注的例子是财政学者五岛阳子的论文《为什么支出税失败了》。这篇论文研究了卡尔多（Kaldor）的支出税建议以及"印度支出税的失败"。首先，论文调查了卡尔多建议（对英国和印度的建议）的提出背景。接下来，分析了该建议与印度 1957 年支出税法之间的差异因素。其中之一引发了差异的因素是"印度教未分割家庭"与支出税之间的关系（五岛［2014］，pp. 138-139）。印度教未分割家庭是"存在于印度教徒之间，受税法规定的家庭"（五岛［2014］，p. 133）。印度教未分割家庭不仅仅是消费单位，还是涉及生产、"祖传财产的管理"和"基于印度教的婚姻仪式"的主体。在印度的政策过程中，"印度教未分割家庭的支出是消费吗"等税制上的问题被提出（五岛［2014］，p. 116、p. 136）。这些问题影响了印度的支出税法。

从这个分析结果得出："印度支出税的失败可以说是税收、经济和社会之间关联失败的体现。必须要问的是，支出税关联成功的前提条件是什么？"（五岛［2014］，pp. 140-141）。由于财政制度是由人们的共识建立的，因此必须要揭示人们所属社会的情况与制度之间的关系。

制度研究的一个特点是政策建议。针对特定制度的研究有时也会进行制度评价。这种评价不仅关注制度对结果的影响，还关注制度对社会的效果。不使用定量方法的制度研究，与定量分析不同，可以从不同的角度为制度改革和政策评价做出贡献。如果不能准确理解某一制度的历史形成背景，就很难对当前制度进行适当的评价。分析者需要深刻理解特定历史背景下制度的运作方式。

# 结语——关于财政社会学与制度研究

本章探讨了财政研究中关于制度理论的议题。根据第 1 章引出的问题，我们整理了与之相关的讨论。与财政有关的研究众多，而并不是一种学科或方法可以一对一地对应。在本章中，我们通过整理和审视一些具有启发性的研究，以深化我们对财政社会学研究潮流的理解。

揭示财政支出和收入决策过程的实际情况，也等同于对特定制度的解释、共识形成或崩溃过程的探究。我们在本章中强调了关注中长期财政统计的重要性。

在财政研究中，制度理论占据重要地位。国家的活动意味着对经济主体征税并进行支出。从程序的角度来看，国家活动的正当性源自预算循环的形成。预算循环指的是在议会中审议和批准预算，以及一系列决算程序。

通过预算循环，国家活动得以公开，同时也受到监管。为了核算预算的支出项目，需要有制度特定的逻辑和公开，这与行为者所拥有资源的多寡无关。预算制度要求经由国家的活动，需要作为岁入和岁出加以记载，并平衡收入和支出。预算制度是一种监管国家的活动的制度措施。预算制度将基于资源多少的资源分配解构，实现基于必要性的资源分配，这是财政决策过程的一种正当化表现。因此，理解预算编制有助于理解政治上如何基于必要性进行资源分配。

需要注意的是，通过预算编制可能会发现客观的"必要性"或"共同必要性"，但预算并不一定能够满足这些需求。虽然列入预算的费用呈现为"必要"或"共同必要"的形式，但有时这种描述并不恰当。不管有多精密的预算编制机制，这个问题都无法从根本上得到解决。因此，预算流程应当公开，并成为深入讨论的主题。

预算制度具有公开和控制国家活动的功能。并且，通过预算进行的资源分配旨在满足人们的需求。只要国家的活动基于预算和法律，所有的支出和收入都必须有一个以议会为中心、向公众公开的合理化逻辑。在现代财政研究中，准确理解制度的重要性受到强调。从法律制度和财政统计的角度准确地理解财政制度如何运作，有助于理解该制度的功能。

　　财政制度可能按照与其功能不同的逻辑来制定。首先，如果该制度得到人们的支持，可能不仅仅是因为它的功能。因此，研究者们努力追踪每一个制度的形成过程，以理解在预算编制中何种"必要"或"共同必要"被认知。各种学科都在试图回答这个问题。可以说，财政社会学的制度研究正努力通过揭示财政制度的形成过程、运营及其与社会的关系来回答这个问题。

# 第 6 章
# 财政与"历史哲学"
## ——从"历史哲学"的角度审视"财政社会学"

    葛德雪、熊彼特、耶希特、兹尔坦等人提出的财政社会学，以其"从历史视角审视税收制度与经济、政治、社会之间关系"的研究方法，受到了广泛的赞誉，在第 1 章和第 2 章中已经加以整理。自从"财政社会学"复兴之后，税收政策与经济、政治、社会互动的研究积累了大量成果。然而，如第 2 章所述，自从提出新财政社会学视角，即强调"纳税人的同意"的社会契约以来，除了财政历史研究，通过国际比较、实验、访谈和定量分析，对个人视角的研究也开始成为焦点，对可能促成"对税收的认同"的各种因素和因果关系的研究也开始积累。这种知识情境重新提出了为何财政学家需要进行财政社会学研究，以及为何历史审视是其研究方法的关键问题。

    在本章中，我们将探讨葛德雪、熊彼特、耶希特、兹尔坦等人提出的财政社会学的问题意识和哲学基础之间的关系。通过这一考察，我们将探讨财政学家为何需要进行财政社会学研究，为何历史审视是其主要研究方法，以及应当具体进行哪些研究。

## 6.1　财政社会学的创立与其背景

### 6.1.1　葛德雪对德国正统财政学的批评

葛德雪的财政社会学主张源于他对德国正统财政学的批评。[①]　德国正统财政

---

① 　关于德国（正统派）财政学的概要，建议参考第 1 章和第 2 章的整理。

学基于一个"道德国家观",即无论在何时何地,国家都应具有普世的理想,具有自我决定的能力,并且国家及其行使的职能都应具有道德性。基于这一前提,他们全面理解经济现象以及政治、文化等其他现象,将这些现象的变化过程看作道德国家的"历史演进",并将这些分析与政策主张相连接。① 如施泰因和瓦格纳,将国家视为在共同体的统一经济生活中占据主导地位,有自由自决的意识,不可将"国民财富的增加"简化为个人欲望的"国民福利的增进",并为此承担起必要的职能的强制性共同经济组织。他们认为,国家的目标和内容,即增进"国民财富-国民福利",是由具有意愿的国家理念必然赋予的;在执行这些职能的过程中,国家从国民中强制征收税收,并进行支出,以产生对国民经济和个人私人经济不可或缺的商品。他们通过分析"财政统计",研究国家和地方政府的收入及其用途,以及"财政发展的因果关系"②,整理现行的财政制度并从历史角度整理出财政法中的"财政史"(施泰因[1937]、瓦格纳[1905])。

在他们的体系中,财政政策是有道德理性的国家确认"对所有人民有益",并且按照自己的意愿行事的"道德行为"。这种观点依据的是将国家和社会视为"具有超越个体的独特存在意义"的"社会有机体论",财政则是基于"公共精神-国民的牺牲精神"原则的。德国正统派财政学以此为前提(木村[1958],p. 39)。因此,在德国正统财政学的体系中,国家先于个人,国家权力和征税的强制性的源泉和正当性,以及这个财政学体系所带来的关于财政运作的各种原则,实际的财政法和财政制度,实际实施的财政政策的评价,特别是政策接受者的评价和财政与社会的相互影响,都被视为无须讨论。财政统计和财政史只是道德国家财政对"过去和现在的事实"进行确认和堆积的方法。

然而,经过第一次世界大战,本应具有道德性的国家的财政运作结果,不但没有实现"国民福利的增加"反而毁灭了奥匈帝国的社会根基,留下了巨额的政府债务,人们遭受苦难。如果财政真的是基于"公共精神-国民的牺牲精神"的原则,那么国家就不需要动用政治权力,单方面决定税收义务,采用强制措施。因此,作为德国正统财政学前提的"具有道德理性的国家"作为"增进国民福利"的手段的财政与现实之间存在很大的差距。此外,德国财政学没有讨论其重

---

① 耶希特认为,被视为德国财政学三巨头之一的施泰因,其财政理论中可以看到德国历史学派和黑格尔哲学的影响(岛[1936],p. 1105)。

② 关于财政统计分析的重要性及其详细方法,请参考第 5 章。

视的"国民福利"的内容和国家的强制性的正当性。而且，在战争中，德国财政学并没有提供任何有效的对策，而是留下了一个社会荒废、人民痛苦、政府债务无法应对的国家。

## 6.1.2　葛德雪的财政社会学观点

以上所述的观点就是葛德雪严格批判德国正统派财政学并将其称为"建立在虚构基础上的现成财政学"的原因。他首先指出，德国正统派财政学将其预设的国家和财政目标定义为"应当如此"，并将其与"现实存在的事物"相混淆，他批评该学派并未科学地研究财政与现实现象之间的原因和结果。其次，他认为这个问题是由当时主流的学术教条引发的，即"科学仅仅关注事物的存在状态，而非其应有状态"，这是由拒绝对社会现象进行价值判断的"伪装价值中立性"而引发的。再次，葛德雪指出，上述两个问题已经消除了从德国正统派财政学中阐明国家财政支出和税收收入功能关系的社会根源的必要性。上述三个因素，导致人们放弃对"研究社会秩序和财政体系的实际结果"以及"确认这些是否以推进共同福利（the common weal）为目的"等的探讨，这就是葛德雪的批判主张（Goldscheid［1958］，p. 205）。

在此基础上，葛德雪强调了对德国正统派财政学经常忽视的"预算"或"公共家庭"（public household）中"支出和收入的互依关系的机制"和"社会结构与财政状况相互影响的模式"的"诚实和公正无私"研究的重要性。他认为，这样的研究可以揭示：（1）社会状况如何通过直接或间接的方式决定公共需求及其满足方式；（2）社会形态和进化如何决定公共支出和收入之间的关系形态。他在现实中寻找证明的依据，并在财政历史中寻找对这些观点的理解。这就是他倡导的财政社会学，即在财政历史中寻找对现实的理解，并摆脱一切装饰性的意识形态，将分析的焦点集中在他称为国家预算的"国家骨架"上（大内［1974］、大岛［2013］、大畑［1939］、加藤［1960］、木村［1941］［1942］、永田［1937］、山下［1934a］［1962］）。

葛德雪认为，通过以上的财政社会学方法，可以为现实的财政制度和税收筹集手段的客观评价及其标准提供财政学的基础。他声称，"财政历史、社会学和统计学是支持不偏离现实的财政理论的三大支柱"，其中财政社会学是最重要的。他还主张，在建立这一财政学的基础上，公共财务的健康状况，即国家起源以及他所称的"共同财政需求"(common fiscal needs)的满足程度,都决定了所有人的经济和道德基础,以及公共道德性(Goldscheid[1958],pp. 202-205)。这就是被评价为"明确国家财政和社会发展的互动关系"的实证问题,以及"提出社会价值"的规范问题的葛德雪的财政社会学思想(大岛[2013],p. 58)。

葛德雪提出的财政社会学的前提是他自己构想的"人类经济学"和他的人类观。他构想的人类经济学的目标是在资本主义经济中,解决人力劳动的淘汰和人的耗损修复和改善(Mikl-Horke[2005];大岛[2013],pp. 74-79)。在这个前提下,他强调的是一个概念,即不是由外部赋予人类的规定,而是从行动的人的内部,从对自身目标的认知中引导出的"方向"。基于这个概念,葛德雪认为人类可以依据自身的认知,用自己的力量改变和改善事物,持有这样的自我觉醒,并且人类的进化是以由目标导向的行动和自主意识为根基的,而不是系统的自我动态。人们根据自己的意愿选择方向,构想并创造能够实现这些选择的环境(大岛[2013],p. 86)。

对于葛德雪来说,实现上述目标的途径是国家的社会政策。然而,他提出的财政社会学包括以下观点:(1)现实中的国家在失去家产的同时,成为随着资本主义的发展而发展的阶级国家,课税作为支配阶级即资本家对人民的剥削;(2)课税是推动资本主义经济运行的基础;(3)课税是随着资本家从国家那里剥夺物质财富所有权,导致国家和生产手段分离,以国家剥削的形式出现的历史行为。同时,他强调,国家无法在没有经济力量和效率的情况下实现经济正义。在此基础上,他提出的改变国家结构和功能的办法是:(1)以现状的剥削为主导原则,让统治阶级以及工人阶级都能拥有的财富回归国家,让无产国家重新资本化从而实现国家资本主义,并充实人力资源,这是有序经济的两大基本支柱;(2)彻底改变公共预算的结构和临时财产征税(Goldscheid[1958])。在他提出这个财政社会学后,熊彼特、耶希特、兹尔坦等人纷纷试图发展财政社会学。

### 6.1.3　熊彼特的社会科学"科学化"理念下的"社会学"构想

首先,熊彼特批评了当时德国社会科学的知识环境。他指出,德国历史学派的思想是德国财政学的哲学基础,这种思想以"绝对的"推测为基础,忽视了所有社会现象的历史相对性。他抨击这种思想基础允许研究者搜集和处理证据,以自己的偏好进行非科学的研究。他批评这种做法使得源自德国国民经济学的德国财政学只与具体的现象或未经理论分析的现象有关，这种做法扭曲了现实（Schumpeter［1980b］，pp. 109-115）。因此，熊彼特指出，这导致了以下几种情况：（1）社会科学家，特别是德国国民经济学家，过分关注与业余讨论相仿的时事问题，使得专家和记者的工作无法区分；（2）他们因为自己的兴趣而进行学术研究，落入"业余爱好主义"（dilettantism）的陷阱；（3）哲学推测和政治需求侵犯了科学的领域；（4）科学工作的放弃，以及过分的排他性和党派意识，对实际政治斗争的过度关注（Schumpeter［1980b］，pp. 152 - 162；Schumpeter［1983b］，pp. 14-15）。

针对以上情况，熊彼特主张通过社会学来满足"本质的科学关注"。他定义"本质的科学关注"为：（1）视某一事项为"普遍真理的一种现象形态"，置于一定的规律性之下，并致力于构建"理论"；（2）不从形而上学的规范理论来解释事物，而是排除形而上学的介入，以可经验的物质为基础，寻找其中的因果链进行"分析"，试图普遍理解已经发生的事件（Schumpeter［1980b］，p. 16、p. 189）。另一方面，熊彼特认为，社会塑造了个人，个人从社会中获得自我行动和思考的习惯，以适应社会需求的方式进行思考和行动，从而产生社会现象。他主张通过详细分析社会现象，理解"社会互动"的结构和本质，以及生活在社会中的人（社会人）的行为，达到普遍且非形而上学的认识。他称这种方法为"社会学化"，并认为这是使社会科学科学化的方式（Schumpeter［1980b］，pp. 51-68、p. 162、p. 168）。

熊彼特在"历史理论"中寻找社会学的一种灵感源泉（Schumpeter［1980b］，p. 72）。他指责历史学家在处理历史系列时过度使用学术概念，从而造成了"理解历史所需概念工具的缺失"（Schumpeter［1983a］，pp. 85-86）。他主张将在理论建立过程中去除的所有可能成为理论混乱因素的事物都视为"动态现象"，并在对我们周围的历史、统计以及直接的事实进行尽可能多的观察之后进行处理，他认为"理论与（历史）'描述'"的结合是至关重要的（Schumpeter［1984］，pp. 275-278、pp. 354-359）。他批评了从形而上学前提导出历史事件的做法，并倾向于对历史事件本身及其方向进行实证分析。他从科学的角度考虑各民族的历史、民族生活中相似和相同的历史规律以及历史事件的具体因素，强调对"历史的科学化"。他将这种科学化的历史视为一种理论，这个理论从分析的角度出发，试图理解人类、社会、历史向我们展示的所有"人的生活"的表现形式（Schumpeter［1980b］，pp. 76-87）。①

　　熊彼特之所以重视"理论与历史描述的结合"以及将历史视为一种科学，是因为他认为，拥有理论是科学的条件，但所有的理论都是为了简化现实描述、防止过度复杂化的手段。所有的学派和学者的观点都是按照他们自己的意愿任意构建的，只是从他们自己的立场出发看，这些观点只是"真实"的。他强调，只有目标和成果才能证明理论的合理性，它的合理性来源于不滥用自我主权，"遵循合理的程序"，基于事实的"归纳"，我们能做的就是选择能够冷静应对理论被事实否定的"基本假设"，当遇到矛盾的事实时，修正理论以适应这些事实，只有在这种程序下形成的理论才适合观察到的事实，我们才能说我们的命题是普遍有效的（Schumpeter［1984］，pp. 349-355）。因此，他认为以下几点重要：（1）通过"理论前提的公式化"来理解各种理论；（2）从政治意图中解放科学研究；（3）区分理论和政策；（4）检查研究方法和材料是否更适合研究目标（Schumpeter［1983b］，pp. 6-17）。

　　在上述四点中，熊彼特尤其重视第一点。通常，理论体系是在假设各种因素的基础上进行短期问题分析，以保持其描述能力。但是，如果假设发生变化，那么该理论就会失去解释能力（Schumpeter［1984］，p. 253-256）。因此，熊彼特强烈主张，断言一个理论为"真实"需要深思熟虑其前提命题的设定（Schumpeter［1983b］，p. 82）。对他来说，"理论与历史描述的结合"不仅关乎科学和政治的分离、理论和政策的区别以及研究方法和材料的审视，更重要的是自我明确理论的各项前提。

## 6.1.4　以"历史社会学—历史哲学"形式存在的熊彼特社会学

　　熊彼特对"理论前提的表述"持重视态度，这是因为他将社会学的作用定位于"解决社会问题"。他把解决社会问题的基石寻求于"道德"，并将这种道德视作一种源自社会共同生活的社会现象。因此，熊彼特让道德回归到可经历的解释根据，强调了理论与具体实践纲领需求之间的区分。他尝试按因果逻辑理解现实

---

　　①　实际上，关于社会学的构想，熊彼特后来在他的经济社会学中，对其角色进行了以下定义：（1）解释人们在特定的经济生活中为何会采取特定的行为，即通过制度框架来阐述人们的行为、动机和倾向；（2）将制度条件框架与事实的描述相结合，并通过一种他称之为"理论化的历史"的方法，讨论一种被概括、被类型化、被形式化的经济历史（Schumpeter［1954］，pp. 20-21）。

的意愿和应为①，让"从存在之事物的理论过渡到应存在之事物的要求"成为可能（Schumpeter［1980b］，pp. 51-58）。他期望社会学能积累对这些问题群体的准确知识，以及助力形成人们的共识或理解的度量和原则。然而，熊彼特认为，通过理论建构进行的社会学化，以及依此理解和解决现实问题，仅限于研究者活动的"现代"。他强调了通过新产生的问题去重新定义自我认知和基础观点，研究理论基本思想，从日常经验中提取事实并进行细致比较的重要性（Schumpeter［1980b］，pp. 162-172）。

　　熊彼特将他试图通过使用历史材料来达成通用概念（general-izations），并试图解释个别历史状态和历史进程的努力称为"历史社会学"（Schumpeter［1954］，p. 135）。他描述这种历史社会学的特质为："针对特定问题，从自身的问题意识出发，挑选社会历史现象的特定侧面，建立各种由不同资料得来的假设，考察长期历史变化，深入探索主题，并研究其结果"，并指出历史社会学是在不断寻找问题的一门学科。他还明确指出，历史社会学的价值并不在于解释历史过程的主驱动力是什么，而是在于它"对解决问题的贡献"（Schumpeter［1954］，pp. 785-786）。他将这种历史社会学称为"历史哲学"（Schumpeter［1954］，p. 135；Schumpeter［1980b］，p. 82）。熊彼特对这种历史哲学的期待包括：（1）基于"文笔游戏"和"视觉"，提出对历史大趋势的"预感"，并精准揭示每一个事件；（2）通过对过去文化的批判，解读自身生命的个性和独特性，认清自己的知识状况，使得单一的定理成为智慧的基石和能够引领新时代的"主观视角"（Schumpeter［1980b］，pp. 176-184）。

## 6.1.5　熊彼特"财政社会学"的"财政历史考察"

　　在完成前述论述后，熊彼特进行了一次以《税收国家的危机》为蓝本的演讲。首先，他指出，在第一次世界大战后，许多人主张奥匈帝国留下的各种国家财政问题无法在自由竞争经济的框架下解决。在这个观点的主导下，每个人都希望他们长期以来的愿望可以成为战争的必然结果，然而，他们并未试图用科学的思维去为这一观点奠定基础，熊彼特对此表示批评。其次，他批评那些自认为是合格专家的人在经济事务上依赖"数百年前的林间道路——祖先在他们生活的世

---

　　① 译注：应该做的事。

界中找到的解释方法——现有的经济理论",并毫无保留地宣称他们的个人观点是完全正确的最佳结论（Schumpeter ［1983a］，pp. 5-7）。这些批评可被理解为他对当时经济科学的批判，对理论与政策区分的重视，以及对"李嘉图的恶习"（Ricardian Vice）的反对。①

在此基础上，熊彼特提出，国家的税收和支出方式、财政状况和财政政策，都会对国民经济的发展、各种生活方式、文化内容、民族命运产生影响，而其历史，即财政史，几乎能够解释大多数历史时期事物的主要特征。他将展示与财政相关的变化因素，揭示社会存在和发展的规律，深化对影响各国命运的动力的理解，称之为财政史的"原因性意义"（Schumpeter ［1983a］，p. 11）。另一方面，他更看重财政史的"标志性意义"（Schumpeter ［1983a］，p. 12），即组织形态的生成和消失方式，以及按照国家需求强制征税和支出的方式，它们在当前具体历史环境下能否迅速重建国民经济，以及可以期待什么（Schumpeter ［1983a］，p. 72）。

熊彼特从财政史中寻找到上述两种意义，并将其视为"财政历史考察方法"，作为财政社会学的方法基础。他提出，从中我们可以找到以下四个问题的答案：（1）税收国家的出现，其本质和功能的停滞意味着什么？（2）伴随这一变化的共同体满足欲望的方式，现代国家的本质、经济体系、社会结构、生活情感、文化内容，以及个人心理习惯的变化；（3）战争揭示的税收国家这种社会形式的深层不完整性，以及预算数字这种表面现象下潜藏的社会过程；（4）税收国家是否会消亡及其原因（Schumpeter ［1983a］，pp. 7-13）。

在《税收国家的危机》一书中，熊彼特对 14 至 16 世纪的帝国与封建领主关系进行了历史性的探索。在此过程中，他提出了以下观点：（1）只有当个人生活能够自行维持，并且其意义存在于个体和其亲近的人之中，个体的充实才能作为其自我实现的目标，这样的情况下才需要并且可能存在一个作为现实现象的国家；（2）国家不是为自身而存在的，而是由于"共同的困难"而产生，仅仅是一个为了实现个人无法或不愿承担的公共目标的机构；（3）因此，一个人在为自己的生活经营的同时，需要一个能够通过税收达到共同目标的国家；（4）税收国家

---

① 　熊彼特对理论和政策进行了明确的区分，并严厉警告人们不要试图从已经建立的理论中直接导出政策。他将从抽象理论中直接提取并应用于现实，从而直接导出政策的思维方式称为"李嘉图的恶习"。这些理论通常基于大胆甚至明显不切实际的假设（Schumpeter ［1954］，p. 473）。

只能从私人经济中获取到那些能和个人利益持续作用和谐相处的资源，这一点限制了税收国家的财政收益能力；（5）国家的税收能力受到自由经济活力性质的限制，所以"在国家经济中，不像私人经济那样，收入是简单由支出决定的"这一命题是没有依据的（Schumpeter［1983a］，pp. 32-38）。这些都是他从研究税收国家成立过程的财政考察中得出的理论。基于此，他提出了他的"预感"，即"税收国家可能无法承受战争的财政负担"。在此基础上，他针对"如何重建国民经济"这个独立的政策问题进行了现状分析，对税收国家的危机进行了预测，并提出了针对财产进行征税的具体方案（Schumpeter［1983a］，第 5 章）。

### 6.1.6　耶希特和兹尔坦的问题意识以及财政社会学的构想

耶希特和兹尔坦共同关注的是财政学的理论体系与实际世界脱节的问题，以及财政实证研究缺乏理论基础，使得理论与实证相互孤立。首先，耶希特将这些问题归咎于新康德学派的认知将文化与自然、理念与现实进行划分，他批评了这种做法，强调要根据现象学的要求"回归事物本质"。他提出了以下几点主张：（1）排除基于现有财政学概念的认知；（2）通过进行"问题史的探讨"来直接观察财政的历史现实，而无须借助于任何概念或理论，正如熊彼特所做的那样；（3）通过这种方法去认识财政的本质，对现有财政学的前提进行反思；（4）将财政现象的普遍性与个别具体性相结合，这就成了财政社会学的任务。

耶希特的财政社会学试图将公共团体的经济与一个时代的整体社会经济结构联系起来，达到了对现实财政生活进行探讨的目标，这也是财政学的目标。他将财政定义为"为了维持和促进生存和生活，达成资源需求和满足的持久和谐，形成人类共同的生活"。他引用滕尼斯（Tönnies）的"共同社会（Gemeinschaft）与利益社会（Gesellschaft）"的概念，将前者对应的情况划分为简单形式（领主财政经济）及复合形式（封建财政经济）所组成的传统财政经济，而将后者划分为从中世纪城市财政经济到近代官僚国家的财政经济所组成的理性财政经济，他试图整理每一种财政类型在不同时代的生存和生活的需求及其满足方式，以揭示近代国家财政的特性（大畑［1939］、加藤［1951］［1960］、木村［1941］［1942］、永田［1937］、山下［1934b］［1962］）。

另一方面，兹尔坦在识别到与耶希特同样的问题时，追溯了国家收入获取的历史实践，并对那些过去的财政学者持有的主观性进行了批评，这些学者一直试图通过揭示历史特定的财政制度和社会结构来维持财政学的自洽性。他将知识社会学的问题投射到了财政社会学的领域中。他批评了边际效用学派对财政学理论纯粹性的过度坚守以及社会主义者对财政理论的无动于衷。因此，他指出纯粹财政理论所经常强调的数学严谨性实际上源自一种特定的世界观。他强调了税收是在国家政治强制下支付的货币的这一点，并认为在将财政与社会、政治相关的因素纳入财政理论时，需要使用上述知识社会学的方法。

在资本主义经济中，兹尔坦视财政和税收为政治与经济领域交融的场所。他把税收视为一种政治工具，其目的是获取为达成在预算中以货币形式表示的"现代国家的国家目标"所需的国家收入。他进一步阐明，预算中所揭示的国家目标实际上是"政治权力的占有者"的目标。他还认为，预算和税制的决定是通过像政党、官僚、工会和其他利益团体等"公平观念的掌握者"之间的斗争与妥协的动态过程而形成的。他强调，支撑这种"公平观念"的并非纯粹的"情感伦理"，而是"政治责任伦理"。在他看来，财政社会学的分析就是理解这样一个过程：政治力量中的"政治责任伦理"以公平观念的形式，在预算案中最终得到货币化的表示。同时，他强调了理解在各种"集体情境的条件"下，例如不同的自然环境（如气候、地理位置、原材料等）和社会环境（如阶级、职业、年龄、性别、种族等），这个过程如何影响纳税人的公平观念、税收道德、税收的接受程度以及对税收使用的公平观念。兹尔坦还强调了随着国家性质的转变，从税收国家到企业家国家，再到债务国家，分析和理论的重心必须从国家收入转向国家开支（木村［1942］、加藤［1997］、山下［1934b］［1962］）。

## 6.1.7 小结——财政社会学的问题意识和三个主要论点

根据上述分析，财政学家之所以研究财政社会学，主要是为了"以科学的方法来建立一个为现实的财政制度提供理想标准的财政理论"。这也是葛德雪强调"对社会秩序和财政体系的实证研究"的原因。熊彼特以经验可验证的证据为基础，对现有理论的各种假设进行了明确的表述，并构建了用于理解社会现象的理论。他通过"分析"和"理解"探索了现实描述与个人与社会之间的社会相互关系的因果链，区分了"政治与科学研究"和"理论与政策"，奠定了以道德的科学基础为指引展示应该存在的事物的社会学基础。另一方面，耶希特和兹尔坦则将财政理论或财政学系统普遍性的前提与财政学家的主观性联系起来，认为如何与具体的财政现实相结合是财政社会学的主要任务。

我们可以理解这四位学者对于"历史"的看法，他们，就像德国正统财政学一样，通过财政史和财政统计来捉取财政现象，以及理解经济、政治、文化等其他现象的时间变化和它们的相互联系（Schmölders［1981］，p. 13）。葛德雪和熊彼特不是基于现有的国家观或世界观来理解历史，而是基于财政历史和财政统计来形成他们自己的国家观，通过这种方式来理解奥匈帝国财政的历史特性和引发财政危机的历史因素，并提出他们认为可以解决问题的途径。他们的财政社会学，尤其是熊彼特的观点，一直被评价为"宏观的社会理论"（赤石［2008］、井手［2008］），这是一种通过财政分析来理解国家动态的方法。对此，耶希特和兹尔坦借用了现象学和知识社会学的观点，将财政学体系的前提与历史现实结合起来。

然而，从以上的整理中，这四位学者为何将观察现实和构建解释现实的理论视为"科学"，为何在财政"社会学"中寻求为现实财政制度的"理想"提供科学基础的角色，以及为何他们选择历史考察作为方法，都尚不明确。此外，他们对财政史的考察角度也有所不同：葛德雪从阶级国家，熊彼特从现代国家，耶希特引用了共同社会（Gemeinschaft）与利益社会（Gesellschaft）的划分，兹尔坦用税收国家、企业家国家和债务国家，他们对国家的理解和分类也有所不同。同样地，葛德雪在财政社会学的角色中，保留了"构建一个与现实并非完全脱离的财政理论"的观点。熊彼特强调了历史社会学在为解决问题提供科学道德基础方面的重要性，但他也承认其现实性只限于现代。耶希特强调了反思财政学体系的前提，兹尔坦重视把握以"政治责任伦理"为公正观念在预算中确定的动态过程，这都表明新构建的财政理论也有可能偏离现实。

因此，从葛德雪等人的研究中，我们可以看到以下三个关键论点：（1）他们在强调基于现实的财政社会学的科学性的同时，也接受了基于财政历史、财政统计、财政社会学这三个核心领域构建的财政学可能会在某种程度上偏离现实的观点；（2）他们认为，为了维护财政社会学的科学性，需要进行"历史"的研究；（3）他们认为由财政社会学这一历史哲学支持的财政学提供了对"理想"的定义，如"道德性"和"作为政治责任伦理的公正观念"。

在接下来的部分中，为了解答这三个问题，我们将回顾本部分整理的四位学者的哲学基础。葛德雪和熊彼特的观点受到了 E. 马赫（Mach）的科学哲学的影响（大岛［2013］，p. 50；塩野谷［1995］，pp. 119-122）。葛德雪又受到了 A. 孔德的综合社会学观念的影响（大岛［2013］，pp. 54-55），而熊彼特的"历史社会学—历史哲学"的观点受到了他高度评价的社会学家、意大利学者 G. 维柯（Vico）的影响（Schumpeter［1954］，p. 29）。另外，耶希特和兹尔坦的方法论基础源自 E. 胡塞尔（Husserl）提出的现象学。① 在接下来的部分中，我们将整理以上哲学家的观点，这些观点构成了这些财政社会学创始人的哲学基础，以此来回答上述三个问题。

# 6.2 财政社会学：作为具有"科学性"的"历史哲学"

## 6.2.1 从马赫的科学哲学角度探讨"科学"的含义

我们将从马赫的科学哲学的角度出发，去探究财政社会学所寻求的"科学性"。马赫认为，所有的学术研究工作都源自我们日常生活中的经验，是"生活过程的一部分"。他进一步提出，通过"精确的研究"去理解"人类内在和外在经验之间的互依关系，并力图以最经济的方式去完成这个过程"。他自认为，这样的观点与孔德所设想的理想学问颇为接近。这个理论可以概括为三个要点（Mach［2002］）。

第一，马赫主张，科学的"真正起点"在于"社会生活中需要清晰简单地传达经验的重要且本质的特征"。为了实现这一目标，他提倡我们不应该模仿所有的事实，而是要发现复杂现实中的各个要素，同时忽视全面性，只描述对我们来说重要的方面。他进一步认为，我们需要构建"规则"或"理论"作为一种工具，用以整合所有的事实领域（这种观点被称为"工具主义"）。借助这些工具，我们可以在没有实际经验的情况下，通过思考过程模拟和保存各种现象，在多样事实中识别同一事实的再现，清晰地理解其领域，以及有效简洁地进行概述。他将这一系列过程称为"思维的经济性"。由此，提出理论和规则的人的认知得以

---

① 兹尔坦的方法被认为受到了 M. 舍勒（Scheler）的现象学社会学的影响（加藤［1951］）。然而，在本章中，我们并没有对舍勒的论文进行充分的研究。本章主要基于先前研究的观点，即兹尔坦是在批判地发展耶希特的财政社会学理论。然而，我们的讨论主要停留在对胡塞尔的研究上。但是，探究胡塞尔和舍勒的现象学的共性和差异，以及在此基础上进一步研究知识社会学的方法，进而精细化本章的讨论，这仍然是留给作者的重大任务。

产生，通过传递给其他人，将个体的实际经验积累起来，并试图以最小的思考来管理这些经验的总和，从而形成"人类的知识"。这是马赫对科学本质及其角色的理解。

第二，马赫批判了自 R. 笛卡尔（Descartes）的"心物二元论"以来的哲学思想，这种思想将物质和精神对立起来。他认为，正是通过"内外世界"的"相互依存关系"，即人类的"外部"和自我的"内部"，上述的科学创造成为可能。他认为，所有人都在空间内直接获得必要的经验，这些经验形成了他所称的"外部世界"或"物质"的"物理元素"。马赫认为只有通过解释这些物理元素的语言，才能正确捕捉到每个人独有的，且只能通过类比（或推理）来被他人理解的"内心世界"，即"感知知觉-心理元素"。这个"自我"是在实际社会生活的压力下，在每个人的意识中形成的，它以各种不同的方式显现出来，给我们的思想和行为施加了一定的限制，他称之为"世界图像"，这种内部世界受到外部世界的影响。拥有各种"自我"的个人在内外世界的相互依赖关系下，通过掌握各种物理元素，从而提出相关的理论和规则，以尽可能简单和高效的方式进行理解和解释，这就是马赫对科学的理解。

第三，马赫在确认个体的心灵自由和自我多元性的同时，认为仅基于自我的学问，只会将知识的基础局限在个人的意识里，这不过是"观念论"或"唯我论"。他视无法与可经验的事物建立联系的表象和概念为"无用的装饰物和愚昧的幻影"。同时，马赫认为这样的学问对其他人来说是难以接近和理解的，因此强调要排除这样的学问。所以，马赫提出了研究外界的需要，并主张我们的内心世界各元素如何通过与外界的连接而形成，就像"以分析自身外界的同样方式"进行研究，并且进行"如何到达某种想法，那个想法是从智力视野的哪个角落涌现出来的"等自我观察的"心理科学"领域。他认为，通过心理科学，观察者能够实现自我与外界的相对化。他也提出，我们试图理解的外界和他人的自我，因为与他人的感知有关，因此对于存在一个共享的物理世界的信念，只能通过他人的观察才能达成。因此，通过心理科学将自己的经验传达给他人，经历如何受到内心世界影响，通过比较他人的解释得出自身的结论，并且实现对自我的批判性审视是可能的。

因此，如果以马赫的科学哲学为基础，财政社会学的"科学性"应包括以下几个方面：首先，物理元素相应的财政历史、财政统计，以及与财政相关的各项事实，需要我们拥有自我意识的内在世界去观察，并在外部世界和内在世界的相互依赖关系中，探索事实的历史意义，并建立理论和法则，来解释造成当前财政和社会状况的各个要素的因果关系。其次，这些法则和理论只是对观察者自己观察到的、对自己重要的一面进行描述和构建，然后将自己的经验和认知传递给他人，以便他人在思考过程中模仿，保留这个现象，使对相同事实的再认识和清晰理解变得更加有效和简洁，这只是为了"思维的经济性"。因此财政社会学和以此为基础的财政学无法避免地与现实存在一定的脱离。最后，当观察历史事实并构建理论和法则时，这些观点，所选择的事实，所构建的理论和法则都会受到自我影响。因此，财政社会学需要解释为什么有自我意识的内在世界会关注特定的事实，其理论是否能有效地分析财政现象，以及如何将其有效性传达给他人，进行批判性的审视。

## 6.2.2　从胡塞尔的现象学理解精神科学的重要性

财政社会学的"科学性"的第三要素在于，我们需要对内在世界进行分析，就如同我们分析物理世界或外在世界一样。这种对内在世界的分析应在与外在世界的历史事实的互动中进行。我们可以把这种分析理解为与耶希特和兹尔坦所提倡的财政社会学的方法相一致。而强调这种分析方法的重要性的就是胡塞尔的现象学。

胡塞尔认为，科学实证的对象是那些被意识的"指向性"引导关注的复杂事件的各种元素。这种指向性的作用发生在我们的内在世界，因此我们的经验和意识内容具有直接和确定的证据性。只有这样，经验才能有意义。然而，胡塞尔也指出，这只是从特定视角观察到的，仅仅是我们对事物存在的信念。此外，这种现象不仅与我们自己有关，而且与和这个现象有关的其他人也有关系。我们通常对世界的看法被称为"自然的观点（态度）"，它既是我们日常生活中观察周围世界的方式，也是所有实证科学的基础（Käufer and Chemero［2015］，pp. 31-34；细谷［1970］，pp. 25-30）。相比之下，胡塞尔强调回归到经验或直观去探索事物本身（Husserl［1970a］，p. 126）。他进一步指出，现象学的分析可以通过这种方式揭示事物本身，以及我们为什么会关注这些事物，并在我们自己内心中发现其意义（Husserl［1970b］，p. 231）。胡塞尔还强调，这种分析方法可以引导我们回归到所有认知形成的最初起源，并激发我们反思自我以及自我认知的动机。对于他来说，恰当的学问形成，是由共同目的产生，并加以保存和和自由地应用的一种动机（Husserl［1995］，p. 178）。

胡塞尔当时面临的难题在于，学问如何设定其任务，为了完成这些任务应该使用什么方法。这是由于纯粹的数学和精确的自然科学被认为具有高度的精确性和证明力，这种趋势成为科学和学问的主流。胡塞尔批评了这一趋势，他认为这会使学术变成只是确定物理世界和精神世界实际情况的"事实学"，排除了一切主观性、人性、理想和规范。他认为，这种趋势导致了学问失去对人的生活意义的研究，他称之为"学问的危机"。胡塞尔认为，这意味着学问不能提出关于人类生存、人类与非人类环境世界，以及自由选择态度的人类自我和环境世界的人类这些问题。他批评了学术的理想被实证主义限制，同时世界和人类的思考、价值、道德、人类政治和社会世界以及自我认知等哲学问题被忽略（Husserl［1995］，第 1 部）。

因此，作为现象学的方法，胡塞尔提出了：（1）停止基于自然观察的各种判断，消除基于自然观察建立的世界；（2）以历史的角度研究之前构建的形式规律和理论的前提和构建过程。他认为，我们应该通过反思自己的意识来捕捉现象，通过观察并描述直观给予我们的现象，为哲学的各个学科提供基础。然而，我们的意向性受到我们所处的环境的影响，这个环境包括"文化背景"和"时间流逝"构成的"生活世界"，这些使我们的意向性呈现多元化，需要在人的自我中的主动思考、行动、陈述和观察来对事项和意向性加以分析，从而展现出其普遍的本质结构。因此，现象学的任务就是要研究我们的意向性和意识如何在生活世界和科学的相互影响中，在历史的联系中形成，以及如何通过自我反省和哲学基础的建立来明确过去的哲学家们提出的问题以及他们对这些问题的追求和改进（Husserl［1995］，第 2 部分）。

因此，考虑到马赫的精神科学提议和胡塞尔的现象学的问题意识和方法，如果没有主观性或自我产生的意向性，科学就无法成立。然而，这种意向性是在与外界的互动中形成的，这就需要在总体的历史关联中考察这种意向性与外界的关系，这在科学地构建主观性的基础上是重要的，这就是马赫的精神科学和胡塞尔的现象学的问题意识。因此，接下来，我们必须考虑，为什么社会学需要科学地建立主观性的基础，以及为什么需要使用历史方法，这需要从社会学或财政（社会）学的研究对象的关系来考虑。

## 6.2.3　孔德的"社会学"与"道德哲学"的"科学基础"

通过审视受到葛德雪影响的孔德的综合社会学构想，我们试图回答这个问题。孔德批评了直到 18 世纪末的社会理论，认为他们没有足够的证据，就随意将社会政治经济的各种现象归因于人类固有的各种性质，他将这个阶段称为事实服从观念的"形而上学阶段"。① 相对应的，他认为人类精神应经历神学阶段、形而上学阶段和实证阶段三段进程。在这个"实证阶段"中，为了使所有的思考、逻辑和命题具有现实可理解性，它们必须能够被还原为直接或间接观察到的事实的描述（Comte［1970］，pp. 155-156）。按照这种"实证思考"，孔德提出的"社会学"旨在通过对人类精神和理性的反思以及对人类基于精神和理性行为所引发的社会现象的分析，使观念符合事实，并将所有曾经被视为绝对的事实解释转变为相对的。他把这称之为"社会科学"（Comte［1970a］［1970b］；清水［1970］，pp. 22-27；清水［2014］，pp. 95-167）。

孔德认为这个社会（科）学应该将社会现象视为"社会各部分之间的相互作用"，并将其分为"静态面"和"动态面"进行分析。前者关注一个部分在某一时点的状态如何与所有其他部分的状态相互关联，后者则关注一个部分的某个变化如何与所有其他部分的变化相互关联。在孔德的社会（科）学中，他在观察社会各部分之间的静态相互作用时，也会考虑到当前社会全体的状态。然而，因为人类社会已经存在了一段时间，所以需要考虑这些关系的动态面。孔德将这种观察称为"历史方法"或"历史分析"（Comte［1970b］，pp. 290-292），即在时间的连续性中根据事实观察人类社会，使各个不同部分的相互关系以"一种包含秩序的历史流动"的形式显现出来，并在其现在和未来的关系中"理解"其"历史意义"的"历史方法"（清水［1970］，p. 21）。孔德认为，通过分析社会现象的这两个方面探寻社会现象之间的法则和概念理论，是社会（科）学的任务（Comte［1928］，第 3 章）。

孔德为社会科学指定了两大职能。首要职能是通过分析历史的意义，找出法则、概念和理论，以此，无须直接调查，就能通过已知事实与未来现象的关系进

---

①　在法国发生的革命后，他目睹了本应在理性的名义下被推翻的旧制度反而得到了扩大和复兴。因此，人们认为孔德从中看出，存在一种不可能从人性本质中演绎出来的社会历史现实层面，这一层面具有自己独特的法则（清水［1970］，pp. 24-25）。

行预见。这种努力被孔德称为"理性预见"或"科学预见"。其意义在于加强人们对人类自然的理解力，通过社会学分析找出变化中的稳定性，确定将来存在的事物，并指导人类行为适应自然秩序，同时也引导人类改变自然秩序以实现人类利益（Comte［1970a］，pp. 158-161）。

孔德赋予社会科学的第二职能是提升他所称的"人类理论"，包括政治理论、道德理论、社会理论，至实证阶段。他认为科学是人类思考的一部分，旨在理解满足人类基本欲望，理解人类的能力、本质和条件（Comte［1970a］，pp. 165-166）。在谈到人类思考时，孔德通过静态分析认为人类社会基于某种"基本判断体系"。他将这个"基本判断体系"称为"人类精神"或"基本价值判断体系"，即"哲学"。他进一步指出，这些因素统治着人类社会的动态侧面——历史，而从这些因素与其发展的关系出发来分析历史是科学必须做的（Comte［1970b］，pp. 291-292）。孔德认为，通过这种科学方法得出的"人类理论"能为寻求系统化的通用性、抽象的理论化、理性的科学预见和实用性的科学基础的"人类社会的普遍良知"指明正确方向，防止各种实证研究与人类自然矛盾。只有在这个以人类理论为基础的人类社会的普遍良知下，人类的实证知识，即科学，才能首次形成一个具有令人满意特征的真正体系。孔德认为，只有能执行上述任务的科学，即基于实证研究的现实认知的"人类科学，或更确切地说，社会科学"，才是"实证精神构成人类社会性的真正哲学基础"，只有在这个条件下，才能确定对实践应用需求的理性预见的准确性和范围（Comte［1970a］，pp. 161-171、pp. 181-185）。

孔德承认了他自己构建的社会（科）学理论存在的局限性。他指出：（1）实证研究并不能揭示事物的起源或最终目标，而只能对现存的事物进行评价。（2）研究结果依赖于人的现实认识，即它们是基于人类的内在和外在各种条件的"相对事物"。（3）研究得出的法则、概念和理论，是因为人的思考始终依赖于个体存在的各种条件，这是一种"个人现象"，同时也是一种"社会现象"，进而是因此而产生的"人类现象"（Comte［1970a］，pp. 155-158）。因此，孔德的社会（科）学旨在找出社会现象的法则、概念和理论，但是这些研究成果仅能在可能的范围内尽量接近人类现实欲望所设定的理想极限。

考虑到孔德的社会（科）学理念，我们可以这样解读财政社会学的方法、研究对象和目标。首先，"财政社会学"这个词表达了一种强调将财政理论及其基础观念服从于直接或间接观察到的事实的思想，而不是像德国（正统派）财政学、经济人理论或者市场经济机制这样的理论，将与财政相关的事实视为绝对。这也就意味着，对于财政事实的理解，会随着不同的观察者而产生相对性。其次，先要抓住财政的现状以及社会、经济、政治等现状的相互关系这一"静态面"，然后从"动态面"出发，把握财政现象和社会的变化过程，把它们视为一种包含了某种秩序的历史流程，理解这种流程在现在和未来的历史意义，并探究财政现象和其他现象之间存在的法则、概念和理论，这就是财政社会学的任务。这种实证分析可以被看作基于财政统计和财政历史的财政历史研究。此外，这种财政历史研究和基于其产生的规律或理论的构建，目的在于依据这些理论来理解和预见未来可能发生的财政现象以及与之相关的社会、政治、经济现象，发现变化中的稳定元素，即历史特性，确定未来可能存在的事物，然后基于孔德的"人类理论"，指导人类如何更好地管理社会和财政，以实现"理性的科学预见"，并将观察到的事实还原为叙述的目标。

## 6.2.4　维柯的认识论和对"第一真理"的批判

另一方面，最受人们关注的是受熊彼特影响的维柯提出的独特的认识论命题：事物和知性的结合使得"真实的东西"和"创造出的东西"可以互换，真理的标准在于观察者"创造了那个事物本身"。① 维柯认为，所有的事物在人类之外首先存在，因为人类不包含他们想知道的事物，所以他们不能仅仅从自己内部创造出所寻求的真理。因此，他表示，基于"知识"，即"如何认识该事物产生的原理"，我们需要根据事物的存在来"认识"我们认为是真理的事情的"原因"（Vico［1988］，pp. 33-46；清水［1975］，pp. 31-34）。② 在此情境下，这种知识是基于外部的事物由我们自己"创造出来"的，而除此之外，维柯强调，人类没有其他知识。在此基础上，他认为知识及其基础上的学术方法应当根据所有的证据来构建，以最小化在前置发现过程中出现的虚假，并在此之前被教导的事物上

---

①　熊彼特自己指出："关于维柯的广泛文献中的一部分已经被许多作者为了尝试利用这位著名的人物来为他们自己背书而损害了。"（Schumpeter［1954］，p. 136）。他尖锐地批判了维柯的文献经常被便利地利用的情况。被熊彼特警告的似乎是基于这一命题的学者们的自我合理化。

②　维柯认为，人类的智慧是有限的。他们可以对事物进行思考（cogitatio——收集），但不能完全理解它们（intelligentia——完全阅读）。因此，完全理解所有事物是属于创造万物的神的理智的，对于人类来说，达到真理是不可能的（Vico［1988］，p. 33）。

进行新的自我判断，并确保"对自己来说是真实的"也对他人来说是真实的
（Vico［1987］，pp. 28-35）。

这一命题意味着维柯尊重人类的自由意志和主观性（Vico［1975］，p. 117；
Vico［1987］，pp. 161-162）。但另一方面，他认为人的自由意志和主观性可能会
导致人愚昧，使他们对自己的知识感到傲慢，为了声誉而滥用知识，转向虚假
（上村［2009］，pp. 10-15）。这种看法与他所生活的时代有深厚的联系。当时基
于心物二元论的笛卡尔的"我思故我在（第一真理）"（Descartes［1997］，
p. 46），"真理"被定位为外在和超越的，因此需要依赖数学的批判性方法——
"新批判主义"（new critical）（Vico［1987］，p. 154）来清晰地解释所有眼前的事
情。① 在第一真理下，人类可以自由地思考，不受外部任何事物的影响，因此只
有通过思考获得的自我认识才成为其思考的真假的依据，并在此基础上创造出虚
构或假设的思考对象，作为真正的认知。在维柯的时代，只有那些通过新批判法
证明的事物才被认为是"真实的"。基于这一第一真理，人们认为通过数学、物
理学和形而上学，可以获得确定的知识和真理，而笛卡尔则认为历史是怀疑的、
非实用的，可能被夸大而未准确描述的，因此被排除在知识或科学领域之外
（Descartes［1997］，pp. 13-14）。

维柯对笛卡尔的观点进行了两方面的批判。首先，他指出第一真理只是描述
人们坚信自己的观念是明确的，但这并没有为这观念的真实性提供证明，这实际
上是一种纯粹的唯我主义和独断的观念（Vico［1988］，pp. 46-54）。接下来，他
认为，若依据笛卡尔的第一真理，只寻求那些绝对确实和明确的真理，并将所有
只具有可能性的或稍有怀疑的内容都视为不真实，这样不仅会导致对现实的忽
视，还可能引起思维与实际之间的断裂，导致丧失对于状况的理解能力，并在生
活中产生适应性问题（Vico［1987］，pp. 26-44；pp. 56-58）。

此外，维柯的这种批判部分基于他对"似真"的事物的重视，除了纯粹的
"真实"之外，还有社会中普遍认为是真实的"似真"事物。他主张，社会中的
这种"似真"给出了一种"共通感觉"。这种感觉在社会各阶层、市民或国民中
被共同拥有，并形成了对社会和人类议题的主导标准，这是一种在日常生活中习
得的"非议"的"先验"的感觉，并与所有的知识有关（Vico［1975］，pp. 118-

---

① "批判主义"（critical）原本是指与真假判断有关的技巧、批判方法或教授这种方法的科目，
它指向个人的判断。

119、p. 157）。同时，他还认为这种"共通感觉"是一个理论性的知识，当人们试图基于自己的真理去说服他人时，会调整描述以适应外部环境，使说服变得更容易，这被他称为"雄辩"。维柯特别强调了在学术活动中展现这种"雄辩"的重要性，并认为人的判断应当考虑到外部的事物（Vico［1987］，pp. 26-37）。

## 6.2.5　维柯的"历史社会学—历史哲学"的研究方法与目标

维柯通过对第一真理的批判，主张建立一个以"正义"为核心，守护社会生活的"道德哲学"。在这个领域中，他特别强调了"法律哲学—国家理论—政治学"。维柯坚信，从人的自由意志中涌现出的"正义"，构成了制定"法律"的基石（Vico［1975］，p. 162）。对于他来说，"正义"意味着"人人生而平等——公平"。他还认为，为了实现这样的正义，并为社会性的生命（如人类）创造有序的社会生活，必须依赖于"衡平技术"，这种技术提供了关于法律和国家管理的知识。他将这一领域定义为道德哲学或"法律哲学-国家理论-政治学"（Vico［1987］，pp. 90-110）。

维柯深入探讨了"公平"的概念，并将其细分为两个部分：一是与市民的利益和善有关的"自然公平"，二是与国家及政治共同体的利益和善有关的"政治公平"。基于这种分类，维柯指出，那些基于"自然公平"而满足的"政治公平"可以被视为"公共善"或"公共利益"。他进一步论述，为了达到或维护这种"公共善"或"公共利益"，需要有一个明确的判断标准，即"公共理念"。并且，维柯强调，为了实现这个理念，我们需要发展一种基于"正确的国家理性"的理论体系，即"法律哲学—国家理论—政治学"。总结来说，他认为，基于"公平"的原则，人类才能在社会中建立起合适的制度和法律，而揭示这一原则的真正意义，便是道德哲学的首要职责（Vico［1975］，pp. 153 - 155；Vico［1987］，p. 120）。

为了达到这一目的，维柯采纳了由自由人实现的"人的社会本质—良心驱使下的正义—社会公平"这一"人类社会"的历史事实探索的方法。他深信人的社会本质、正义的知识和公共利益——共同善都映射在人与人之间形成和维持的社会的传统、公众的道德观念和各种制度中（Vico［1975］，pp. 52-56）。针对这一历史过程，维柯追溯到公共利益与公共善的思考，探讨从这些思维中如何建立制度，以及在这些制度下，人们如何尝试行使自由意志，以及各种事项是如何逐步发展的。他根据历史事实重新构建，目的是分析人类的发展状态、人类社会的形成和维持，以及实现社会公平所需的条件。他强调了"在可知范围内，对文明社会的形成原因进行比较研究"的重要性。通过上述方法，他细致地分析了"人类在社会中进行的必要和重要的事务"的理念，并强调这不仅是确切的"历史证明"，同时也是他根据历史事实建立自己的（道德）哲学的过程。他进一步强调了这种哲学是"历史性的哲学——人类心灵的形而上学"，并指出这一哲学将每个人独特的理性转化为"内部正义"，并依据共同的感知标准评价为"外部正义"（参见 Vico［1975］，pp. 160-168）。

因此，当结合孔德的社会学和维柯的历史哲学视角时，我们认识到财政社会学追求的"理想"实际上对应财政学的规范问题和应有的理论框架。这包括被定义为人类的道德哲学和理论，涵盖了明确界定的"自然公平——自由人的社会公平"与"政治公平—公共利益—公共福祉"的"公共准则"，进而形成了"合适的国家哲学——理想的国家构想"。财政社会学是一门基于历史事实构建其哲学和理论的学科，它在很大程度上是"历史哲学"的体现。这种历史哲学通过对过去财政及其他领域发展趋势的静态和动态分析，基于掌握的历史数据进行阐释。专门研究财政社会学的学者基于此历史哲学进行推断和论证，将其作为自己观点的支撑。他们的推断和结论旨在通过有力的论证获得公众的认同，使之成为公认的正义与真理。这种方法也为财政社会学提供了与实际状况有所偏离的理论支撑。

# 6.3　财政社会学在历史哲学中的价值与实效性

## 6.3.1　财政社会学引入财政学中的"道德科学"维度

财政学，如 G. 科尔姆（G. Colm）所述，起初是德国的官房学与古典经济学之间"特殊结合"的产物（Colm［1957］，pp. 10-11）。这种结合建立在一个政治与经济紧密相连的"家族国家"的概念之上。在这样的背景下，它研究关于资金筹集和使用的技术体系，这种研究立足于追求领主与领民间的"共同利益与财富——共同的最大利好"的官房学传统。而在此基础上，它又结合了古典经济学的观点，探讨了如财政支出、税收、公债等对国民经济的具体影响，旨在为财政提供科学依据，使财政学成为一个独立的学科领域（佐藤和关口［2019］，pp. 24-31；神野［2021］，pp. 32-45）。在此过程中，古典经济学之父史密斯在 18 世纪中叶市场经济发展迅猛的英国，构想了一种在不违背人类心理的前提下构筑市场的"道德科学（精神科学和伦理学）"或被视为"研究人类"的经济学，但财政学往往忽视了这一层面的探讨。①

我们想要强调，把"道德科学"的维度导入财政学是财政社会学被赋予的重要使命之一。② 研究财政社会学的学者们基于财政历史和统计进行深入考察。这样的考察揭示了财政及其与其他相关因子之间的互动是如何形成当前的财政和其他相关领域的状况，进一步明确了其中的因果关系。在这基础上，形成了描述该国财政历史特质的理论。在这一研究流程中，从事实中的理论导出和发现，即"发现背景"，与利用已观察到的事实进行理论验证的"验证背景"，都被纳入财政历史的研究考量中，最终形成了一个由"事实性"命题构成的理论体系。③

财政学研究者会根据其理论，对他们的财政理论、哲学以及支撑这些的道德进行调整、重塑和加强。作为财政学者，他们依赖于自己构建的理论、所基于的事实以及用于评估自己和他人行为或性格好坏的道德规范原则，来设定一个以"应该"结尾的"目标"。在政策领域，财政学者的思考和行动必须通过对他人行为和自己内心的观察来得出结论，涉及政策领域的财政学与由人类研究构建的个人规范原则紧密相连。这方面的人类研究说明了财政学者为何需要基于财政历史来进行财政社会学的研究。

这一系列的思考和行动过程的核心在于，事实、理论和规范原则三者相互结合，学者的思维在这三者之间循环不息。通过真诚、公正和客观的研究，葛德雪所描述的"与现实紧密相连的财政理论的支撑"得以实现，避免了陷入"假装价

---

① 在《牛津英语词典》中，"moral"被定义为"关于正确（right）与错误（wrong）行为原则的关心状态"，可以翻译为道德或精神。此外，赤石和井手（2015）强调了财政（社会）学作为"道德科学"的重要性。

② 例如，专门研究基于"道德科学（人类研究）"概念的经济学家思想的堂目卓生，将经济学划分为"理论领域"和"政策领域"。在"理论领域"中，基于"各种事实"形成了"各种理论"。而在"政策领域"中，基于这些理论和其基础上的事实，设定了一个以"应该"结束的命题作为"目标"。这个"应该"是基于道德规范原则，提供评价自己和他人行为或性格的善恶的标准。堂目认为，这个规范原则的领域，通过观察他人的行为和自己的内心来阐明，可以将其包括在人类研究中，进入政策领域的经济学与通过人类研究建立的个人规范原则是紧密相连的（堂目［2010］）。

③ 关于"发现背景"和"验证背景"以及科学理论的关系，请参考赖兴巴赫（Reichenbach，1954）的第 225—228 页。

值中立"的状况。财政社会学的创始人尊重人的自由意志和由此产生的思考与行为。但他们也认为，人类不能仅仅依靠内心去创新，他们需要根据实际情况来构建自己的哲学和理论。因此，即使一个哲学或理论经过深入的思考和逻辑推理，如果它没有与形成的历史现实相对照，那么它的科学价值就很容易失去，可能会与现实背道而驰。另一方面，过度的理论化可能会导致财政学与其应用背景脱节，而对事实的过度追求可能会使其沦为一个没有道德、思想和哲学根基的纯"事实学"。财政社会学为社会科学家提供了一种方法，帮助他们跨越这两个障碍。

### 6.3.2 新财政社会学出现后研究成果中的"自然科学特质"超越

从财政社会学为财政学带来的道德科学角度出发，本章所展示的财政社会学与第2章整理的新财政社会学和随后的研究积累在"科学性"上有所不同。新财政社会学的思潮一方面尝试去除学者与历史中行为主体的价值和意愿，力图通过历史唯物论科学地解释资本主义国家，这是一种"历史科学"的挑战。它的目的在于提升其理论的纯度和精度，属于新马克思主义的进一步发展。[1] 另一方面，斯考切波的"比较历史社会学"框架重视增加个案研究、案例与比较研究的结合，并通过这种方式探求国家的普遍性，达到理论的"普及"，并应用该理论进行系统和结构性的分析（Skocpol［1985］，pp. 27-28）。而继承了这两者的是历史制度论（Katznelson & Weingast［2005］，p. 12）。[2] 在此背景下，受熊彼特"财政是研究社会机构，尤其是……政治机构的最佳起点之一"（Schumpeter［1983a］，p. 12）这一描述的启示，相关研究不断积累。相关内容见第2章第2.2节整理的新财政社会学以及随后的研究积累，对实际情况的分析和解释的方法也变得更为精细化了。[3]

---

[1] 例如，普兰查斯（Nicos Poulantzas）的论著明确表述了试图将新马克思主义视为一种科学的态度（Poulantzas［1978］，pp. 184-190）。

[2] 对于新马克思主义、历史制度论和斯考切波的"新国家论"的详细整理，请参见第1章第1.1.4节。

[3] 关于这一点，最近的社会科学的方法论争议，请参考 Gartz-Mahoney（2015）、King-Cohen-Verba（2004）、George-Bennett（2013）、Pearson（2010）、Brady-Collier（2014）。尝试整合历史学的详细实证与更精细的社会理论构建来解释现实的可以参考保城（2015）。但是，这些研究和本章重视的科学观点存在一定的立场差异。

确实，基于本章的论述，财政社会学的财政历史研究方法的任务是通过财政史和财政统计等展示过去事件的历史资料，科学地进行历史实证研究，基于此构建揭示国家财政历史特性的理论，考察其历史意义，并进行科学预见。本章同时引导我们关注史料所示的特定事实，从中找出意义，并基于历史实证进行叙述，引导我们的注意力指向目标，思考并了解志向性或主观性在科学中的重要性。这些可以被重新描述为人人都拥有的"价值"或"精神"。由财政历史考察所写就的历史，既是基于事实的实证历史，又是研究者的思考及其最终找到的意义，即研究者的"现在的价值和精神的产物"，可以被视为历史上（重新）构建的哲学。在财政历史考察的过程中，财政（社会）学者们基于历史事实，（重新）塑造面对现代问题的价值和精神，包括实际和伦理的要求，人的行为动机，责任，目的和性格的考察以及其道德和政治性质的评估，这些都是重要的研究课题。①

在进行历史哲学研究过程中，重要的一点是，引导学者创作历史的精神和价值，同时也是他们个人历史和社会关系的积累和反映。这种历史性的价值和精神，在我们投向关注对象的意识（指向性）时，成为我们所持有的理论或（道德）哲学的基础。然而，如马赫和维柯所述，当构建理论和哲学时，价值和精神不能完全还原为经验性的研究，它们会在一定程度上脱离现实。再者，如果对这种内在存在无自觉，它可能会作为"伪理论"任意反映在研究和收集历史材料中，这可能会使得基于它们的事实认识沦为个人主观意愿或意识形态。②

因此，我们需要将历史实证过程与我们的价值和精神联系起来，并从现象学和知识社会学的视角明确我们的意识（指向性）及其理论和哲学前提的历史环境（生活世界）。这个过程将有助于我们了解现有的学术知识所无法解释和应对的问

---

①　例如，从维柯的历史哲学传统中，克罗齐（Benedetto Croce）和 R. 柯林伍德（Collingwood）称那些仅仅依赖文件来详细揭示历史事实的实证历史叙述为"过去的历史"或"死去的历史"，认为这些只不过是文献或记录而已。他们称历史的"真实起点"为价值和精神。只有这样，历史学家才能从文献和记录中发现意义，并描述自己的思考，这同时也是事实，作者在思考后发现了"当前的精神产物"即"当代的历史"。他们称这个当代的历史为"思考的历史"或"人性的科学"，并通过分析、解释文献中的事实及其创造者的思考，重构整个过去，进行人类思维的判别和批判，反思和理解自己的精神或理念，通过这些形成自己的价值观——当前的思考（Croce［1952］、Collingwood［1970］）。

②　关于这些问题的讨论，矶（2016）和筒井（2016）有详细的论述。

题，并在此基础上刷新、阐明、重构我们的理论和哲学前提，为解决财政和社会问题提供策略，进而形成基础历史哲学以支持各人进行学术研究的立场和逻辑。只有这样，我们才能避免陷入理论和哲学的教条主义，既能看到现实，又不会自恋地认为我们构建和依赖的理论揭示了对人类至关重要的真理，也能自我抑制，避免在"解释"的名义下滥用科学知识的后现代主义，以及由自我中心的权力欲导致的科学利用。①

在考虑以上整理的基础上，我们可以看到，新财政社会学和随后的"科学"研究积累，包括在第 3 章至第 5 章整理的财政历史分析、制度分析和国际比较分析，按照本章从葛德雪到兹尔坦的财政社会学方法研究，一方面展示科学预见，另一方面将自己的财政哲学作为根本基础内化，并修改、重建、丰富财政学的原理和财政理论，这对于构建基于财政社会学的"科学性"的财政学至关重要。以上作为历史哲学的财政社会学和基于它的财政学，与强调因果关系和机制的确定、解释的连贯性的自然（科学）主义以及价值中立性的表象有所区别，同时，它们通过将自身价值与事实对比，避免了变为"唯一正确"并将其强加于他人的"独断"，在科学"创造真理"的过程中具有重要意义。②

### 6.3.3 "主体间性"和"社会个体"的基本人性观

以上的整理，揭示了学者在从事学术活动，并在其结果基础上阐述"现实是什么"和探讨"应该是什么"时，需承担相应的责任。历史哲学的实践以学者享有从事理性活动和历史思考的自由为前提。然而，这种自由是在他人存在的背景下形成的，每个人的思考和行为产生的结果都会从外部对人类施加约束，在这样的历史思考中，历史哲学得以构建。另一方面，本章表明，科学或学术研究者内

---

① 猪木（2010）详细地探讨了将经济学作为题材的这些争论，可供参考。

② 例如，与脚注 17 有关，有一位（历史）哲学家以赛亚·伯林（Isaiah Berlin），他参加了柯林伍德的历史哲学讲座，柯林伍德向他推荐了克罗齐的《维柯的哲学》一书，伯林深入研究了维柯（森［2005］）。伯林批判将重点放在识别各种事件的因果关系，描绘基于特定模式的历史结构，重视经验模式，他认为这会导致由证据不足、事实的人为解释以及模式的强制和迫使而导致的决定论和人为历史书写。他批判了这样的历史观，这种历史观：(1) 将人类视为无知、无力的存在，被结构和社会力量统治，没有责任；(2) 倾向于只重视自然科学和物质进步的理性主义观点；(3) 在"科学性"名义下不深入探讨价值问题的"相对主义"。他指出，学者反思和重构自己的价值和精神，从而更接近现实的"主观主义"，将科学的历史研究和自然研究区分开来（Berlin［1966］）。

在的意识、观念、理论，都或多或少地充满了主观性和不确定性。即便这些观念和理论在现实中扎根，即便它们逻辑严密，如果它们与人类的社会生活、当下的生活世界和共同感知脱节，那么它们就无法成为真理。因此，为了判断某位学者所提出的"真实之物"是否为真理，作者和读者双方都需要能够"主体间（intersubjective）"① 地理解，一个学者所提出的观点是否基于历史证明，并伴有证据和逻辑关系，这是作为财政（社会）学者的责任所要求的。这个过程可以说是对基于财政社会学的财政学和财政哲学的合理性进行"评估"，并把包括其他人在内的这个学者的价值观和精神，放到科学批判的砧板上。②

如果我们将以上方法作为财政社会学及其基础理论财政学所必需的，那么我们可以认定，财政学和财政社会学均基于一种"社会个体"的人性观念。这种观念认为，人在自我与他者共同塑造的外部世界中生活，并根据自身的意愿和价值观，在其与外界互动以及受到的约束范围内，自由地思考和行动，并对外部世界产生影响。这种人性观念得到了多方面的理论支撑，如葛德雪的"方向"理念，熊彼特对近代社会和人的定义，现象学和知识社会学的问题意识，以及马赫、胡塞尔、孔德和维柯的整理。当我们接受这种人性观的时候，无论是构成社会的人们，还是进行科学研究的学者，都被认为是社会个体。在这种前提下，孔德和维柯的社会科学是在人的生活和社会运作条件的历史考察基础上建立的。他们提出了一个道德哲学，该哲学讨论了国家通过制度实现"公共利益-公共善"的原则，即"公共理由"。而且，这些原则包括观察者，也就是学者，以及与学者共同生活的其他人所持有的一些价值观和精神。然而，如马赫、胡塞尔、孔德和维柯所指出的，这些价值和精神因持有者而异。因此，我们需要通过社会关系和历史分析来考察所有人的"生活"视角下的"公共利益"，以及带来这种利益的财政制度或国家强制力的正当性的根据，即"公共理由"。这种主体间的正当性，就是

---

① 例如，K. 波普尔（Popper）主张，科学认识和声明的客观性是任何人都可以进行测试和理解的，并应能够进行"主体间性测试（inter-subjective testing）"（Popper［1971］，p. 54）。本章也重视这个"主体间性"，将其视为财政社会学或财政学要成为社会"科学"的必要条件。然而，波普尔的"反证主义"立场是从某个现有理论出发，以该理论是否能解释现实为试金石，重视通过反复修正来提高现实解释能力的科学活动。相对而言，本章认为，财政社会学和基于其的财政学必须根据自身对历史事实的理解，创造出被测试的理论及其真理性的标准和前提。在这一点上，本章的财政历史研究方法的范围更广，我认为"反证主义"和本章的立场略有不同。

② 我认为这种方法接近 M. 韦伯在社会学和经济学中提出的"价值自由"和"价值争论"的讨论（茂住［2015］，pp. 644-645）。

财政社会学及其所基于的财政学的目标。

这种社会个体具有同质性，但每个个体都以其独特的方式展现出多样性。因此，经济人或理性个体的理论并不能把经济理性作为唯一的价值标准。我们作为社会个体，拥有追求自己的"生活"的自由，这种自由是按照我们自己的价值观、精神、个性和多样性来实现的。然而，这种自由受到生存、生活、权利、尊严、价值等保障的影响。这种保障的程度是由我们与他人的关系，以及我们所处的"公共"领域的状态决定的。如果我们接受社会个体的概念，那么这个"公共"领域就是一个开放的、多元化的空间，它满足了个性以外的需求，不排除任何人，并且随着历史的变化而变化。① 我们在第3至第5章中讨论的财政历史分析、制度分析和国际比较分析，就是分析这个领域的方法。最后，通过这些方法，并基于证据进行财政历史考察，我们可以提供包含"自然公平——自由人的社会公平"的判断标准，即"公共理由"，以及追随这一原则的"正确的国家理性——国家应有的形态"的理论和基础。这就是财政社会学作为"历史社会学—历史哲学"的角色。

如果上述所述是财政社会学和财政学所关注的，那么其最终的原则可以归结为"普遍主义"②，也就是说，无论收入、性别、年龄、出生地、种族等特定属性如何，都不能正当化从"公共"领域排除特定个体。然而，社会个人具有多种属性，他们既具有同质性，也具有独特性和多样性，他们所处的环境和生活阶段各异，因此，一个人或者个体会产生各种不同的需求。因此，需要一个过程，这

---

① 对于"公"的领域性质，即"公共性"的理解，可以参考斋藤（2000）的观点。关于"公"和"私"关系的历史变化，可以参考塞内特（1991）的研究。

② 例如，井上达夫主张，"处理多个案例的平等或不平等应依赖于主体的普遍特征，而不是主体的个体性"，并主张消除由于自我与他人的自我同一性的差异而产生的歧视。他将这一主张称为正义的"普遍主义要求"（井上［1986］，p. 109），并强调"反转可能性"（井上［1999］，p. 223），即自我和他人的立场、利益、视点的全面理解。在日本的财政（社会）学领域，人们已经在收入多寡分别受益者和负担者的背景下，将对人们在收益和负担两方面平等对待的政策方式称为"普遍主义"，并与针对特定收入阶层的"筛选主义"进行对比。在这些研究积累中，前者被认为基于"地区居民的参与"和"共同负担原则"，通过"地方政府"提供的"实物补贴"来实现"生活保障"，而后者被理解为"中央政府"提供的以"现金补贴"为核心的"生存保障"或"国家最低保障"。考虑到井上的定义和本章的讨论，我们需要扩大研究范围，包括收入的多少、年龄、性别、性取向、种族、民族等个人的个性，确保所有人都通过"一套制度"被平等对待，所有人都以货币形式支付的公平税负需要被考虑。然而，即使在这种情况下，也需要注意，除了上述日本财政（社会）学的普遍主义观点之外，人的"生活"由货币表示的经济方面和非货币方面（如尊严）共同构成，作者认为我们在讨论这些问题时应注意到这一点。

个过程包括形成、审视和修改一套系统，这个系统既要包括满足个人具体特性产生的需求的"筛选主义"制度，也要包括"普遍主义"制度。这就构成了社会个体的生存基础，即"公共"领域，这个领域是由这"一套制度"① 形成的。如果由国家来管理这个领域，那么必要的公共支出和收入就会以"共同需要"的形式出现在"预算"中，这是作为"社会契约"中"纳税人的同意"的结果。这个决定试图实现的价值和在这个决定过程中的"公共"领域的讨论方式，会决定国家通过财政管理强制执行的正当性。因此，基于财政社会学的财政学需要从社会个体和公平的角度出发，提出形成这"一套制度"的各种原则和条件，以及根据这些原则和条件形成的各种制度和国家的强制性财政管理。

# 结　语

在这一章中，我们深入讨论了葛德雪、熊彼特、耶希特、兹尔坦等财政社会学者的核心问题，以及他们的哲学基础，（历史）社会学和历史哲学的理念和方法。通过对这些问题的理解和梳理，作者试图探讨财政学者为何需要进行财政社会学研究，为何其方法需要是财政历史考察，以及他们应如何实施这些方法。在这个过程中，作者着重于根据葛德雪等人的文本、前期研究、哲学基础，从作者自身视角出发，整理和探索财政社会学的问题意识和分析视角，讨论财政社会学研究的问题，分析和考察的方式，以及它与财政学的关系。

曾经有人评价说，财政社会学就像"一些财政学者步入迷宫，无法找到出口，在思想的沙漠中迷失方向⋯⋯变成了一个不知所措，可能会伤害自己的存在，被遗忘在现代"（加藤 ［1960］，p. 130）。这一章作者尝试展示自己如何步入这个"财政社会学的必要性以及其历史考察方法"的迷宫，并在思考过程中寻找出口。从作者现在认为找到的出口来看，（1）整理和吸收胡塞尔之后的现象学，谢勒或曼海姆的知识社会学，W. 狄尔泰（Dilthey）或 A. 舒茨（Schutz）的解释学和人文学，公共哲学和正义理论，需求理论等的成果，（2）在吸收了第 3 章至

---

①　K. 波兰尼（Polanyi）在一次演讲中指出，过去所有人类社会的基础，并不是存在着分别基于经济和政治动机的分离系统，而是设计了一个"一整套制度"来同时满足社会的经济和政治需求，人类社会的基础在于社会制度的统合（Polanyi ［2015］，pp. 417-418）。本章中所使用的"一整套制度"这个词汇，就是受到了波兰尼的这种表述和演讲内容的启发。

第 5 章的方法后，进行本章讨论的作为历史哲学的财政社会学研究，（3）在吸收这些成果的同时，基于第 1、2、7、8 章的视角和整理的研究积累，重新思考国家和国家财政的必要性和正当性，并重建财政（哲）学，从而发现了下一个迷宫的入口。带着本章的洞察，踏入这些迷宫，反复创造出口和找到出口的路径，这将是作者未来的工作重点。

# 第7章
# 社会为何被撕裂？
## ——从通俗道德角度看日本的"勤劳国家"

本章及第 8 章旨在从"社会规范"的角度出发，阐明财政社会学的分析有效性。首先让我们以下面的段落为线索开始本章的讨论。

"在国外，商业界的危机反而有助于商界的清扫，稳定的企业可以避免动荡，只有投机性的企业会受到影响，从而净化商界的氛围。然而在我国，并不一定总是遵循同样的轨迹，即使出现这种情况，道德上的、义侠的元素仍然活跃，商界的健康企业和不健康企业互相同情、互相救助，稳定的企业也会敢于投身于恐慌的旋涡中，投机性的企业也可以避免沉溺其中，这可能为一般商业界的景气带来一时的不信任，但整体结构却可以避免大动荡……这些特点在我国社会中产生了许多良好的影响，为社会各种机构提供了缓和的剂量，调和了冲突和摩擦，成为实际实施同胞互助美德的有力素材。"

以上摘自伊藤博文的叙述（伊藤［1970］，pp. 132-133）。伊藤认为，与国外不同的是，在日本，通过"道德上的、义侠的元素"，企业之间会共享同情心和救助情感，因此可以避免危机时的"大动荡"。这种"特质"不仅仅局限于经济问题，还能影响国家和社会的形态，成为组织间对抗的调和因素，成为同胞互助的基础。

伊藤将重视情义胜过知识的社会称为"乡党的社会"。乡党指的是因为同乡意识而形成的党派性联系。伊藤继续说道："如果想制定适合我国实际情况的宪法，考虑我社会上的这些特质是最为细致和友善的。"（伊藤［1970］，p. 134）

在创立国家基础、堪称国家之本的宪法时，考虑日本社会中的乡党性质，是至关重要的——政治思想家藤田省三将乡党社会定义为"通过共同体秩序原则结合在一起的社会"（藤田等编［1996］，p.30），而共同体秩序恰恰是特色鲜明的日本社会的重要原则之一。①

　　然而，本章的课题并不是批评重视共同体秩序的战前日本社会的前现代性，也不是强调战前村落共同体从国家权力中获得的自主性。本章并不是以村落历史研究中长期被质疑的问题为起点②，而是将"以共同体秩序为基础的社会结构"作为战后日本的出发点，并探讨这种社会结构是如何左右日本财政的。

　　关于日本的福利国家，已经积累了大量的研究。③这些研究在国际上揭示了日本财政、政治、行政和经济方面的历史和制度特点。其中当然包括了伊藤博文所言的在日本受重视的社会规范以及这些制度，但尚未有人探讨过日本福利国家和财政的历史性特征是如何塑造的。④换句话说，在日本财政和日本型福利国家中，"日本的特色"并未从历史内部解析出来，为什么这些制度和惯例性质在日本存在，这个根本性的问题也未曾受到关注。

　　在本章中，为了展示财政社会学分析的比较优势，我们将讨论传统研究历史所忽视的以上课题的探索可能性。以下将以社会规范为中心，追溯从近代国家形成时期到今天的历史，揭示日本型福利国家的特征。在此基础上，我们将重点探讨在20世纪90年代以后经济长期停滞的背景下，这些特征如何影响了日本社会，通过研究财政与社会的相互作用，来进一步讨论。

---

　　①　但是，伊藤也承认了乡党的局限，他指出由于重视情义而轻视自由讨论，地区的权威人士和行政的武断判断左右了决策，使得立宪政治变得难以实行（伊藤［1970］，p.133）。

　　②　在村落历史研究中，存在强调前近代性的观点，强调作为统治单位的方面，反过来也有强调从权力中获得自律性的观点，评价存在分歧。详细的整理见松泽（2022）的引言，特别是第11—22页。

　　③　仅举几例代表性的研究，国内有金泽（2010）、金泽编著（2008）、林（1992）、宫本（1981）等，国外有Johnson（1982）、Pempel（1982）、Calder（1988）、Campbell（1992）、Vogel（2006）、Estevez-Abe（2008）、Steinmo（2010）等。

　　④　M.普莱斯（Price）所讨论的"思想"（ideas）与社会规范有相似的韵味。思想提供了每个主体进行适当和不适当判断的解释框架。它减少了冗余的确定性，使得在危机发生时可以提供特定的解决方案，并且可以通过建立符合这些思想的新制度来解决危机（Blyth［2002］，p.11）。这里所指的"思想"是：（1）影响个体决策的可以解释的要素；（2）解释制度变化的独立变量；（3）可变的。正如后文所述，本章关注历史贯穿的社会规范问题，以及它如何影响个人决策的"特定方向"，并探讨它如何构建日本的财政结构。最后需要指出的是，本文的课题并不在于制度变化的理论化。另外，关于思想在政治中的应用，近藤（2006）进行了总结。

# 7.1  作为民族认同的通俗道德

## 7.1.1  村请制度与通俗道德[①]

将勤劳、节俭、谦逊孝顺等近代日本社会最日常的生活规范称为"通俗道德"，这一术语由安丸良夫首次提出（安丸［1999］，p. 12）。道德本来具有至高的价值，但奇怪的是，其实践与经济成功紧密相连并被强调（安丸［1999］，p. 15）。正如第 7.1.3 节中所提到的，以报德思想闻名的二宫尊德，虽然将诚信作为基础，却通过勤劳、分度（译注：节俭）和推让的实践来鼓励人们从困境中脱离（二宫［2012］）。[②]

在近世日本的地区社会中，通俗道德的坚持实践，在各种困难之中培养了具有耐心和坚韧性的人格，这些实践者也因此在其社区中确立了地位。他们努力建设自己的家庭，成为村庄或城镇中微小的有影响力的人物，影响和引导人们。他们顽强地重建了濒临衰落的家庭和村庄。通过这样的过程，在幕末至明治维新的动荡时期，从底层建立起了秩序（安丸［1999］，p. 83）。通俗道德不仅仅是理念，还在现实中散发光彩。

从制度的角度来看，以上过程的起点可以追溯到近世"村请制"这一征税方法。

讨论可以追溯到太阁检地。[③] 在太阁检地中，确定了长期以来在行政上存有问题的特定农田，并通过"村切"[④] 确定了相应的集落范围，这为藩政村的产生提供了基础（庄司［2012］，pp. 41-42）。藩政村被视为课税和征收的单位，年贡不是个人交纳，而是由村按照田赋来负担。这就是村请制，而在江户时代，整个村庄、共同体都承担着"连带责任"的纳税责任。

---

① 村请制度可翻译为村承包制，是指村庄将每年足额缴纳贡赋的义务、行政任务、管理任务和遵守领主法律法规的义务分包出去的制度。

② 由于通俗道德与经济紧密相连，导致"经济上的失败"被理解为"道德上的失败"（安丸［2013］）。这是与现代日本有关的重要议题。

③ 太阁检地是指丰臣秀吉在全国范围内进行的土地测量。

④ 村切是指太阁检地和此后的江户时代初期确定村落边界和村落范围的措施。

在考虑日本的通俗道德时，不容忽视的是，这种纳税的共同责任对于共同体秩序产生的影响。

在村请制度下，即使个别农民无法交纳年贡，村庄作为一个整体仍然需要交纳领主规定的总量。因此，无法交纳年贡的农民需要向名主、庄屋等村官借款，或者在无法偿还的情况下，村官需要替农民垫付年贡（松泽［2013］，p.48）[①]。

这对于村官来说是一个巨大的负担。因此，他们将通俗道德与经济成功相结合，呼吁通过勤劳、节约和适度才能取得实际利益。通俗道德，包括尊德，之所以在全国范围内得到接受，不仅因为它们具有说服力，还因为必须在客观情况下推广它们（安丸［1999］，pp.36-37）。

另一方面，在明治时期实施地租改革后，纳税单位从集体变为个人，基于共同体责任的秩序受到了严重动摇。

在江户时代，集落内的农民放荡不羁，生产基础受到破坏，这对于统治者和被统治者来说都是应该避免的情况。正因如此，近世领主承担了促进生产、减轻负担、救济等被称为"御救"的责任，甚至在村内，富裕的农民阶层甚至是中间百姓阶层也采取了被称为"合力"的救济措施（松泽［2013］，pp.88-90；山崎［2007］，第4章；深谷［1993］，pp.39-57）。

然而，随着课税对象变为个人，救济义务和责任减弱，共同体的一体感也减弱了。松方正义回顾地租改革的影响时表示，这是对富有几千年历史的农民土地上"最为守旧的忧虑"进行了"突破的一天"（松方［1970］，pp.224-225）。课税单元的改变实际上让近世农民身份所属的集体出现了崩溃（松泽［2013］，p.28）[②]。正是面对这种统合危机，伊藤不得不企图通过重新组织共同体秩序原则（"乡党的社会"）来重铸社会的统合。

## 7.1.2　救济助长惰民

随着地租改革的实施，人们从救济的义务中解放出来。然而，在基于勤劳和

---

① 在明治三年的浦和县《告谕志》中，除了强调自助努力的重要性外，还隐含了村落内救济常常伴随着强制的情况（松泽［2013］，pp.90-92）。

② 从财政角度来看，正如林健久所洞察的那样，在日本，地租改正的成功实际上意味着走向税收国家的建立（林［1965］，p.338）。

节俭的自助努力①上建立起来的社会中，人们是如何对待他人的救济呢? 值得关注的是，我们将探讨 1874 年明治政府制定的"恤救规则"。虽然这与后来的生活保护制度相近，但在权利处理上存在显著的差异。与此同时这一制度与当今的救济观存在着一定的延续性，具有独特的特质。

战后的生活保护制度虽然与基本人权中的生存权保障相结合，而"恤救规则"强调了"救济贫困和窘迫应该基于人民之间的互助和情谊"的前提。根据这一规则，仅限于极度贫困的单身老人、残疾人、病患和未成年儿童等如果不给予保护可能丧生的人，才能获得一定数量的粮食（后来变为现金）救助，而有劳动能力或有亲属支持的人则不被允许获得救助。

这种严格限制的背后，是由于经济情况所决定的富国强兵政策，即将预算分配给军备和工业发展（吉田［1960］，p. 61）。根据"累年官金救济表"的数据，在最高峰时期，受救助的人数仅为 15 204 人。1886 年，政府将事务委托给府县，根据精密调查，发布了减少官方救助的命令，因此可以认为救助范围相当有限（吉田［1960］，pp. 87-90））。②

另一方面，从社会规范的角度来看，更值得关注的是当时广泛共享的"惰民观"。明治政府将不工作的人视为"惰民"，试图将贫困问题视为个人素质问题，而非社会问题。

围绕"恤救规则"的争论焦点在于是否进行救助。内务官员井上友一提到，当时的内务大臣大久保利通担心"助长惰民"和"滥施救济"，要求废止该法案。他在向地方长官解释恤救规则时说，"滥施救济导致助长惰民的弊病"（井上［1909］，pp. 168-169）。

将救济与"惰民观"直接联系起来的思维在明治时期的贫民救济讨论中占主导地位。例如，政府在 1890 年提出的"穷民救助法案"虽然是一项规定政府救济义务的重要法案，但大多数人认为救济会伴随各种弊端，认为将其委托给邻保互助没有问题的观点占据了主流，法案很快被否决了（山崎［1982］，pp. 175-179）。

---

①　和福泽藤吉的《劝学篇》一样，明治时代的畅销书之一是《西国立志编》。这本书是 S. 斯迈尔斯（Smiles）的《自助》（self-help）的翻译本，可以了解当时从共同体内部的"强制救济"中解放出来的人们的心态。

②　虽然没有明确的数字根据，但在 1902 年第 16 届议会上，立宪政友会的安藤龟太郎等人声称，没有亲属支持的"无依窘民"达到 15 万至 16 万人（副田［2007］，p. 354）。

总之，在现代国家的形成过程中，自助努力和个人责任是基本前提。救济被视为私人慈善活动，不应依赖政府的救助。这种思想背后形成了儒家在庶民道德中强调的"通过勤劳实现自力更生的道德观，也就是传统的'惰民观'"（池田[1986]，p. 166）。

自助作为出发点，共助作为补充，仅对没有亲属支持的极度贫困人群提供公共援助。政府没有保障国民生存的义务，也不承认获得保护的权利。尽管与战后的生活保护制度有差异，但涉及人类生存直接关系的公助、共助和自助的角色分工序列仍然延续至今。

### 7.1.3　与欧美的分歧——作为官方国家运动的地方改良运动

勤奋工作和节俭被视为社会美德，不管在哪个国家都可能是一种普遍现象。例如，本杰明·富兰克林（Benjamin Franklin）引用了"穷理查年鉴"并表示"上帝会帮助那些自助的人"；马克斯·韦伯也提到了富兰克林所阐述的伦理观念，强调了适应资本主义特征的生活态度和职业观念（Franklin[1957]，p. 320；Weber[1989]，第1章[2]）。

然而，当关注这种与一般趋势的偏离以及在这种趋势中各国的差异时，可以看出在日本，通俗道德失去了其通俗性，国家理念被提升到了国民应有的高度。

为了遏制1908年日俄战争后社会主义思想的传播，以天皇名义发布了一份劝诫国民日常生活方式的诏书[1]，即所谓的戊申诏书，内容为："应当上下一心，忠实工作，勤俭治产，信仰义理，陶冶品德，远离虚华，切实奉行，抑制怠惰，自强不息。"也就是说，要求全体国民共同努力，忠实地履行各自的职责，勤奋工作，节俭经营（即勤俭），这是天皇的意愿。[2]

诏书的主要起草人是井上友一、水野练太郎等内务官僚，以及次官一木喜德郎。当时的内务省甚至被称为"报德内务省"，据说受到尊德思想的强烈影响（石田[1954]，pp. 188-190）。特别是，一木的父亲冈田良一郎是尊德的弟子，后来成为大日本报德社的社长，可以说他是尊德流通俗道德的典型代表。

---

①　政府厌恶社会主义思想，在明治时期甚至很少使用"社会"这个词（富江[2007]，p. 82）。
②　顺便提一下，这份诏书与教育勒词一同被认为是明治时期国民教化的两大诏令，又被称为"勤俭诏书"。

一木以诏书明示了"与当今经济状况和道德状况相契合的道德准则"（洼田［1989］，pp. 8-9）。日本社会在日俄战争后备受摧残，鼓励无欲的美德在道德上存在一定的局限。出于这样的考虑，一木奠基于道德实践与经济发展相结合的逻辑，尝试通过通俗道德来重新建构社会。尊德的教诲主张道德实践与经济的紧密联系，被明确地置于国家组织原则之中，这即是诏书所阐明的。①

随后，一木等人于 1905 年成立了报德会，在 1912 年将其改名为中央报德会，并开展了诏书理念的传播活动。这即是所谓的地方改良运动。② 中央报德会由官僚、实业家、学者等多元成员组成，成为演讲会等活动的主体，同时在机关刊物《斯民》中，内务官僚们积极撰写文章，逐渐将尊德流的"道德准则"推广开来。

然而，对于他们而言，弘扬劳动与节俭的美德并非唯一目标（稻永［2016］，pp. 64-65、pp. 237-238）。首先，类似于乡党的社会理念，他们通过合作理念寻求相互扶助来解决地方问题，这被认为可成为抵御社会主义的一道防线。③ 同时，鉴于日俄战后严峻的财政状况，他们还将共助作为政府减轻负担的一种手段，从而寻求通过合作来解决问题。④ 可以说，新的"道德准则"，成为实现"社会重建"和"财政重建"的关键概念。


## 7.1.4　政策中的通俗道德动员

正如前文所述，通俗道德不仅是一种通常的、世俗的规范，还被国家引导成"国民应有之形象"的替代物，同时也成为社会整合的关键。而且，它不仅在思

---

① 内村鉴三在一次演讲中将尊德的《报德记》比作"读基督教的圣经一样的思想"，并在讨论"代表性日本人"的时候提到，尊德身上流淌着"清教徒的血液"，这一点非常有意思。从国际比较的角度来看，日本的通俗道德和受到基督教影响的国家，在各自国家的财政方面产生了什么样的影响，是一个重要的课题。

② 关于地方改良运动，暂且参考宫地（1973）、大岛（1968）、石田（1954）等先驱性研究。

③ 当时的情况是，1908 年赤旗事件导致西园寺公望内阁总辞职，两年后发生大逆事件（译注：1910 年［明治四十三年］，一些社会主义者和无政府主义者因涉嫌密谋暗杀明治天皇而被捕）。针对前文提到的日本特点，伊藤指出"对社会主义思想的渗透形成将来坚强的障碍"（伊藤［1970］，pp. 132-133）。

④ 1908 年，内务省发出了似乎是由井上友一起草的通牒，自那以后，根据恤救规则获得救济的人数大幅减少（副田［2007］，p. 355）。地方改良运动一方面旨在减少公助，同时也旨在依靠共助的方式解决相关问题提供社会基础。

想和观念层面发挥作用，还通过具体制度化，在财政领域占据了重要地位。

1874 年，为了设立针对中下层人群的小额储蓄机构，颁布了后来成为邮政储蓄制度的"储金托管规则"。然而，由于储蓄利率低于市中利率，最初这一制度并未广泛普及。突破这一困境的契机出现在 1898 年，大藏大臣井上馨发布了有关鼓励储蓄的通知。井上强调，节省不必要的消费、为未来做准备，不仅在国家经济层面，对国民也都具有重要利益（田中［2018］，第 2 章）。①

与个人储备同时，个人储蓄作为财政政策资金来源的角色逐渐凸显，这一趋势迅速加强。尊德所使用的"勤俭储蓄"一词传遍全国农村，而内务省则以"勤俭力行"为题，强调："勤俭力行的要点，在于通过勤劳工作积累剩余资金……通过相互一致协作，鼓励勤劳和储蓄，这是引导一般风气前进的最显著方法。而且，将所有这些贡献投入战时服务的资金，或作为时局纪念的集体公益捐赠，可以说是最能发挥公共精神的方式"（内务省地方局编［1907］，p. 211）。

在将国民储蓄与通俗道德实践和服务精神相结合的同时，将其转化为财政来源，这一趋势通过在大藏省内设立"预金（储蓄）局"而得以制度化（大藏省财政金融研究所财政史室编［1998］，pp. 254-256）。创立于 1885 年的"预金规则"中就包含了预金局的设立，并把预金部资金放入国库账户科目中。这种预金局的资金后来被称为预金部资金，逐渐与战后财政投融资的资金运用部连接起来。

将少额储蓄集中于国库，并安全有效地运用这些资金，形成了相应体制。在日俄战前，预金部资金约为 2 000 万日元，而在 1906 年达到 6 793 万日元，在1908 年达到 1 亿 1 245 万日元，至明治末年储蓄金超过了 2 亿日元（财务省财政金融研究所财政史室编［1998］，pp. 471-473）。用途也变得多样。在日俄战前，资金主要投资于国债，而战后也被用于向地方自治体提供低息贷款，向特殊银行和特殊公司提供经营资金。这是财政投融资相关体制的雏形，同时这也是在与通俗道德紧密相连的基础上逐渐形成的。

## 7.1.5 作为连带责任的社会连带

在通俗道德的实践者形象与懒惰者形象形成对比的同时，出现了一系列关于

---

① 即便是在 1900 年松方正义提出的"鼓励储蓄论"中，也提到了"储蓄是通过停止国民非生产性的消费，来创造生产性资本的途径"（田中［2018］，p. 35）。

制度改革的讨论。虽然有一些小的改革得以实现，但批评声音认为，救助措施会助长寄生态势，增加贫民人数，给国家财政带来巨大负担，这些批评阻碍了彻底的制度改革（富江［2007］，p. 77；吉田［2004］，第 9 章）。

与此同时，到了大正民主主义时期，出现了一个观点，认为不应该将贫困层次的救助责任完全推给社会群体。这一观点的主要倡导者是内务省社会局的田子一民。田子在运用"社会连带"这个当时的学术术语时，强调了社会应对贫困负有"连带责任"。他认为，家庭内并不存在"慈善"的观念，重要的是"我们的社会"的理念。为了消除某些部分的痛苦，其他部分必然会自然而然地共同承担这一责任（田子［1982］，pp. 14-16）。

田子的论述不同于明治时期提出的慈善观，也不同于通过共助来实现救助的方式，而是将贫困视为"社会连带问题"，超越了以往的救济和防贫①讨论。然而，这一观点也存在一些局限。田子认为，个人的自由和权利需要强大的权力机构——国家来保护。结果是，尽管最初是从个人的自由和权利出发，讨论的焦点却转向了国家与个人之间的义务关系（黑川［1998］，p. 203）。

在现实中，强调的不再是个人的自由和权利，而是接受救助所必需的条件，以及个人在社会中应承担的责任和义务。

20 世纪 20 年代的社会连带理论与我们想象的不同，个人和国家都被还原为整个社会的一部分，强调的是个人和国家之间的"相互责任"。讨论中强调了"弱者也必须履行作为弱者的最佳责任义务"的重要性，生存权也被认为是"每个人对社会负有责任义务的发展"，"生存不是权利，而是义务"。② 生存保障问题不再仅仅是个人的权利，而是国民责任的先导，作为国民的责任被强调（富江［2007］，pp. 91-97）。

### 7.1.6　通俗道德升华为国民典范

在强调国家义务之前，将国民的义务摆在前面的逻辑在日中战争到亚洲-太

---

① 与救济不同，防贫的思想建立在"早期治疗并使其工作对社会有益"的基础上，是以"人民的自助意识为基础进行构建"的（洼田［1899］，p. 4）。此外，还需结合后文所述的池田勇人的叙述。

② 安德烈·纪德（André Paul Guillaume Gide）和莱昂·布尔茹瓦（Léon Victor Auguste Bourgeois）的翻译本中，法语单词"solidarite"并不被翻译为"连带"，而是翻译为"连带责任"。即使在今天的广辞苑（译注：日本国语辞典）中，也提到了"solidarite"的第二个意义是"两人或更多人联合承担同等责任去从事某项事务"。

平洋战争期间得到了充分展开。作为一个例子，我们可以回顾先前提到的鼓励储蓄。

随着日中战争的趋于长期，1938 年 4 月，储蓄奖励运动得到了内阁的批准。战时需要资金扩大生产，同时也需要资金来偿还国债。此外，如果消费活动过于活跃，物价将上涨，会导致军需物资出现短缺。为了应对这些问题，国家决定通过鼓励国民储蓄来遏制消费，将集资资金引导至生产力的提高与国债的偿还上（大藏省百年史编辑室编 ［1969］，pp. 106-109）。

将储蓄纳入国家经济政策的框架，从某种程度上与明治时期井上馨等人的政策思想相呼应。然而，正如“汗水是枪杆子的润滑油”“浪费是敌人”“没有储蓄就没有胜利”等国家标语所象征的那样，在“国家精神总动员运动”的背景下，劳动和节约被直接视为“义务”，这与井上等人的理念相比，完全不在一个层面上。劳动、节约和储蓄被视为创造“战时奉公之资”的体现，证明了“发扬公共心”的重要性，日俄战争前后，这种观念被重新定位为具有法律依据的国家方针。[1]

这种通俗道德在战争延长、社会重组的总动员体制下，以“皇国劳动观”为基础，得以实现（法政大学大原社会问题研究所的榎编 ［2018］、佐口 ［1991］）。

在 1940 年 11 月内阁通过的“建立勤劳新体制纲要”中，劳动被定义为“皇国公民的奉献活动，应在其中高度体现其国家性、个性和生产力”。勤劳被视为皇国公民对皇国的责任和荣誉，要求每个人在其职责领域充分发挥效率，遵循秩序，重视服从，共同推动产业效率，要求全人格的创新和自发性。[2]

为了全力推行战争，国家必须否定自由主义市场经济，同时将勤劳、节约等通俗道德从个人自律的手段，转变为推动战争实施和生产力提升的力量。每个人的通俗道德实践，从追求家庭生存和个人发展的目标，逐渐升华为通向以实现战争为目的的国民典范。勤劳、节约、合作等社会规范在历史的各个阶段，如地方改良运动、社会连带论、总动员体制中得以重新铸造，成为新的国家认同的象征。

---

[1]  当政府在呼吁时指出：“道德上看，此时虽有人牺牲生命，也有人收入减少，但收入增加者挥霍浪费的行为令人无法理解。”（国民储蓄奖励局 ［1938］，p. 22）这表明政府对国民经济活动的“指导”态度是非常明确的。

[2]  作为厚生官僚的可知博一传达了相同宗旨：“勤劳不是某种手段，而是目的；不是他人强迫，而是自发的；是注入全人格的特质；具有荣誉感和欢乐感。”（可知 ［1944］，p. 14）

## 7.2　勤劳国家的诞生及其机制

### 7.2.1　以生存权为前提的勤劳义务

对于被国家调动并持续被要求奉献的国民而言，那种被称为通俗道德的责任与荣誉，应该被认为是一种痛苦记忆的象征。然而，在作为战后民主主义起点的日本国宪法中，这种社会规范再次呈现。宪法第 27 条第 1 款规定："所有国民享有勤劳的权利，也负有勤劳的义务。"这里所指的并不仅是劳动或就业，而是勤勉工作的方式，即通过勤奋工作来维持生计。那么，我们应该如何理解这一条款？

让我们来看一下由松本悉治担任主席的"宪法问题调查委员会"（以下简称委员会）的会议记录。① 我们特别关注的是勤劳义务与生存权之间的关系。提出勤劳义务这一条文的是学者河村又助，他后来成为首位最高法院法官。虽然无法确认发言者的身份，但会议记录中解释道，这项提案的目的是："即勤劳并不是为了国家，而是基于不可'不劳动者不得食'的思想。因此那些有意愿劳动的劳动者应获得保障自己的生存权。"（宪法问题调查委员会第七调查会议记录）

上述讨论在三个方面都非常重要。

首先，从会议记录可以看出，河村的提案将勤劳义务视为"代替兵役义务的义务"，并且这是"包含精神和身体两个方面意义"的。背后有右翼希望提供一种替代兵役义务的国民形象，以及左翼希望将臣民转化为劳动者（勤劳者）的一致愿望（商濑［2011］，pp. 114-115）。在这一点上，政治志向中的上位与下位的政治志向，旨在展示之前的"应有国民"，在战后依然在政府内部共享。

其次，宪法第 25 条规定"所有国民享有健康、文化的最低限度生活权利"，而这一生存权被与勤劳义务联系在一起进行讨论。尽管生存权是基本人权之一，但"有意愿劳动的人应获得保障生存权"，也就是说，义务在权利之前，这种逻辑结构与战前社会连带论中"弱者也有义务尽力履行最佳的义务责任"的理念是

---

① 会议记录 https://www.ndl.go.jp/constitution/shiryo/02/002 _ 24shoshi.html（2022 年 7 月 23 日）。

一致的，因此，"生存不是权利而是义务"的观点与战前的社会连带论相同。

最后，作为"不劳动者不得食的思维转向"的表现。在 1936 年制定的苏联社会主义共和国宪法中，有一条规定："劳动是遵循'不劳动者不得食'原则的义务。"然而，在这里，"不劳动者"通常指的是"富人"，而不只是"懒人"。这条规定旨在将那些生活优渥但不从事劳动的富人和贵族，送进监狱或强迫劳动。

委员会讨论了一个相关问题的提案，该问题是是否应将"有劳动权，承担义务"的表述进行现代化。然而，也有人担心这种表述可能会引发"实际问题，即未来的日本可能面临失业问题，将这种规定写入宪法可能得出不可实现的结论"。① 从这次讨论可以看出，与列宁类似的表述可能更多地考虑了"贫困阶层"而不是"富人"。将这与前面提到的第二个议题联系在一起，一种日本独有的通俗道德观浮现出来，即在贫困中不从事劳动的人，也就是"惰民"，其生存权可以不受保障。

这些讨论最终导致了河村的提案成为宪法第 27 条。然而，我们是否可以将一次委员会的讨论，特别是在战后不久、仅限于少数委员的讨论，推广为日本社会的价值观，这个问题并不容易回答。在这里，我想提供一下曾在委员会中担任委员，并在东京大学教授宪法学的宫泽俊义的观点。②

宫泽在与生活保障相关的讨论中提出了以下观点："怠于利用可能用于维持最低生活水平的资产和其他一切"者是"不履行'勤劳义务'的人，国家对其生存权不负有保障责任。"宫泽［1978］，pp. 278-279）即使是在战后日本的宪法学中扮演重要角色的宫泽，也将勤劳义务视为保障生存权的前提条件。这揭示了日本社会中深厚的通俗道德基础，同时这些社会规范实际上也限制了战后日本的财政政策。

## 7. 2. 2　20%规则的政策判断

日本福利国家的形成阶段可以追溯到 20 世纪 60 年代上半叶，当时全民健康

---

① 　针对上述担忧，也有反对意见认为，即使某些事情无法实现，作为国家的最高方针，也有必要提出，如果要进行修正，就必须积极行动，因为处于一种必须积极克服的局势。会议记录中记载着这种反对意见，称会议主导的氛围是"必须采取更积极的态度"。

② 　顺便提一下，下面引用的文献是撰写于 1955 年、截至 1976 年已经出版了 35 版的全面修订教科书。1975 年由宫泽本人进行了修订，宫泽去世后，于 1978 年由芦部信喜进行了补订出版。从这个意义上说，至少在 70 年代后期，这本书可以被视为普遍的宪法学解释（宫泽［1978］，p. 9）。

保险和全民养老金制度已经实现。观察这一时期，可以发现战前日本政策所受的通俗道德影响，在保守政治的框架下，延续至战后。

为了验证这一点，让我们观察一下前首相池田勇人的叙述。池田曾表示，相对于"将国家资金投入福利行政"，更根本的国家努力应该是"将国民经济保持在稳定状态"。在这一背景下，他提出了两大支柱：一是通过公共工程来提高劳动效率和生产力，二是通过所得减税来调整劳动者的税负。他认为，"只有国民辛勤工作、努力提高劳动产出，国民收入才能增加"，而"资本的积累实际上在于每个国民的勤劳和节约"（池田［1999］，p. l60、p. 90、p. 131、p. 164）。

公共项目和所得减税正是从池田政府时期延续至 20 世纪 90 年代的两大政策支柱。这一政策制度上的关键在于国民收入倍增计划中的"20% 规则"（大藏省财政史室编［1994］，p. 505）。"20% 规则"是在池田的强烈意愿下，由税制调查会在中期报告中首次提出的方针，其中包括了"暂时将税负率维持在现状（按照1960 年度初始预算基准计算的国民收入负担率 20.5%）不变"的表述。这一表述随后被纳入了国民收入倍增计划，并逐渐成为政策判断的重要标准。①

这一政策规则是通过所得减税，即通常所称的物价调整减税，来减轻因通货膨胀而增加的负担。② 根据当时的财政法第 4 条规定，原则上不发行国债。因此，将税收与国民收入的一定比例联系在一起，意味着通过每年的减税来限制财政规模的增长。③ 强烈的减税倡导导致了"20% 规则"的制定，这进一步促使政府不再采取提供生活保障的财政政策，而是通过返还税款的方式，让个人在市场上自主购买服务，自负责任。

然而，如果将一般会计预算限制在一定水平，可能会导致无法满足必要需求的问题。为解决这个问题，同时也是为了鼓励储蓄，从战前已有雏形的财政投融资出发进行发展。在 1960 年到 1970 年的十年间，尽管一般会计支出增加了 5倍，但财政投融资在经济波动中不断变化，最终增加了 6 倍。此外，财政投融资

---

① 　然而，所提及的"20%"这一数字，并没有具备超越维持现状的经济依据（佐藤和宫岛［1979］，p. 99）。

② 　在 1962 年的税制改革讨论中，自民党提出了每年进行所得减税的必要性问题。鉴于米价上涨，讨论了为抑制消费者价格而提供补助金的问题，但最终被确定为了防止通货膨胀带来的税负增加而进行的减税措施（平田和忠和泉编［1979］，pp. 601-602）。

③ 　尽管实际上已经转向了管理货币制度，但在军费膨胀压力下，大藏省采用了将预算总额抑制在不引发"恶性通货膨胀"的规模的策略。这一传统在战后仍然被用于应对通货膨胀的担忧。详见井手（2006）第 4 章以及井手（2012）第 1 章第 2 章。

占一般会计预算的比例也从 35.9% 增加到了 46.4%（大藏省财政史室编
[1998]，p. 151、p. 279、p. 395）。①

一般会计预算与财政投融资计划的关键区别在于，后者并不依赖税收，而是
以邮政储蓄等作为资金来源。由于是负债，所以资金只能通过投融资方式来运
用，而非发放。因此，财政投融资的增加并不用于增加社会保障支出，而是用于
扩大公共投资的分配。

这些政策选择明确地指导了预算内容。以反映所得倍增计划的 1961 年度预
算为例（大藏省财政史室编 [1998]，p. 168、p. 404）。在前一年预算增加的 4
479 亿日元中，648 亿日元用于减税，686 亿日元用于公共事业，这两项开支占总
额的约 30%。此外，财政投融资方面，住房、生活环境改善和基础设施建设占了
总额的约 54.5%，其中大部分资金用于中小企业、农林渔业等与社会保障无关的
领域。

与 20 世纪 60 年代后期的主要欧洲国家不同，这些国家在充分利用自然增收
的同时，强化了教育、育儿、医疗、护理、残障者福祉和住房等领域的公共保
障。而在日本，基于勤劳和节约的自我责任原则，通过"减税给勤劳者返还资
金""公共工程创造就业机会"以及"剩余现金支付"来实现这一目标。战后日
本式福利国家的初步构想是以通俗道德为基础所勾勒出的。

### 7.2.3 "勤劳国家"实现强大社会整合

上述以自我责任为前提的日本式福利国家框架成功实现了良好的利益分配和
社会整合。其运行机制可以通过以下来说明：首先，高速经济增长导致收入增
加，再加上累进税制，自然地增加了税收收入，然后通过所得减税将这些税款返
还给劳动者。他们将一部分收入变为储蓄以备未来之需。日本的储蓄率与意大利
齐名，在发达国家中居高不下。② 劳动者通过努力和节俭所积累的储蓄，被用于

---

① 与一般会计事先确定预算总框架，包括复活协商在内不同，财政投融资因为无法在每个时
期都提前做出示范，存在制度运作上的差异。因此，在复活协商中会进行增额调整（大藏省大臣官房
资料统计管理官 [1968]，p. 30）。

② 后来担任财务省事务次官的谷村裕的回顾引人深思。"有时从外部传来一些质疑我国储蓄率
高的声音，但失去储蓄意识的国民将走向亡国。储蓄是每个人的生活方式问题……选择何种生活方式
是个人的自由，同时也是个人的责任。社会保障首先要建立在个人责任的基础上。"（谷村 [1988]，
pp. 49-50）。

购买住房、教育、育儿、保育、养老以及护理等服务。

这些收入和储蓄的持续增长构建了"男性主导收入模型"(大泽［2007］,p. 10)的基础。此外,公共投资创造了乡村的就业机会和兼职工作,从而减缓了人口向城市的流动。① 前者通过女性在家庭内的劳动替代了其他先进国家政府提供的服务②,后者通过自卫、消防、道路、水源和森林管理等服务,减轻了社区的压力。所有这些举措都成为维持小政府的前提条件。

丰富的储蓄以两种方式支持日本经济。一种是通过金融机构向企业提供设备投资贷款,另一种是通过邮政储蓄为财政投融资提供资金。减税和公共工程具有刺激经济的效果,但随着积极的设备投资和财政投资的增加,这种效果会更加显著,从而推动更大规模的增长。丰富的税收将成为未来减税的来源,使劳动者能够通过自我责任来维护自身的生活。

这一切创造了良性循环。值得强调的是,通过所得减税返还给劳动者资金以及通过公共投资确保劳动机会,这些构成支柱的政策方案在两个层面上实现了社会契约的可能性。

首先,公共事业所支撑的就业和收入,将低收入群体从依赖公共援助的接受者转变为劳动者和纳税人。他们不再是施舍的对象,而被视为承担道德责任的个体。不断扩大的地方公共事业有助于减少地区之间的收入差距和财政实力差距,这种再分配政策的基础是基础设施建设刺激经济的效应,以及低收入群体所承担的道德责任。

其次,源泉扣缴税款的50%集中在东京、大阪和爱知,这可以推断出(国税厅"国税厅统计年报"),所得减税减轻了都市中产阶层的重税感受。在1962年有关"税负(减税方面)"的民意调查中,表示税负在减轻的占10%,表示税负在加重的占40%,表示税负没有变化的占31%。然而,在1971年的"税金相关民意调查"中,表示税负非常痛苦的占18.7%,表示税负虽然痛苦但无关紧要的占28.9%,表示税负并不是很痛苦的占41.6%,表示根本不痛苦的占6%。通过公共项目来维系的地方和面向低收入群体的分配与所得减税的都市中产阶层受益

———————

① 进入20世纪60年代后半期,地方公共投资的比重开始超过城市公共投资,伴随这一趋势,人口流向大城市地区的趋势逐渐得到遏制。

② 这背后的原因是,日本传统家庭以直系家庭为主,自营业户为主要户型,这些因素限定了有配偶女性的工作方式。在高度经济增长时期,自营业户逐渐转向劳动者户型,而政府未能捍卫女性权益(参考斋藤［2013］)。

形成了一套完美的组合。

上述利益分配是否纯属偶然？答案不得而知，但至少可以肯定的是，池田可能事先已经考虑了这种资金循环机制。池田曾这样说："我更倾向于在一定程度上改变以税金作为财政投资资金来源的传统方式，相反，通过减税来进一步增加私人储蓄，将这些资源用于财政投资，侧重于促进私人积累。"（池田［1999］，p. 93）。

考虑到上述观点在 1952 年阶段已经提出，可以说池田的目标最终基本上得到了实现。大藏官僚吉国二郎的回顾也暗示了这一点："有人说与西欧国家相比，日本国民所得的税负占比要比这些国家低 10% 或 15%，但事实上，我们增加了自愿储蓄。"换句话说，"减税增加了储蓄，同时促进了资本形成，推动了高度增长"（平田和忠和泉编［1979］，p. 602）。

这样，减税和公共事业建立了勤劳、节俭、储蓄，即自助努力的基础，创造了成长促成更多成长的机制，同时，通过这种方式，城市和农村、中产阶级和低收入群体之间实现了共识。确实，这正是"勤劳国家"（Industrious State）的根本（Ide［2018］）。日本福利国家确实是建立在通俗道德作为国家认同的基础上。①

### 7.2.4　什么是日本式福祉社会

当然，如果没有经济增长，上述的资金循环和利益分配便无法成立。无论是哪种福利国家，经济增长都是其财政基础所在。然而，如果个人责任的领域较为广泛，经济增长的减缓必然会直接冲击人们的生活。② 这种担忧最终成为现实。石油危机之后，高经济增长率无法持续，政府不得不加大国债发行，以承担经济增长的引擎角色。

然而，历史的进程总是曲折多变的。田中角荣带着"改造日本列岛"的理念上台，以大规模的公共工程而闻名。与此同时，他还实现了每月 50 000 日元的养老金和老年医疗的免费化。1973 年是日本的"福祉元年"。至少在当时，欧洲式

---

①　在 1969 年的"关于晚年生活的世意调查"中，对于问题"你认为谁应承担晚年生活的责任"，只有 14.9% 的人回答是国家（整个社会）。此外，对于问题"你认为在九年后你是否需要有足够的财产和收入，而不需要依赖子女或其他人的照顾来维持生活"，只有 6.4% 的人回答是不需要。

②　在经济高度增长时期，日本的社会保障福利支出水平在主要先进国中处于最低水平（胜俣［1992］）。

福利国家的建设可能性并不为零。然而,在石油危机的次年,也就是 1974 年,田中政权实施了被称为"2 兆日元减税"的前所未有的所得减税①,而福田赳夫政权则制定了实现实际 7% 增长的国际公约,并大幅度增加了公共工程。因此,自从 1975 年度的修正预算开始,赤字国债的发行规模大幅增加(井手[2017])。

面对财政紧急状态,大平正芳内阁于 1978 年 12 月成立,试图追求财政健全化。② 大平提出了"日本式福利社会"的构想,在第 87 届国会的施政方针演讲中表示:"在保护日本人的自立自助精神、充满同情心的人际关系以及互助合作机制的基础上,我们将努力构建一个公正而富有活力的日本式福利社会。"

在追求财政健全化的同时,也鼓励个人自助的努力,加强家庭和邻里之间的相互扶助。对于大平的这一政策方案,我们应该如何评价呢?

首先需要确认的是,大平的思想中明确包含了自我责任的逻辑。在他年轻时所著的一本书中,尽管标题是《廉价政府》,但他却这样表达:"如果人们认为不务正业也能吃上饭,能够逃避因为生病的责任,那么国民的活力和自我责任感就会减退。"他感叹道:"只有不断坚持自我责任原则,只有到了极限的情况下,社会化才开始发挥作用。"(大平[1953])

公助仅仅是对自助的一种补充。为了将这两者联系在一起,日本型福祉社会理论强调的是"家庭基础的充实"③。大平认为,恢复传统的家庭价值观是重建日本社会美德的关键。然而,他并未仅仅停留在家庭赞美上,更进一步地提出,"老人的扶养本来应该由家庭而不是国家负责","必须创造出在经济和社会制度上能够充分吸收不足之处的家庭能力"(大平正芳纪念财团编[1996],第 5 部[11])。

政府将一部分社会保障责任转移到家庭的意图非常明确,至少在逻辑上,家庭基础的充实与财政健全是一致的。④ 大平的思想中蕴含着与战前的"乡党社

---

①　大藏省主税局当然预计会减少收入。然而,石油危机和 2 兆日元的所得减税同时实施的法人增税产生了叠加效应,导致了超出预期的减收。这在 1974 年度的追加预算和 1975 年度的预算中造成了巨大的财政赤字(井手[2017],pp. 26-27)。

②　大平正芳在担任财务大臣的昭和五十年度追加预算中,重新恢复了发行赤字国债的做法,对此他感到遗憾。当时担任他秘书官的小粥正己回顾道:"可以肯定的是,大平总理当时决心解决这个问题,希望能在自己的政权下解决这个课题。"(大平正芳纪念财团编[2000])。

③　据曾任大平内阁首席副官的长富祐一郎回忆,田园都市构想和家庭基盘充实最初是同一个范畴,但自民党方面提出了"将'家庭基盘'作为单独的项目进行"的要求,于是这两者被区分开来(大平正芳纪念财团编[2000])。

④　同时,诸如继承税、住房、养老金等政策被定位为充实家庭基盘的途径(大平正芳纪念财团编[1996],第 5 部[11])。

会"和"惰民观"相同的逻辑。自明治时期的恤救规则开始，政府就一再强调公助＜互助＜自助的逻辑。救济被认为会破坏自助努力的精神，助长"懒民"，地方改良运动展示了财政重建和社会重建可以共存的逻辑。

值得注意的是，大平的日本式福祉社会理论基于战前的通俗道德观，因此这不仅仅是大平个人思想的表现。在大平病倒后，铃木善幸政府实施了"无增税财政重建"路线，中曾根康弘政府也将行政改革作为政治议题，但大平所指出的思想方向在之后的保守政治中仍然保持着活力。

虽然铃木本人对大平的日本型福祉社会理论没有特别关注，但在第 95 届国会的信任声明中，他呼吁实现"充满活力的福祉社会"。到底什么是"充满活力的福祉社会"呢？答案在第 2 次临时行政调查委员会的建议中："充满活力的福祉社会是基于国民自立自助的原则和创新精神而存在的社会。"

与铃木不同，中曾根对大平的社会观念具有相当的共鸣。① 在第 97 届国会的信任声明中，中曾根也提到了"以家庭为中心的福祉"，称其为"国民各位根据自立自助的精神，在相互合作中履行各自的责任，是推动政治顺利前进的动力"。不管是否对大平的思想有兴趣，保守派政治家们都共享着以自立自助为原则的类似社会观念。

到了 20 世纪 80 年代后期，泡沫经济带来的税收增加一度暂时解放了日本财政，使之摆脱了政府债务的重压。然而，在泡沫破灭后的经济停滞时期，政府实施了"减税"和"公共工程"这两个政策支柱，重启了勤劳国家的政策体系。②

虽然政府采取了历史性的财政刺激，但留下的却是长期的经济停滞和空前的政府债务。批评过度支出和债务很容易，财政学家们呼吁减少支出和增加税收也是有道理的。然而，不能忽视的是，正是因为生活保障在财政上尚未充分建设，正是因为勤劳国家的基础是以自我责任为基础，政治不得不竭力追求经济刺激措施带来的可支配收入增加。勤劳国家这一历史特点，成为 20 世纪 90 年代以后危机性财政状况的重要原因之一。③

---

① 　中曾根在浅利庆太的建议下，对该集团的建议表现出浓厚兴趣，并承诺予以继承（大平正芳纪念财团编［2000］）。

② 　然而，为了导入消费税，政府先对所得税和法人税减税，随后对消费税增税。尽管将消费税收入直接用于减税的理解是不准确的，但税收减少后随后由消费税补偿，导致增税被认为等同于财政再建，并形成了这种认识。

③ 　新自由主义的政策取向促进了个人的自助和自立，这一点毋庸置疑，同时这也与日本的社会规范相契合（井手［2020］，pp. 142-145）。

# 7.3　社会断层的历史阶段

### 7.3.1　经济体系转型与衰落的勤劳国家

在强调作为社会规范的通俗道德的同时，我们已经回顾了勤劳国家建设的历史经过。接下来，我们将确认当今勤劳国家中的生活保障整体情况，并探讨它对社会产生了哪些影响。

日本的在职人群社会保障福利支付，符合自我责任的原则。根据 OECD 统计，它在 31 个国家中排名倒数第三。虽然在 2019 年和 2020 年实施的幼儿保育免费化和部分大学教育免费化减轻了负担，但日本仍然是高等教育私人负担最沉重的先进国家之一。而且，在先进国家中，日本是唯一一没有普遍性住房津贴的国家，且"社会租赁住房"（social rental housing）（类似公共租赁住房）的库存也不足。① 无论是为老年人、疾病准备、子女教育还是住房，现役世代（指处于工作年龄段的人）都需要通过工作、节约和储蓄来保障自己的生活。

这种脆弱的生活保障问题在宏观资金循环发生转变的 1998 年开始变得明显。在 1998 年之前，或者可以说从明治时代开始的调查中，企业部门一直面临资金不足的问题。家庭储蓄通过金融机构向资金不足的企业提供贷款，支持了活跃的设备投资。然而，家庭储蓄减少了，1998 年后，企业开始出现储蓄盈余。这导致了一个全新的格局，即将家庭和企业的私人储蓄结合在一起填补政府的资金不足，这与以往完全不同。

家庭储蓄的减少与收入的减少是相互关联的。两人以上勤劳者家庭实际收入的高峰出现在 1997 年。双薪家庭和全职主妇家庭的数量发生了逆转，双薪家庭在平成时期②增加了约 60%，达到了全职主妇家庭的两倍。同时，每户有工作人员的人数从 1997 年的 1.66 增加到 2016 年的 1.74。尽管女性就业增加，赚钱人数增多，但劳动者家庭的实际收入下降了（劳动政策研究与培训机构的"快速了解长期劳动统计"和总务省的"家庭调查"）。

---

① 住房津贴占国内生产总值的比例为 0.12%，社会租赁住房在整体住房中的占比为 3%，均明显低于 OECD 平均水平（分别为 0.26% 和 8%），位居先进国家之中最低水平（OECD Affordable Housing Database）。

② 平成从 1989 年开始到 2019 年。

从 1998 年开始，家庭收入开始下降，低于 300 万日元的人群比例增加，平成末年（2019 年）回到了与元年（1989 年）几乎相同的水平，即 34%（厚生劳动省的"国民生活基础调查"）。此外，非正式劳工比例从这个时期开始增加，达到了总体的约 40%（总务省统计局的"劳动力调查"）。此外，家庭储蓄率也急剧下降，几乎降至最低水平。①

从 20 世纪 90 年代后期开始，勤劳国家失去了经济增长这一前提条件。然而，这并不仅仅是功能紊乱，还因为出现了一种令人悲观的"逆向功能"系统。

### 7.3.2　为贫困而工作，因贫困而死亡

以勤劳国家的视角，审视"男性主导收入模式"，我们可以看到两个悲剧。

首先，在贫困状态下仍在工作的女性劳动者的悲剧。将 OECD 家庭数据库与厚生劳动省的"全国单亲家庭等调查"数据进行对比后发现，日本的单亲家庭，尤其是单亲母子家庭的就业率在先进国家中排名第 3 位。然而，这些单亲家庭的相对贫困率却在 OECD 成员国中排名最高。在就业人数相对较多的情况下，贫困率却异常高，这究竟是为什么呢？

再次参考 OECD 家庭数据库，可以看到关于单亲家庭相对贫困率的数据，单亲家庭可分为父母工作与否两种情况。通常情况下，有工作家庭的贫困率应低于没有工作的家庭，然而在日本的单亲家庭中，工作反而导致相对贫困率升高。

这一现象的可能原因是，日本单亲家庭中约 90% 是母子家庭，母亲从工作中获得的收入不如从生活保护获得的多。单身母亲需要完成孩子的接送和饮食准备等，无法全天工作。结果就是，她们不得不从事非正式工作，但所得不及生活保护收入。②

在有权利使用生活保护的人中，瑞典约占 80%，法国约占 90%，而在日本，只有不到 20%（尾藤、小久保和吉永编著，《〈生活保护问题对策全国会议〉监

---

① 曾一度高居先进国家之首的家庭储蓄率，根据国民经济核算数据显示，在 2019 年前，家庭储蓄率已下降至 4%。有关国际比较的详细情况，请参阅金融广报中央委员会的《家庭储蓄率的国际比较》。

② 顺便提一下，根据平成二十八年度全国单亲家庭等调查数据，非正式雇员中母子家庭母亲的就业年收入，在 200 万日元以下的约占总数的 86%，年收入在 100 万日元以下的占 36%。这一收入水平应当视为与生活保护受助者的平均收入相当或更低。

修》［2011］）。在日本，生活保护被视为一种施舍，一种失格标记，而不是一项权利。贫困即使在工作的情况下仍然存在，这既是女性劳动者尊严的体现，也是勤劳国家的一部分。

其次，因贫困而死亡的男性劳动者的悲剧。受到 1997 年亚洲金融危机的影响，失业人数在一年内增加了 50 万人，达到历史最高水平，非正规雇佣的情况也得到加速。同时，自杀人数也在 1997 年增至 24 391 人，随后在接下来的一年内急剧上升至 32 863 人。此后，包括当年在内，14 年间自杀人数持续保持在 3 万人以上的水平（厚生劳动省《自杀对策白皮书》）。

自杀者中，大部分是 40、50 和 60 岁的男性，也就是那些有家庭，背负住房贷款的世代。从职业的角度来看，自杀率急剧增加的是失业者，自杀的主要原因是健康问题（第一位）和经济生活问题（第二位）。恶性肿瘤和心脏疾病发病率的激增似乎不太可能，健康问题其实也与就业不稳定等导致的精神疾病有关，因此可以从整体上看，男性劳动者因经济和生活问题最终选择结束自己的生命。

在"男性主导收入模式"下，男性劳动者通过勤劳、节俭、储蓄、养家、拥有住房来实现社会认可。特别是在日本，与邻里或亲戚相比，工作场所的人际关系更加亲近（NHK 放送文化研究所《日本人的意识》）。失业问题不仅影响家庭关系，还可能否定男性劳动者在其他人际关系中的存在。

20 世纪 90 年代后半以来，关于收入和退休的不安比例急剧增加（内阁府《国民生活世论调查》）。在与通俗道德实践密切相关的社会中，尽管女性劳动者可能陷入贫困，她们仍然选择工作，而男性劳动者则在无法充分履行自我责任时选择了死亡。① 这是一种道德上想要做好，但实际上无法实践的痛苦。勤劳国家开始出现了逆功能。

### 7.3.3　对低收入群体的宽容的丧失和税痛感

通俗道德的实践在不同收入阶层中产生不同的影响（Williamson［2017］，第 3 章）。工薪阶层认为，劳动是简单且没有变化的工作，但他们承认劳动本身的价值。而对于专业精英阶层来说，劳动只是手段，目标是社会声誉或高收入。无

---

①　安丸所指出的非常重要："即使勤劳、节俭等，由于微小条件的改变，许多人也不得不陷入没落。但是，这些陷入没落的人的自我形成和自我规律的能量会变成什么呢？"（安丸［1999］，p. 85）。

论哪种情况，如果通俗道德的实践不能与社会成功模式相协调，那么这种实践只会带来痛苦。

在今天的日本，对于劳动者来说，劳动本身已经成为一种痛苦的来源。根据"国际社会调查计划"（International Social Survey Programme，以下简称 ISSP）在 41 个国家和地区进行的"关于工作和生活的国际比较调查（Work Orientations 2015）"，我们可以了解到回答"这样认为"或"比较这样认为"的人的比例。关于日本的工作的评价，"不担心失业"排名第 40 位，"收入多"排名第 36 位，"有趣"排名第 39 位。此外，"感到压力"排名第 3 位，"由于家务或个人原因，可以在 1—2 小时内离开工作"排名第 39 位，关于工作时间，"工作开始和结束的时间是固定的，不能随意更改"排名第 6 位。

即使夫妻共同工作，家庭收入仍然下降，储蓄变得困难，劳动本身就成为一种痛苦。通俗道德的实践本身就是困难的，即使能够实践，也往往缺乏成功的体验。许多劳动者不仅在食品、服装、旅行和嗜好品消费上进行节省，连婚姻和生育也都成为节省的对象，人们甚至放弃了本应是成功象征的拥有房屋的愿望（内阁府"令和元年度年次经济财政报告"，总务省统计局"住宅、土地统计调查"）。

在脆弱的就业环境下坚持劳动，然后还必须抑制消费，这种情况似乎削弱了对低收入群体和贫困群体的宽容度，以及对再分配政策的共感。

"国际社会调查计划"中的"政府角色国际比较调查"（Role of Government 2016），询问了以下事项是否是政府的责任。反对的比例这一项，日本的排名如下："确保病人能够就医"第 1 位/共 35 个国家，"支持老年人的生活"第 1 位/共 35 个国家，"维持失业者的生活"第 2 位/共 34 个国家，"纠正收入差距"第 6 位/共 35 个国家，"对贫困家庭的大学生提供支持"第 1 位/共 35 个国家，"为无家可归者提供适当住房"第 1 位/共 35 个国家。

同样的趋势也在"职业和社会不平等国际比较调查"（Social Inequality 2009）中观察到。对于问题"日本的收入差距太大""减小收入差距是政府的责任""政府应确保失业者能够维持适当的生活水平"的支持比例，日本在 30 个国家和地区中分别排名第 30 位、第 36 位和第 28 位。这种对低收入群体的漠视，在财政方面得到了明显的反映，通过向贫困人群提供补贴来减小差距，以及向富裕阶层征税来减小差距，在调查的 21 个国家中分别位列 19 位和最低位（OECD [2008]，p. 112）。

再分配政策的共识难以形成，也导致了对征税的共识难以形成，即税痛感。

在同样关于中产阶级税负的国际比较调查"市民意识国际比较调查"（Citizenship 2014）中，相较于高税负的北欧国家，日本更多地表达了税痛感。在自我责任的同时，财政危机使减税变得困难、服务给付也较少的中产阶级认为，纳税可能被认为是为了"不工作者"而受到的剥夺。

尽管勤劳国家要求自我责任，但即使履行了这种责任，也未能为稳定的生活和安稳的未来带来保障。这种困境，对处于弱势地位的人们的漠视，造成了"社会的分裂"。

### 7.3.4　从"受益的分配竞争"到"削减的分配竞争"

勤劳国家型的财政结构也在社会分裂方面发挥了作用。日本的财政与欧洲不同，受益领域几乎没有全民免费或低负担的范围①（除了义务教育、安全保障、外交等三个项目），几乎所有的给付都设有收入限制，明确了既得权者。② 即使在不考虑所得限制的情况下，护理服务对于 40 岁到 65 岁的人群，即需要承担保险费的人群来说，几乎没有什么受益机会；幼儿园则成为能够自行接送孩子的全职主妇家庭的特权；托儿所被视为双职工家庭的既得权益；甚至住房贷款减税也只对中高收入阶层有能力购买房屋的人有用。

自 1995 年的财政危机宣言以来，尤其是在 21 世纪初，财政重建成为至高无上的任务，通过减税和公共事业来实现社会契约的模式已经崩溃。以经济增长为前提进行的总体分配，其各项特权已然固定，因而政策制度从"受益的分配竞争"逐渐转变为"削减的分配竞争"。

为了保护自身的利益不受损害，人们需要找到浪费金钱的他人并对其进行攻击和谴责，这种政治行为是合理的。政府和媒体通过展示公共投资特殊法人、公务员和议员薪酬、地方政府的补贴、生活保护、医疗费等领域的浪费案例，迫使削减支出。

本章无法探讨这种因果关系，但在进行"削减的分配竞争"的社会中，社会

---

①　例如，欧洲的许多国家在所有收入阶层中都实现了大学的免费化，也有不少国家在医疗方面实现了无所得限制的免费化或负担减轻。在北欧地区，对于父母在照料时的收入保障也十分充实。这些情况与之前提到的日本针对在职世代的给付贫弱问题形成了鲜明的对比。

②　战后不久，公共事业曾为全体国民提供共同的基础设施。然而，20 世纪 90 年代之后，削减开始，一般会计预算在高峰时期相比已经减少了一半。

分裂变得严重。尽管有各种各样的社会数据①，但在这里，让我们看一下"世界价值观调查"（World Values Survey）中普遍价值观的共有度。

在问题"应更加公平地分配收入吗？"上，同意的比例在 58 个调查国家中，日本排名第 39 位；在问题"您感受到多少自由？"上，积极回答的比例在 58 个国家中排名第 51 位；在问题"您会为自己的国家参战并感到高兴吗？"上，支持的比例在 58 个国家中位居最低；而在问题"您认为您的国家对个人权利表示多少尊重？"上，积极回答的比例在 52 个国家中排名第 34 位。

平等、自由、爱国心和人权等普遍价值观的共享是构建社会的基本条件。如果这些条件动摇不定，对其他人表示冷漠的同时也会动摇这些条件，那么我们的社会就会陷入"危机"。战前的"社会连带"模式，即将国民的义务置于权利之前的社会规范，构成了勤劳国家的基础。这种"危机"实际上揭示了这种整合模式的局限性。

# 结　语

在本章中，我们聚焦于近现代通俗道德这一社会规范，追溯了日本财政的历史。随着财政的近代化和现代化，进行了各种制度改革，但在战前和战后，不同的情境和行动者共同存在的通俗道德阻碍了与生存和生活有关的需求的社会化和预算化，从而催生了所谓的"勤劳国家"——日本式福利国家。然而，到了 20世纪 90 年代后期，经济增长这一前提条件受到严重限制，勤劳国家的治理机制逆转，导致了对低收入阶层关注的不足，从而引发了社会的裂痕。

基于以上的分析结果，我们整理了本章的贡献和尚待解决的问题。

第一，本章虽然只是片段性的，却探究了日本财政的存在基础。例如，为何坚持小政府，为何依赖财政投融资，为何现金给付的比重比实物给付大，为何增税困难而产生了前所未有的政府债务等问题，这些问题在过去的经济学财政分析中一直是"与条件"方面的议题。本章提供了揭示日本财政结构特点的基础，为

---

① 从"国际社会调查计划"和"世界价值观调查"可以看出，日本的社会信任和对政府的信任较低。关于通过更广泛的普遍主义给付而不是限制受益者的甄选主义给付，来提高社会信任度的问题，已经有许多研究。目前为止，可以参考 Rothstei and Stole（2008）、Rothstein and Uslaner（2005）、Rothstein（2003）、Uslaner（2002）等 Social Capital 理论的研究成果。

今后的讨论开启了新的方向。

第二，过去的研究主要集中在制度理论上，探究制度变迁的原因（例如 Blyth［2002］、Thelen［2004］、Streck & Thelen eds［2005］、Steinmo［2010］等）。然而，本文在承认制度变迁本身的重要性的基础上，尝试展示制度变迁的"方向性"。未来，可望以社会规范与财政结构的关系为一个标准，对各国福利财政进行分类。

第三，由社会规范而产生的财政"僵化"，当经济形势急剧变化，财政结构的前提条件被颠覆时，这种僵化成为社会反抗的动力。简而言之，社会规范塑造了财政结构，随着时间的推移和前提条件的变化，形成的财政结构引发了社会的反抗。这样的财政与社会相互作用和因果关系的逆转，本质上是社会变革的体现。财政社会学可以为揭示历史性（historic）变革做出贡献，它是一门可以解析历史变迁的学科。

第四，鉴于以上关系，如果日本社会的历史特点正导致分裂局面，那么我们需要在考虑社会规范和日本财政方向的基础上，构思不同的财政体制，或者能够改变前提条件的财政体制。这些问题与第 1 章中提到的"预测"问题密切相关，我们将在本书的"结语"中再次进行讨论。

第五，本章虽然涉及了通俗道德本身的变化，但未能探讨变化未发生的情况下，是什么条件产生了稳定性。此外，本章涉及保守政治的同时，左翼和自由派势力持有何种通俗道德观也是一个需要研究的课题。此外，虽然在本章中我们提到了日本财政结构无法适应客观条件的变化，从而引发社会分裂，但也仅仅讨论了勤劳国家的功能不全和社会分断的关系，有许多方面仍需要进一步详细的研究。这些都是尚待解决的问题。

21 世纪的日本，面临着少子高龄化、人口减少、经济增长放缓、政治右倾等重大变革。历史的转折点在于，现有体制不再完全发挥作用。人们将这种情况称为"危机"。如此，我们需要追问社会危机状况的渊源是什么，为何会产生这种局面，这需要详尽的探究工作。

然而，这并不是将危机时代的危机学理论套用上去，而是运用分析学方法，仔细追溯历史，探究危机的背景。在观察财政与社会相互作用、追寻原因、考虑解决方案的过程中，我们将这种学问定位为一种境界线上的社会科学，从而使财政社会学能够从"神的胎内"诞生出来。财政社会学是一种在社会科学领域的边界上探索的学科。

# 第 8 章
# 纳税人同意的自身利益和互惠性
# 收入再分配政策的支持因素

随着收入差距和贫困问题的加剧，人们呼吁对经济不平等进行调整，这一声音在学术界已经引起了广泛的关注（Atkinson［2015］、Piketty［2014］等）。实际上，OECD 的研究结果显示，尽管各国之间存在显著差异，但在大多数研究对象国家中，低收入人群和高收入人群的收入份额在增加，而中产阶层的收入份额则在减少。① 中间层被认为通过消费和投资来促进经济发展，通过高度社会信任来支撑民主，并在社会稳定方面发挥重要作用（OECD［2019］）。因此，解决收入差距问题在许多发达国家已成为重要的政治议题，因为人们普遍认识到了中间层的重要性。

在调整经济不平等方面，存在多种政策方法，但在财政学和公共经济学领域，一般认为收入再分配政策是一种有效的手段。该政策通过对高收入人群征税，然后将收入税收用于向低收入人群提供给付（补贴），以实现贫富差距的缩小，在政策内容上并不特别复杂。然而，当考虑到实施阶段的各种因素时，收入再分配政策的复杂性就会显现出来。实际上，由于涉及"同意的困难"，收入再分配政策在实施阶段面临许多挑战。

在本章中，我们的任务是通过分析以下两个方面来阐明为什么在收入再分配政策方面会出现"同意的困难"：首先，分析支持收入再分配政策的因素；其次，分析导致这些支持因素多样性的财政制度。在这一过程中，我们希望着重

---

① 根据 OECD 的研究，他们将"中间层"定义为基于中央值收入，位于收入范围"75%～200%"内的人群（OECD［2019］）。例如，在 20 世纪 80 年代中期到 21 世纪 10 年代中期，美国的中间层减少了 4.3%，瑞典减少了 7.4%，芬兰减少了 5.8%。

关注受益于福利分配的群体所抱持的社会规范（互惠性）在其中所扮演的角色。

# 8.1　收入再分配政策中的"同意的困难"为何产生

## 8.1.1　差距意识与差距矫正意识之间的距离

福利国家主要有两大功能：一是从高收入群体向低收入群体进行收入再分配，二是提供社会保险以应对失业、疾病、老龄等风险（Barr［2001］）。其中，前者涉及强制性的通过税收进行收入转移，因此更加紧密地涉及第 2 章所讨论的"纳税人的同意"问题。我们在本章将重点关注收入再分配政策，而非福利国家政策整体，旨在探讨"纳税人的同意的困难"为何产生。我们将从理论和实证两个角度进行深入探讨。

考虑到差距意识与差距矫正意识之间的距离，收入再分配政策的"同意的困难"在直观上更容易理解。正如在世界知名税制改革案中 Mirrlees Review 所指出的那样，在英国，支持政府收入再分配政策的人所占的比例远小于认为收入差距过大的人所占的比例（Alt et al.［2010］，p. 1231）。这实际上意味着人们虽然关注收入差距的存在，却对政府的收入平衡政策持反对态度。在 Mirrlees Review 的税制改革案中，政策的政治认可度和可持续性因此显得非常重要。

实际上，不仅在英国，差距意识与差距矫正意识之间的距离在全球范围内普遍存在。图 8-1 使用国际社会调查计划的数据，比较了不同国家中关注收入差距的人所占比例和认为政府应该矫正收入差距的人所占比例。前者表示"强烈同意""收入差距太大"，后者表示"强烈同意""政府有责任矫正高收入者和低收入者的收入差距"。在下图国家中，除芬兰外，所有国家的前者都比后者更多。①

---

　　①　以被称为贫富差距大国的美国为例。尽管强烈支持"收入差距过大"观点的人占 30%，但强烈支持政府的收入再分配政策的人却低于 10%。

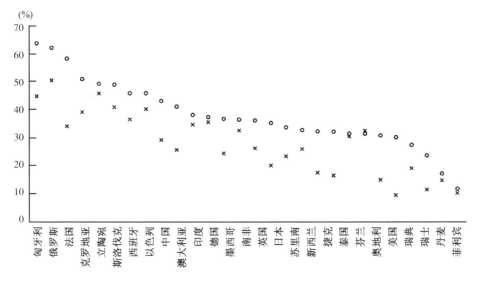

**图 8-1　收入差距意识与差距矫正意识之间的距离**

o 收入不平等过于严重

x 政府有责任缩小高收入者和低收入者之间的收入差距

注：所有数字仅包括"强烈同意"的回答百分比。

资料来源：ISSP 2017 "Social Networks and Social Resources" ZA No. 6980 由作者绘制。

### 8.1.2　纳税人同意中社会规范的作用

本章的任务在于通过分析支持收入再分配政策的因素，阐明为何在这些政策中存在"同意的困难"①，同时探讨限定向低收入层提供救助的选择性救助制度与收入再分配政策的支持或不支持之间存在何种关系，或者是否存在关联。近年来，受制于财政约束，各先进国家开始依赖基于需求测试的政策（Gilbert［2002］），但关于这类政策在政治和社会方面的影响，先前的研究结果却存在较大混淆。本章的讨论与这些现代政策论题密切相关。

在 8.2 节和 8.3 节中，作为影响对收入再分配政策支持或不支持的主要因素，我们将从个人自身利益和近年来社会的偏好的角度，整理之前的研究并加以探讨。接下来的 8.4 节将梳理关于制度结构导致这些支持因素多样性的先前研

---

①　在本章所引用的既有研究中，作为同意（consent）一词的同义词可使用偏好（preference）或支持（support）。尽管这些术语在含义、使用领域和语境上可能有所不同，但在本章中我们将其视为可以互换使用。

究。通过这些工作，我们希望能够展示社会和制度两方面的因素可能影响对收入再分配政策的支持、不支持及其多样性。在第 8.5 节中，我们将根据之前整理的研究成果，运用 ISSP 和 OECD 的数据进行定量分析，并进行基于政府资料的政策过程分析。

最后，在本章中，我们将表明，除了经济学研究中所强调的"自身利益"之外，人们对受益于福利的群体抱有的社会规范（在这里称为"互惠性"）也可能影响对收入再分配政策的支持。此外，我们还将讨论这种社会规范可能会因为筛选主义给付制度的存在而变得更加突出，从而削弱对收入再分配政策的支持。

## 8.2　作为支持收入再分配政策的自身利益

### 8.2.1　收入再分配政策与自身利益——中位选民定理

在经济学研究中，作为影响收入再分配政策支持度的主要因素，受到"自身利益"影响的变量，例如收入（或消费）（Alesina & Giuliano［2009］）。基于微观经济学的公共经济学和公共选择理论等，经常将追求最大化自身利益的行为者进行建模。

在这些研究中，最显著的是 A. H. 梅尔泽（Meltzer）和 S. F. 里查德（Richard）的研究。他们充分考虑了从维克塞尔开始强调政治过程的经济学研究流派，探讨了合理个体在经济和政治条件下支持或不支持收入再分配政策的情况。他们的模型假设个体充分占有税收状况和收入再分配结果的信息，政府的活动仅包括收入再分配和税收、保持预算平衡、个体关心最大化自身效用等。

根据他们的结论，在假设采用多数投票民主制度的情况下，收入再分配政策的支持度将受到中位投票者（即收入位于中位数的选民）的意愿的决定性影响，这被称为"中位投票者定理"。低于中位数的选民将会因增税和收入再分配政策而受益，从而提高自身效用。高于中位数的选民则会因减税和收入再分配政策的缩小而受益，从而提高自身效用。那么，中位投票者的意愿又是如何形成的呢？他们的意愿将受到国家收入分布的影响。简言之，如果国家的平均收入高于中位数，中位投票者可能更倾向于支持增税和扩大收入再分配政策；相反，如果国家的平均收入低于中位数，中位投票者可能更倾向于支持减税和缩小收入再分配政策。

他们的观点认为，政府规模和收入再分配的不断扩大，部分原因是 19 世纪至 20 世纪间选举权的普及，导致相对低收入的选民数量增加，从而使整个社会的收入分布向下移动。在财政学领域，有一条被称为"瓦格纳法则"的规律，探讨了社会政策相关开支成为财政规模扩大的中心趋势。这项研究从理性个体和相对收入的角度进行了考虑，为这一趋势提供了微观基础（Meltzer & Richard［1981］，p. 925）。

### 8.2.2　收入再分配政策与自身利益——社会亲和性假设

与中位选民定理类似的论点是由林德特提出的社会亲和性假设。林德特认为，如果中等收入阶层的选民与受益于社会保障的人之间存在民族上的同质性，那么他们更有可能支持为了提供福利而进行的增税。相反，如果民族差异显著，人们可能会怀疑他们的纳税金会被"他们"使用，从而削弱对社会安全网络计划的政治要求（Lindert［2004］）。尽管在我们和他们之间的区分中，需要注意语言、宗教、种族等多样的社会背景，但由于测量方面的问题，实际上主要从收入角度来验证假设。结果表明，社会亲和性假设基本上与中位选民定理持有相似的论点。

事实上，在林德特的实证研究中，他用"上 20% 与中 20%"和"中 20% 与下 20%"的比率来衡量高收入和低收入的差距，视其为收入的偏度，并对社会转移的增减进行了验证（Lindert［1996］）。如果高收入阶层与中等收入阶层之间的差距扩大（上层收入不平等增大），则中等收入阶层对高收入者的共感可能会减弱，通过对高收入者征税来实现社会转移的可能性增加。此外，如果中等收入阶层与低收入阶层之间的差距扩大（下层收入不平等增大），则中等收入阶层对贫困层的亲近感可能会减弱，社会转移的可能性可能会减少。总之，中等收入阶层越感觉接近贫困层，越感觉远离富裕阶层，收入再分配从高收入阶层向低收入阶层的转移就越可能会增加（Lindert［1996］，p. 16）。如上所述，社会亲和性假设与中位选民定理类似，实质上是关注自身利益的论述。

### 8.2.3　收入再分配政策与自身利益——权力资源动员论

虽然梅尔泽等人以及林德特的研究代表了从自身利益角度探讨收入再分配政

策支持动机的典型范例，但这种倾向在政治社会学研究中同样得到体现。基于科尔皮（Walter Korpi）与帕尔梅（Joakim Palme）的权力资源动员论，自身利益被强调为影响收入再分配的因素（Korpi & Palme［1998］）。

科尔皮与帕尔梅指出，福利国家的制度差异可能导致政治联盟形成方式的差异，从而影响可用于收入再分配的资源总量。当采用以贫困人群为目标的社会保障制度时，制度从中受益的贫困人群与富有的劳工和中产阶级之间产生利益冲突，这可能阻碍政治联盟的形成。另一方面，如果不仅将救济局限在贫困人群，还为所有人提供基本保障，并根据个体收入为所有从事经济活动的人提供给付，将会促进跨阶级的政治联盟形成。将高收入人群纳入相同的制度结构中，可以使"高收入人群的声音不仅有助于自己，还有助于低收入人群"（Korpi & Palme［1998］，p. 23）。

因此，科尔皮和帕尔梅得出的结论是，相比只将给付局限在贫困人群的"目标模型"，将高收入人群也纳入补贴结构的"综合模型"更有可能获得对收入再分配的支持，从而建设更加平等的社会，减少贫困率。尽管直觉上认为，只关注贫困人群更有助于有效降低贫困率，但他们揭示的事实恰恰相反。这种现象被称为"再分配的悖论"，对随后的福利国家研究产生了深远影响。科尔皮和帕尔梅的研究虽然关注集体政治现象而非个体，但在将制度受益作为解释因素时，与中位选民定理和社会亲和性假设一样，仍将焦点放在了自身利益上的论述上。

### 8.2.4　收入再分配政策与自身利益——财政契约论

正如第 2 章所讨论的那样，近年来涌现了一系列以列维和蒂蒙斯的理论为基础的财政契约研究。列维和蒂蒙斯的研究引发了人们对纳税人同意和支持在税收强制性背后的条件的思考。然而，与中位选民定理、社会亲和性假设和权力资源动员论类似，这些研究在自身利益作为影响政策支持动机的因素方面保持了一致性。

尽管没有直接涉及收入再分配政策，但作为财政契约论的基础，我们首先要确认列维（Levi［1988］）的论点。在这项研究中，合理且自利的行为者被认为会计算成本与效益，并选择与其偏好最匹配的行动，这体现了合理选择理论的观点（Levi［1988］，p. 3）。这一模型的核心行为者是统治者（国家），他们在与选民的谈判中，追求税收收入最大化。在这种情况下，统治者原则上不会选择强制性征税。原因在于，强制征税可能引发选民对统治者的抵抗，同时选民也会努力将税负最小化。

因此，为了降低征税成本，统治者会通过应用社会规范或意识形态，提供集体商品、集体财富或物质利益，降低与选民之间的交易成本。在与选民的谈判中，统治者通过这种方式来降低交易成本，激发人们的自发性。尽管这项研究关注了意识形态等自身利益之外的因素，但正如后来的研究所承认的，“核心问题在于市民遵守的代价是政府提供的服务回报”（Levi［1997］，p. 204）。

随后的财政契约论延续了这种将纳税视为“回报”的自身利益解释①。蒂蒙斯将财政契约范式定义为“政府为了收入而提供服务的交换基础的国家理论”，并以“税收博弈”的形式在理论上更加形式化地展开了列维的论点（Timmons［2005］）。在这一理论中，市民被分为低收入阶层和高收入阶层，每个收入阶层对国家所期望的物品和服务有不同需求（低收入阶层关注社会福利，高收入阶层关注财产权保护），并且存在适用于每个收入阶层的主要税制（对低收入阶层采用间接税，对高收入阶层采用累进税）。

问题在于，以上的财政契约论难以从理论上推导出国家的收入再分配。当向高收入阶层征收（累进）税以提供低收入阶层所偏好的物品和服务时，可能会引发高收入阶层的税收抵制。因此，追求最大化税收收入的国家并没有收入再分配的激励。同样地，当向低收入阶层征收（逆进）税以提供高收入阶层所偏好的物品和服务时，可能会引发低收入阶层的税收抵制。因此，国家也没有采取这种（逆向）收入再分配的激励（Timmons［2005］，pp. 539-540）。蒂蒙斯的结论是，“没有证据表明政府在向富裕阶层索取以满足贫困阶层需求”（Timmons［2005］，p. 562）。基于自身利益对收入再分配政策的同意的讨论是十分困难的，这是财政契约论的特点。

### 8.2.5　收入再分配政策与自身利益——基于数据的补充

正如前述研究所指出的那样，自身利益很可能涉及支持或反对收入再分配政策的动机。在这里，我们尝试基于《世界价值观调查》（*World Values Survey*）的

---

①　蒂蒙斯与列维一样，指出国家利用意识形态，以降低顺从成本的激励措施，然而在实际分析中，并未考虑意识形态的作用（Timmons［2005］）。

数据制作了图 8-2。从图中可以看出，总体而言，收入较低的人更倾向于支持收入平等化政策，而收入较高的人则更倾向于强调自助努力。这种趋势在所有调查年份中都是合理的，这进一步表明了自身利益与收入再分配政策的支持或反对之间的紧密关系。

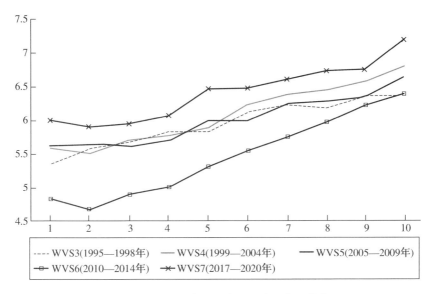

**图 8-2  收入阶层意识和收入再分配意识的关系**

注：纵轴代表回答者的答案，其中"应该使收入更加平等"记为 1，"应该给予个人的努力更多的激励"记为 10。数值为所有调查国家的平均值。横轴是询问回答者的家庭收入在其所在国家所处的位置，从 1 到 10 的数字表示，数字的大小与收入阶级的高低相对应。

资料来源：由作者根据世界价值观调查制作。

## 8.3  收入再分配政策支持的互惠性因素

### 8.3.1  收入再分配政策与社会偏好

● **关注互惠性**

在前一节我们讨论了自身利益与对收入再分配政策的支持度之间存在关联。

然而，目前许多研究正关注相对化自身利益作为动机的重要性。

例如，在经济学研究中，艾莱辛那和朱利亚诺的论述引起了学界注意，他们试图将相对化自身利益作为动机（Alesina & Giuliano［2009］）。与梅尔泽等人一样，标准的新古典均衡理论基于最大化消费和闲暇带来的效用，决定了税收和社会转移的均衡水平。然而，人们对于收入再分配持有超越纯粹自身利益的看法（Alesina & Giuliano［2009］，p. 2），并且收入分配的"适当形式"也因人而异。通过使用综合社会调查（General Social Survey）和世界价值观调查，他们的验证揭示出，对于收入再分配的偏好受到年龄、性别、种族、社会经济地位等个人特征的影响，同时还受到历史、文化、政治意识形态、公正认知等因素的影响。

此外，C. M. 方格（Fong）、S. 鲍尔斯（Bowles）、H. 金迪斯（Gintis）等学者在探究收入再分配政策的支持因素时，将焦点放在与自身利益不同的"强互惠性"上（Fong et al.［2006］）。在这里，所谓的"强互惠性"指的是愿意为了与持有类似观点的他人合作而付出个人牺牲，或愿意对违反社会规范者进行惩罚的倾向（Fong et al.［2006］，p. 1）。这一概念在鲍尔兹于 2013 年所提出的"社会性偏好"中也有所体现。

他们通过使用盖洛普民意测验进行定量分析，揭示了那些认为贫困原因是努力不足而非不幸或不公平的个体更倾向于反对收入再分配政策。在"强互惠性"理论中，个体是否遵守群体内的规范，是否履行相互义务，成为决定收入再分配政策支持度的因素之一。由于收入再分配政策与个体对他人规范意识的关系，这一点使得他们与过去强调自身利益的研究有着明显不同之处。①

### 8.3.2　收入再分配政策与社会偏好——"适宜性"标准

除了经济学研究之外，我们还需关注福利国家研究的趋势。在福利国家研究中，有关收入再分配政策的支持与否，科尔皮和帕尔梅所关注的自身利益动机外，逐渐凸显出与之不同的动因。在其中，近年来快速积累的研究群对于"适宜性标准"方面的探讨尤为重要（van Oorschot［2000］、Larsen［2008］、Larsen &

---

①　尽管它并非直接涉及给付而是涉及征税，然而，Scheve and Stasavage（2018）在人们被认为具有社会动机的前提下，从补偿的角度讨论了对富人的征税问题。这也可以看作探讨财政政策的支持与不支持以及社会偏好之间关系的研究之一。

Dejgaard［2013］、Aarne & Petersen［2014］、Jeene et al.［2014］、van Oorschot et al.［2017］、Attewell［2020］、Laenen［2020］等）。

"适宜性标准"指的是将"值得"获得救助的贫困人群与"不值得"获得救助的贫困人群加以区分，并为其排序（van Oorschot［2000］，p. 35）。考夫林曾指出，在跨越特定国家和文化范围的情况下，老年人、残障人士和儿童往往被视为"值得"获得救助的贫困人群，而失业者则被视为"不值得"获得救助的贫困人群（Coughlin［1980］）。研究的关键在于揭示这些分类为何会产生。在此，道德和规范视角作为贫困人群获得救助水平的影响因素至关重要。

W. 范奥斯肖特（van Oorschot）在他的研究中回顾了关于"适宜性标准"的各种前期研究，并确定了构成这些标准的几个因素（van Oorschot［2000］，p. 36）。

（1）控制：当被援助者自身的力量无法完全应对陷入的环境时，认为救助更加"值得"。

（2）必要性：被援助者的需求亟须解决时，认为救助更加"值得"。

（3）身份认同：被援助者的身份与"我们"更加接近时，认为救助更加"值得"。

（4）态度：被援助者对待支持者表现出顺从和感激情感越明显，认为救助更加"值得"。

（5）互惠性：被援助者被认为在社会中做出了贡献和履行了义务时，认为救助更加"值得"。

基于这些思考，如果一个人陷入了贫困（"控制"），需要接受的援助程度非常高（"必要性"），与支持者的身份更加接近，并以顺从的态度与支持者互动，还在社会上做出了贡献（"互惠性"），那么人们就会认为这个人属于"值得"得到救助的贫困层。正如科夫林所指出的，在许多国家，对于老年人、残疾人和儿童的援助相对于其他援助更受支持，这是因为人们认为他们因不可避免的原因而陷入贫困，需要支持，而且通常表现得很顺从。相反，对于失业者的给付支持较低，这是因为人们更容易认为失业者有能力脱离失业状态（"控制"），并且在通过劳动为社会做出充分贡献和履行义务方面仍有待提高（"互惠性"）。对于移民失业者的情况，这还可能涉及身份认同的问题。

本研究试图利用 2016 年的 ISSP "政府角色"（Role of Government）的调查数据，对不同支出领域的支持程度进行简要的基本统计分析（见表 8-1）。

在这个表格中，"大幅增加支出"＝1，"增加支出"＝2，"维持现状"＝3，"减少支出"＝4，"大幅减少支出"＝5。因此，项目的平均值和中位数较大，表示支持削减支出的程度较高。

从统计结果可以看出，相对于教育、养老金和医疗等领域，失业救济的支持程度较低，这与"适宜性标准"理论的预测结果一致。

这些研究考虑到了人们在行为选择中关注他人意图的社会性方面。在这一点上，与方格、鲍尔斯、金迪斯等人的观点比较接近。当人们认为贫困群体的行为基于道德和规范上的"不好"动机时，他们甚至可能会减少给付并加以惩罚。"适宜性标准"理论在关于所谓的"社会选择"方面添加了更深入的分析。

**表 8-1　社会保障给付分领域的支持和不支持**

| | | 医疗 | 教育 | 养老金 | 失业给付 |
|---|---|---|---|---|---|
| 基本统计 | 有效回答数量 | 47 485 | 47 306 | 47 178 | 45 327 |
| | 平均值 | 1.89 | 1.94 | 2.03 | 2.66 |
| | 中位数 | 2 | 2 | 2 | 3 |
| | 方差 | 0.693 | 0.72 | 0.766 | 1.148 |
| 对支出的支持和不支持（%） | 增加支出 | 79 | 75 | 71.1 | 43.3 |
| | 维持现状 | 17.5 | 21.8 | 25 | 37 |
| | 减少支出 | 3.5 | 3.2 | 3.9 | 19.7 |

注：1. 数据是所有调查国家的数据汇总；
　　2. 表中"增加支出"为"Spend much more"和"Spend more"之和，"减少支出"为"Spend less"和"Spend much less"之和。
资料来源：作者根据 ISSP 2016 "Role of Government V" ZA No. 6900 制作。

### 8.3.3　收入再分配政策与社会选择——言论分析的成果

不仅在定量研究中，就连定性研究也清楚地表明了收入再分配政策的支持或反对与社会选择之间的影响。在本节中，我们将了解这些定性研究的趋势。

赫奇斯（Hedges）通过对英国巴尼特、谢菲尔德和拉格比地区的调查发现，支持收入再分配政策的很少基于平等主义的理由或情感，相反，与之相关的是"相互性"（mutuality）（Hedges［2005］）。这里所谓的"相互性"是指"个人合理地提取所需金额，并在合理的范围内做出贡献，确保一系列的权利和义务相互存在"的观念（Hedges［2005］，p. 6）。这与方格、鲍尔斯、金迪斯等人提出的

"互惠性"概念非常相似。

　　为什么这种相互性感觉与收入再分配政策相关？部分是因为对许多调查对象来说，福利国家被视为一种基于成员身份的"俱乐部"（Hedges［2005］，p. 6、p. 29）。这种"俱乐部"的理念是，每个人向一个中央的水池里投入一定金额，然后在需要时从中提取所需金额。尽管有些人支付更多，而另一些人支付较少，但这并不侵害相互性。只要每个人在自己的能力范围内做出了贡献，即使有人从中提取更多，也是可以接受的。相反，认为每个人应该支付相同金额的观点常常被视为不公平（Hedges［2005］，p. 71）。

　　然而，问题在于，一些能够工作但不愿意工作（或被认为不愿意工作）的人利用公共援助。许多人认为，并没有真正需要，也没有合理的理由来申请给付的"局外人"在重新分配资金时得到了优待，并对此产生了强烈的情感反应。这是因为贡献了资金，或者至少尽力贡献了自己能力的人，被认为是"值得"获得援助的贫困群体，而其他人则被认为在道德上没有权利获得支援。换句话说，只要收入再分配满足了相互性，它就是可以接受的（Hedges［2005］，pp. 67-68）。

　　此外，基德（Kidder）和马丁在佛罗里达州坦帕对中小企业经营者和管理人员等进行了半结构化自由形式的访谈，收集关于反税言论（Kidder & Martin［2012］）。他们的调查几乎没有涉及个人利益的对话（Kidder & Martin［2012］，p. 124），相反，大部分对话是对财政"不相称的人"的"道德"指责。基德和马丁整理出这些有关税收和收入再分配的对话是为了维护自己所属的"集体立场"的道德性。斯坦利也做了类似的研究（Stanley［2016］［2018］）。

　　以上研究表明，围绕收入再分配的认知和言辞涉及伦理和道德的问题。然而，这些研究基于对纳税人的访谈，很难将受访者的言辞与个人利益明确区分开。在这方面，许尔德瑞克和麦克唐纳的研究提供了一些参考。他们在英格兰东北部的泰西德赛德（Teesside）地区对 60 名陷入"低薪或无薪循环"的贫困男女进行了生活历程访谈（Shildrick & MacDonald［2013］）。了解贫困人群自身如何认识贫困具有重要意义。

　　有趣的是，尽管客观上属于贫困人群，但受访者中没有人自认为是"贫困人群"。对他们来说，"贫困人群"是那些回避工作、以不正当方式申领救济、无法管理日常生活以及有被谴责的消费习惯的人（Shildrick & MacDonald［2013］，p. 291）。这项研究还表明，受访者对贫困人群存在一种道德评价，即他们不履行社会义务（缺乏互惠性）。许尔德瑞克和麦克唐纳的研究揭示了低收入人群本应从自身利益角度期望收入再分配，却拒绝这样做的背后因素。

### 8.3.4    收入再分配政策中的"剥夺"与"给予"两个层面

正如本节所阐述的，关于支持收入再分配政策的动机，一些研究强调个人利益，其他研究则突出社会偏好，因此之前的研究结果颇为混杂。卡瓦利耶和特朗普在整理这些研究后，区分了从富裕阶层"剥夺"的再分配和向贫困阶层"给予"的再分配，他们指出前者涉及个人利益，后者则关涉社会偏好（Cavaille & Trump［2015］）。尽管收入再分配政策严格上可以划分为"剥夺"和"给予"两个层面，但在"剥夺"层面，人们会关注作为自私受益者从他人再分配中获益的视角，而在"给予"层面，人们会关注作为贡献者向他人进行再分配的视角。基于这一观点，也就不难理解，关于向贫困阶层提供给付的研究中，人们的态度形成和言辞无法仅用个人利益来解释。

考虑到收入再分配政策涉及"剥夺"与"给予"两个层面，我们需要多角度理解支持或不支持立场的影响因素。正如第 8.2 节中关于财政契约论的部分所述，列维在他的研究中（Levi［1988］）以自身利益为基础讨论了（半自愿的）纳税遵守性。然而，在他之后的研究（Levi［1997］）中，他也将"伦理互惠性"引入了模型。在后者的研究中，市民被重新定义为"伦理行为者"，整个模型中同时包含了自我利益和伦理要素（Levi［1997］）。同时，指出"强互惠性"存在的研究，如方格、鲍尔斯、金迪斯等人，虽然坚决主张重新审视新古典经济学的假设，但也没有否定内在的自我利益，而是主张以多面的"角色"来处理人的形象（Fong，Bowles & Gintis［2006］，p. 6）。

## 8.4    收入再分配政策的支持与不支持的"多样性"

### 8.4.1    人们的偏好和价值观与政策的关系

从前面的讨论中可以得知，个人利益和社会偏好被认为是影响对收入再分配政策态度的重要因素。然而，正如图 8-1 所示，不同国家对收入再分配政策的看法存在着显著的多样性。那么，关于收入再分配政策支持的"多样性"，我们可能有哪些解释呢？本节的任务是梳理已知信息来回答这个问题。此外，在个人利益和社会偏好之间，关于收入再分配政策与社会偏好的关系则是近年来才开始涉及、难以理解并且缺乏实证成果的领域。以下将特别聚焦社会偏好，对讨论进行总结。

首先，有研究对于人们的偏好和价值观如何影响特定政策的观点提出了质疑（Steinmo［1993］、Immergut［1998］、Wilensky［2002］等）。这些研究指出，人们的偏好、价值观、文化和态度等因素都具有模糊性，难以被明确捕捉，而且在国家层面上，福祉态度的共性要大于差异。因此，福利国家的多样性和差异不能仅仅通过这些因素来解释。特别是支持制度理论的研究强调，政治过程中的制度要素，如宪法、政治制度、国家结构、国家与利益集团的关系、政策网络等，才是更重要的因素（Steinmo［1993］、Immergut［1998］）。

然而，近年来，随着 ISSP 和世界价值观调查等国际比较的偏好和价值观数据逐渐完善，研究态势也在发生变化。

例如，有关政策反应性（Policy Responsiveness）的研究从一个基本前提出发，即在民主政治体制下，政治家有动机考虑选民的政策偏好（Brooks & Manza ［2006］）。在此基础上，人们的政策偏好被理解为嵌入在各国独特的历史背景中，政策的多样性和变化可以通过人们偏好的多样性和变化来解释。这种视角与强调跨国背景下人们的共同偏好和价值观的"适用性标准"论存在差异。① 布鲁克斯和曼扎利运用 ISSP 数据得出结论，人们的政策偏好独立于制度对政策产生影响，导致了政策的多样性（Brooks & Manza ［2006］）。

### 8.4.2　制度因素对社会偏好的影响

与政策反应性研究类似，关注个人偏好和价值观多样性的研究也在拉森等人的研究中得以体现（Larsen［2008］、Larsen & Dejgaard［2013］）。这些研究既受到了"适用性标准"论的影响，又与福利制度理论相关，着重探讨了不同国家之间的偏好多样性。实际上，这些研究使用世界价值观调查等数据进行计量分析和言论分析，揭示了一些国家（即自由主义制度）选择将给付局限于部分贫困人群

---

① 科格林（Coughlin）指出，在跨越特定国家和文化领域时，有一种普遍趋势，即老年人、残疾人和儿童被视为值得救助的贫困群体，而失业者被视为不值得救助的贫困群体，这被称为"支持的普遍维度"（Coughlin［1980］）。

的政策，而在这些国家中，更多人倾向于将贫困的原因理解为"懒惰和意志不足"。在社会偏好中尤其关注了互惠性这一社会规范，并探讨了这一社会规范与制度结构之间的关系。

拉森等人借用了罗斯坦的研究成果，解释了福利制度与对他人的规范意识之间的关系（Larsen & Dejgaard［2013］）。罗斯坦认为，在筛选主义的给付结构下，多数派在被社会边缘化的少数派面前，可能会引发一系列问题，比如多数派应该为社会边缘群体做些什么，困境人群与非困境人群的分界线应该如何划定，贫困人群是否应该为其困境负有责任等。这意味着选择性社会保障制度可能会刺激多数派的互惠感知，促使关于"不值得援助的"贫困人群的讨论，可能会损害人们对制度的信任（Rothstein［1998］，pp. 158-159）。

基于以上论述，图 8-3 是我尝试创建的。它基于 2017 年 ISSP 收集的不同国家关于"社会给付是否使人们变得懒惰"问题的回答，计算了标准化得分，并在不同福利制度下计算了平均值。我认为这一项可以作为衡量人们对于援助提供者互惠感知的代理变量。从图中可以看出，在采取社会民主主义制度的普遍主义福利国家中，人们更倾向于反对该问题，而在采取自由主义制度的选择性社会保障国家中，人们更倾向于支持该问题。保守主义制度国家位于两者之间。这些结果支持了拉森等人的研究。

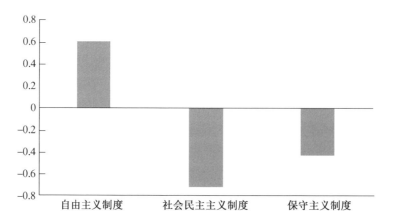

**图 8-3　福利制度与互惠性（标准化得分）之间的关系**

注：1. 分类依据是 Esping-Andersen（1990）。自由主义体制包括英国、美国、澳大利亚和新西兰；保守主义体制包括法国、德国、奥地利、瑞士和日本；社会民主主义体制包括瑞典、丹麦和芬兰。

2. 正值表示对问题的赞成趋势，负值表示对问题的反对趋势。

资料来源：由作者根据 ISSP（2017）"Social Networks and Social Resources" ZA No. 6980 制作。

### 8.4.3　分析课题的设定

通过前面和本节关于先前研究的整理，我们可以得出以下几个可能性：（1）对于收入再分配政策的支持或不支持，可能涉及自身利益和社会偏好这两个因素；（2）在这些因素中，社会偏好在国家之间存在差异，这可能与收入再分配政策的支持与多样性有关；（3）社会偏好的多样性可能是由社会保障制度的多样性引起的。

接下来的第 8.5 节，我们将使用 ISSP 的数据，实际分析自身利益和社会偏好这两个因素对于收入再分配政策的支持度之间的关系。在分析中，我们特别关注收入再分配政策支持的多样性是否受到了社会偏好差异的影响，以及社会偏好的多样性是否由社会保障制度的结构引起。

前面关于社会偏好的讨论可能会局限于特定国家，或者关注"适用性标准"论的普遍支持结构，而不是多样性。此外，尽管像拉森等人的研究从国际比较的角度关注了社会偏好的多样性问题，但有人对于像福利制度这样的宏观制度类型是否直接规定福利意识的观点提出了异议，因为不清楚具体哪种制度如何发挥作用（Laenen［2020］）。因此，在本章中，我们将更具体地（在中层次上）关注制度结构，特别关注社会偏好的国家间多样性与社会保障制度之间的关系。

所谓的社会保障制度结构，本章主要指针对低收入群体的基于筛选主义的社会保障制度问题。正如著名的吉尔伯特提出的条件设立国家理论，近年来，先进国家由于财政限制，越来越依赖于使用基于需求测试的政策（Gilbert［2002］）。研究这种基于筛选主义的福利改革如何与收入再分配政策的支持维度相关，将成为重要的研究课题之一。[①]

### 8.4.4　备注（1）——"筛选主义"是什么

在进入实际分析之前，我想解释一下"筛选主义"这个术语的含义。

自从科尔皮和帕尔梅的研究以来，有关筛选主义给付制度如何影响福利国家

---

① 　在以日本为主要研究案例的同时，讨论了普遍主义和筛选主义福利改革的文献有佐藤和古市（2014），井手、古市和宫崎（2016）等。

支持的问题引发了广泛讨论。正如第 8.2 节所述，科尔皮和帕尔梅指出，将给付仅限定在低收入家庭的"目标模型"中，会削弱福利国家的支持，从而导致贫困率上升，形成了"再分配的悖论"。

问题在于，科尔皮和帕尔梅用来测量对低收入家庭给付的"目标化指数"。这个指数用于衡量政府收入转移是否集中在低收入家庭或高收入家庭，而相关的近期研究也基本按照这个思路进行（Kenworthy［2011］、Brady & Bostic［2015］、Marx et al.［2013］）。

然而，正如雅克和诺埃尔指出的，"目标化指数"在很大程度上受到与制度或政策意图无关的外部因素的影响（Jacques & Noel［2018］［2021］）。例如，假设其他条件不变，劳动市场变得更加不平等，单亲家庭的比例增加，那么"结果"将是分配将集中向低收入家庭转移。因此，雅克和诺埃尔认为，更为直接捕捉制度或政策"意图"的指标比"目标化指数"更为理想。这些研究中使用现金给付的比例以及基于家庭可支配收入的民间社会支出占国内生产总值的比例来制定"普遍主义指数"。

## 8.4.5　备注（2）——筛选主义给付与贫困层定位的差异

如雅克和诺埃尔所指出的，筛选主义的层面与定位的层面存在着显著差异。通过比较图 8-4 中左上方和左下方的国家，我们可以更好地理解这种差异。①

左上方的国家属于"普遍主义×贫困层定位"，包括丹麦、挪威、瑞典等北欧国家。尽管这些国家的给付政策与收入无关，采用的是普遍主义模式，但"实际结果"是给付主要集中在低收入群体。这是因为这些国家充分支持劳动人口的普遍性给付措施，可以被视为"普遍主义内的定位"。而左下方的国家属于"筛选主义×贫困层定位"，其给付主要基于资产和收入调查，自然收入转移会集中在贫困群体。这些国家，可以说是在"筛选主义内的定位"。

在过去的研究中，"限定向贫困层提供给付"主要指的是"贫困层定位"。然而，正如雅克和诺埃尔所指出的，定位指数还会受到除制度设计和给付意图之外

---

①　这张图包含了本节提到的国家之外的，其他具有分析价值的国家。例如，位于图右下方的日本即是筛选主义，却又出现了收入较高的人群接受给付的情况，这非常特殊。关于日本的问题，可以参考高端（2022）的研究。

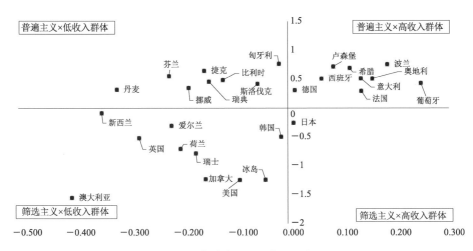

**图 8-4　筛选主义 vs. 贫困层定位**

注：1. 纵轴是普遍主义与筛选主义轴，基于资力调查或所得调查的现金给付比例以及民间支出与 GDP 的比率来计算因子得分。横轴是高收入群体与低收入群体轴，基于转移所得归属于哪个收入层次来测量。

2. 在 Jacques & Noel（2021）中，使用"残余主义"这个词作为"普遍主义"的反义词。在这里，我们使用"筛选主义"这个词，这在日本的财政和社会政策研究中已经很成熟。

资料来源：根据 Jacques & Noel（2018）（2021），作者重现了 Jacques & Noel（2021）的 figure1。

的外部因素的影响，因此对资产和收入调查不是那么依赖的北欧国家的指数值较高。此外，使用定位指数还可能使高度依赖筛选主义给付政策的美国的值变小。

不同的指标会导致不同的研究结果，这是理所当然的。实际上，使用定位指数进行的研究已经指出，近年来"再分配的悖论"不再成立，相反，越是依赖于对贫困层定位的国家，福利国家的规模越大（Kenworthy［2011］，Marx，Salanauskaite & Verbist［2013］，Brady & Bostic［2015］）。而基于普遍主义指数的雅克和诺埃尔的研究则认为，"再分配的悖论"仍然可能成立（Jacques & Noel［2018］）。

在这个意义上，基于哪种观点是重要的。在下一节中，我们基本上会遵循雅克和诺埃尔的观点。在解读与收入再分配政策的支持度之间的关系时，更多地基于制度的"意图"而不是"结果"。①

①　由雅克和诺埃尔创建的用于衡量"筛选主义"的指标，除了包括现金给付中进行资产和收入调查的比例外，还包括了民间社会支出（Jacquesand & Noel［2018］）。正如下一节所述，本章的分析仅包括前者。

# 8.5 收入再分配政策支持因素的分析

## 8.5.1 分析方法与数据集

本节主要采用 ISSP 和 OECD 的数据进行定量分析。我们的分析关注点在于，收入再分配政策的支持度是否可能受到社会偏好及其多样性的影响，以及社会偏好是否可能受到筛选主义给付制度的影响。

我们选择采用多层次分析（层次线性模型）方法。[1] 多层次分析可以准确估计个体层次和集体层次（在这里是国家层次）元素混合的具有层次性的变量的效应。如果假设社会偏好的效应在国家层次上有所不同，我们可以通过引入筛选主义给付国家层次的变量来解释这种差异的方差。

对于我们所使用的数据集，最好包含能够代表社会偏好的变量。特别是根据之前的研究整理，我们认为衡量互惠性的项目是不可或缺的。此外，我们也要同时考虑过去备受关注的自身利益因素，以评估其与互惠性之间的相对重要性。综合考虑这些因素，适合作为变量的数据集是 ISSP（2017）的"Social Networks & Social Resources"（社会网络和社会资源），它包含了收入再分配政策支持、自身利益以及代表互惠性的变量。

使用的个人层面变量如下。作为因变量的收入再分配政策支持使用了"政府有责任缩小高收入人群和低收入人群之间的收入差距"。我们将原始数据重新编码，使得从"5＝强烈同意"到"1＝强烈反对"。对于自身利益，我们使用了收入。由于原始数据是以本国货币计算的家庭收入，我们新创建了一个虚拟变量，将高收入层编码为 1，其他收入层编码为 0（虚拟变量）。[2] 用于表示互惠性的变量是"社会给付会使人们变得懒惰"。我们将同意编码为 1，不同意编码为 0（虚

---

　　① 作为初步分析，我们计算了因变量（对收入再分配政策的支持项目）的内部相关系数，结果为"0.133 528"。可以认为在进行多层次分析时，存在一定程度的集团内相似性。尽管所使用的数据集、模型包含的变量以及研究设计等可能不同，但有关多层次分析的步骤，请参考池田（2018）。

　　② 我们计算了回答者所属国家的收入中位数，并将回答者的收入与之相比较。如果回答者的收入高于中位数，则编码为 1；如果收入低于中位数，则编码为 0。

拟变量）。此外，还包括基本的人口学变量，如性别、年龄和教育水平。[1] 教育水平用一个 7 级别的变量表示，数字越大表示受教育程度越高。

关于国家层面的变量，除了基尼系数外，根据模型的不同，还有其他不同的变量。基尼系数用于研究经济不平等水平是否可能影响对收入再分配政策的支持或反对，因此在所有模型中都包括。[2] 模型 1 还包括来自 OECD（2014）的一个变量，即收入调查和资产调查的现金给付占 GDP 比例。然而，与雅克和诺埃尔的普遍主义指数不同，我们未包含民间社会支出的数据，因为这里的关注点是公共的筛选主义给付制度是否可能影响人们对收入再分配政策的态度。

有关筛选主义给付制度，模型 1 至模型 3 仅包括适龄劳动者组的值。正如前文所述，"适用性标准论"表明，相对于老年群体，人们对适龄劳动者群体的给付更加严格。因此，模型 1 至模型 3 分别包括了筛选主义给付制度（适龄劳动者群）；模型 4 包括了筛选主义给付制度（所有年龄群）；模型 5 则用公共社会支出替代了筛选主义给付制度。

模型 2 的变量本身与模型 1 相同，但模型 1 仅假定了截距项的变量效应，而模型 2 还假定了互惠性的变量效应。模型 3 包括了互惠性和筛选主义给付制度的层级交互项，从而探讨互惠性是否受到筛选主义给付制度的影响。

在 ISSP（2017）中，分析的对象为澳大利亚、奥地利、捷克、丹麦、芬兰、法国、德国、匈牙利、冰岛、以色列、日本、墨西哥、新西兰、斯洛伐克、西班牙、瑞典、瑞士、英国和美国这 19 个国家，观察样本数为 17 754 人。由于涉及的国家数量较少，分析使用了受限制的最大似然法，而非常规的最大似然法。

## 8.5.2 分析结果

在模型 1 中，互惠性被发现具有显著的负效应。因此，支持互惠性观点的人往往对收入再分配政策的支持较低，这一观点不仅适用于特定国家，还适用于其他国家。另一方面，国家级变量如基尼系数和筛选主义给付（适龄劳动者群）本身并未对收入再分配政策的态度产生影响。在模型 2 中，假设了互惠性的变量效

---

[1]　性别用虚拟变量表示，女性为 1，男性为 0。年龄和教育水平被中心化以达到平均值为基准。

[2]　基尼系数和公共社会支出的数据来自 OECD Social Expenditure Database（SOCX）。

应，互惠性的系数是显著的，这表明国家之间存在差异，并且 AIC 的值也减少了。

在模型 3 中，当加入了互惠性与筛选主义给付（适龄劳动者群）的级别交互作用项时，观察到了显著的负效应。这意味着在筛选主义给付（适龄劳动者群）水平较高的国家，互惠性对收入再分配政策的支持影响更强。相反，在不太依赖筛选主义给付（适龄劳动者群）的国家中，这种趋势不太明显。通过比较模型 2 和模型 3 的结果，我们发现筛选主义给付（适龄劳动者群）本身并不直接影响对收入再分配政策的态度，但是互惠性变量间接影响了态度[①]。

对于将筛选主义给付（适龄劳动者群）替换为筛选主义给付（全体人群）的模型 4 和将其替换为公共社会支出的模型 5，所有国家级变量都未显著。然而，除互惠性以外的个人层面变量仍然显著，性别、教育程度和收入显著影响对收入再分配政策的态度。女性更可能支持收入再分配政策，而学历较高和收入较高的人则更可能不支持。年龄在此处并没有显著影响。

表 8-2　收入再分配政策的支持因素

| | | 模型 1 | 模型 2 | 模型 3 | 模型 4 | 模型 5 |
|---|---|---|---|---|---|---|
| 截距 | | 3. 688 899 *** (0. 085 237) | 3. 698 106 *** (0. 075 605) | 3. 696 02 *** (0. 075 099) | 3. 712 742 *** (0. 080 405) | 3. 696 11 *** (0. 075 263) |
| 个人 | 女性 | 0. 111 355 *** (0. 016 246) | 0. 104 745 *** (0. 016 139) | 0. 104 774 *** (0. 016 138) | 0. 104 747 *** (0. 016 139) | 0. 104 729 *** (0. 016 138) |
| | 年龄 | 0. 000 295 (0. 000 489) | 0. 000 111 (0. 000 487) | 0. 000 108 (0. 000 487) | 0. 000 108 (0. 000 487) | 0. 000 111 (0. 000 487) |
| | 学历 | - 0. 037 847 *** (0. 006 008) | - 0. 043 756 *** (0. 005 984) | - 0. 043 798 *** (0. 005 983) | - 0. 043 79 *** (0. 005 983) | - 0. 043 86 *** (0. 005 984) |
| | 收入 | - 0. 307 941 *** (0. 017 267) | - 0. 302 41 *** (0. 017 168) | - 0. 302 278 *** (0. 017 168) | - 0. 302 328 *** (0. 017 168) | - 0. 302 425 *** (0. 017 167) |
| | 互惠性 | - 0. 161 601 *** (0. 016 708) | - 0. 155 189 * (0. 066 435) | - 0. 162 039 * (0. 058 611) | - 0. 119 661 (0. 069 634) | - 0. 152 604 * (0. 065 095) |

---

①　另外，比较模型 2 和模型 3 时，互惠性系数的方差减少了约 24%（从 0. 078 199 减少到 0. 059 490）。这个值表示互惠性在国际间的差异程度可以被筛选主义给付（适龄劳动者群）解释。

（续表）

| | | 模型 1 | 模型 2 | 模型 3 | 模型 4 | 模型 5 |
|---|---|---|---|---|---|---|
| 国家 | 基尼系数 | − 0. 798 16<br>(1. 538 101) | − 0. 859 57<br>(1. 318 484) | − 0. 863 469<br>(1. 318 571) | − 0. 790 189<br>(1. 306 531) | − 0. 074 539<br>(1. 394 131) |
| | 筛选主义给付（适龄劳动者群） | − 0. 111 364<br>(0. 080 557) | 0. 001 507<br>(0. 068 57) | − 0. 036 571<br>(0. 070 208) | | |
| | 互惠性 * 筛选主义给付（适龄劳动者群） | | | − 0. 138 559 *<br>(0. 055 817) | | |
| | 筛选主义给付（全体人群） | | | | − 0. 021 633<br>(0. 041 755) | |
| | 互惠性 * 筛选主义给付（全体人群） | | | | − 0. 051 645<br>(0. 037 106) | |
| | 社会支出 | | | | | 0. 009 17<br>(0. 013 777) |
| | 互惠性 * 社会支出 | | | | | − 0. 015 408<br>(0. 011 305) |
| 信息量标准等 | AIC | 54 539. 496 699 | 54 321. 597 429 | 54 319. 993 079 | 54 325. 434 | 54 329. 083 |
| | 观察数 | 17 754 | 17 754 | 17 754 | 17 754 | 17 754 |
| | 集体数 | 19 | 19 | 19 | 19 | 19 |
| | 截距的方差 | 0. 121 871 | 0. 092 702 | 0. 091 241 | 0. 091 37 | 0. 091 906 |
| | 残差方差 | 1. 178 601 | 1. 161 409 | 1. 161 409 | 1. 161 409 | 1. 161 406 |
| | 互惠性系数的方差 | | 0. 078 199 | 0. 059 490 | 0. 074 013 | 0. 074 812 |

注：*** $p < 0.001$，** $p < 0.01$，* $p < 0.05$。
资料来源：基于 ISSP（2017）"Social Networks and Social Resources"-ZA No. 6980 的数据，由作者计算。

## 8.5.3　英国政策过程分析[①]

通过定量分析结果，我们发现互惠性对于收入再分配政策的态度具有影响，同时互惠性在筛选主义给付制度的存在下也会被加强。然而，尽管我们在定量分析中找到了变量之间的一定关系，但是变量之间的关系机制尚未清晰阐明。这需

---

① 本节的叙述，特别是没有特别说明的情况下，是依据佐藤（近刊）所述。

要通过定性研究，从过程追踪的角度来验证。格尔茨和马奥尼指出混合方法研究的重要性，将定量和定性研究相结合（Goertz & Mahoney［2012］）。① 在接下来的部分中，我们将以英国为例（如上图 8-4 所示），对收入再分配政策的支持或不支持变化以及导致这些变化的因素进行整理。

从 20 世纪 90 年代末开始，英国在工党执政下进行了一系列大胆的福利改革，加强了筛选主义给付制度。当时的工党被称为"新工党"，其口号是"从福利到劳动"，创设了带有工作激励的福利税收减免，并将福利分配给低收入的在职人群。与残疾有关的福利和单亲家庭的福利受益者中实际上包含了许多有劳动能力的人，通过向这些人传播"劳动文化"，可以在中长期内合理化社会保障开支。带有工作激励的福利税收减免的创设成为脱离"福利依赖"的象征性政策。

重要的是，这些福利改革与"消除社会保障预算的不正行为，确保纳税人支持最值得支持的人（the most deserving）"，以及对于不履行社会"贡献"或"义务"，将额外负担加在纳税人身上的非法受益者，采取了极为严厉的对策。实际上，他们启动了"打击受益欺诈"（Targeting Benefit Fraud）活动，成立了举报不法领取福利的热线，还利用电视广告，积极地塑造福利受益者是"勤劳市民"中的一部分，且其通过纳税支付的税金被"敲诈勒索"的"形象"。

在这种背景下，新的工党政府明确地将福利受领者区分为"能工作者"和"不能工作者"，批判性地对待那些假装无法工作的人，将他们视为未能履行社会义务的人。通过引入雇佣促进型的收入补贴税收减免方案，该政府向低收入的在职人群提供了福利，而这种政策是在这一背景下制定的。从本章所使用的术语来看，新的工党政府为了增加政策的正当性，利用了人们的互惠感觉。

乔恩斯指出，在新工党政权下，将贫困的原因归咎于懒惰、惰性和意志薄弱的人数在增加，结果，一个侮辱工人阶级的文化——"穷酸劲仇恨"（Hate CHAVS）迅速增长（Jones［2016］）。另一方面，查看代表英国的民意调查"British Social Attitudes"（以下简称 BSA），可以看出在同一时期对收入再分配政策的支持大大减少。在 20 世纪 90 年代初，大约有一半的人支持收入再分配政策，但新工党执政后，这一数字下降到 30%。使用 BSA 的数据进行的作者分析也显示，持有互惠感的人更倾向于反对收入再分配政策。

总之，英国在"福利依赖文化"批评性政治言辞占主导地位的背景下，扩大

———————————

①　关于定量研究和过程追踪研究之间的关系，还请参考第 4 章。

了适龄劳动者群的筛选主义给付，而收入再分配政策的支持却显著下降。通过英国的政策过程分析，我们可以明确互惠感与收入再分配政策的支持或反对之间的关联。在这一过程中，重要的是，正当化筛选主义制度改革的政治言论以及传递这些言论给社会的媒体的重要性浮现。需要充分注意的是社会选择偏好的作用是如何嵌入到各国政治和社会背景中的。

# 结　语

最后总结一下，本章的分析结果有以下几点重要意义。首先，本章的分析结果并不要求我们选择自我利益或社会偏好中的一个作为"主导的独立变量"。实际上，这两者在特定国家和文化背景下都可以形成对收入再分配政策态度的影响，并成为政策支持或反对的因素。这一结论既支持卡瓦利耶和特朗普的观点，同时也支持列维、方格、鲍尔兹和金塔斯等人的研究设计，这些研究基于与新古典经济学不同的多维"人物形象"来讨论纳税人的同意。

其次，社会偏好和社会规范的影响是与背景紧密相关的，它们不会在所有国家中以相同方式起作用。实际上，在特别依赖筛选主义给付制度的国家中，社会规范的影响更加显著。考虑到这一点，近年来的筛选主义的社会保障制度改革可能会削弱对收入再分配政策的支持。然而，即使是筛选主义的给付制度，对非在职人群（例如老年人）的制度可能不会产生相同的影响。此外，政策过程研究提示我们需要关注支持制度改革的政治言论以及政策社会接受的问题。

再次，关于政策与社会规范的关系。正如罗斯坦所言，当今社会科学研究倾向于将经验问题和规范问题分开，并将前者限定在特定范围内（Rothstein ⌊1998⌋，p. 2）。然而，如果认为规范性和伦理性判断（本章中的互惠性）是在特定制度结构下形成的，那么政策科学就不能简单地将其与社会规范分割开来。罗斯坦认为，不同的政治制度选择会导致道德和政治逻辑的差异，因此制度具有"规范设定功能"（Rothstein［1998］，pp. 138-139）。这并不是在声称某种规范立场比其他立场更正确。在这里需要强调的是，要明确制度与社会规范之间的因果关系和机制的重要性。

总之，本章提出了许多问题。正如前所述，社会规范的影响是依赖于背景的，取决于国家的财政制度和政治背景。这也意味着同一因素可能会产生不同的结果，这涉及"多元因果"问题，以及"情景比较"的方法的重要性（第4章）。① 要解决这些问题，需要进行更详细的财政历史研究和政策过程研究（第3章和第5章）。此外，由于本章处理的数据是某一时间点的，因此还需要使用更精细的数据进行进一步验证。

此外，关于政策与社会规范的关系，需要更深入地讨论政策制定主体和应有的决策机制。正如本章所讨论的，如果特定政策与人们的规范意识和道德判断有关，那么政策提议的理由将超越过去经济学中所主要关注的合理性和效率，"公共行为应保护哪些理想、价值和利益"的问题（Rothstein［1998］，p. 3）。然而，如果这些社会规范设定和选择的问题委托给特定专家团体，对他们来说是极其重要的任务。近年来，随着地方分权论和微型公共领域论等观点的出现，市民对更接近和更开放的公共政策决策过程的呼声越来越高②。考虑到这些观点，与政策、社会规范和道德密切相关的问题变得更加重要。

最后一个问题涉及哲学层面，在社会科学领域是极为重要的。因为，财政社会学引导我们考虑政策决策与公平、连带等社会价值的关系，引导我们深入思考（第1章、第6章、第7章）。

---

① 关于财政社会学研究与政策制定研究之间的关系，可以详细参考佐藤（2019）。

② 关于"微型公众论"（mini publics），可以参考高端和佐藤（2020）的第1章。关于地方分权论，可以参考沼尾和池上和木村和高端（2017）的第1章，以及神野和小西（2020）的第12章。

# 参 考 文 献

青木栄一 [2004]『教育行政の政府間関係』多賀出版

青木昌彦（藤谷武史訳）[2010]「戦略的相互作用と個人予想を媒介する認知的メディアとしての制度」『新世代法政策学研究』第9号，1～48頁

赤石孝次 [2008]「財政社会学の課題と発展可能性」『エコノミア』第59巻第2号，5～34頁

赤石孝次・井手英策 [2015]「財政思想と財政社会学」池上岳彦編『現代財政を学ぶ』有斐閣

アセモグル，D. = J. A. ロビンソン（鬼澤忍訳）[2013]『国家はなぜ衰退するのか——権力・繁栄・貧困の起源（上）』早川書房（D. Acemoglu and J. A. Robinson [2012] *Why Nations Fail: The Origins of Power, Prosperity, and Poverty*, Crown Publishers）

アリエリー，D.（熊谷淳子訳）[2013]『予想通りに不合理——行動経済学が明かす「あなたがそれを選ぶわけ」』早川書房（ハヤカワ文庫）（D. Ariely [2009] *Predictably Irrational: The Hidden Forces that Shape Our Decisions*, HarperCollins）

安藤道人 [2017]「自治体の財政力が地方単独事業費，子どもの医療費助成，就学援助に与える影響——Double-LASSO 回帰による分析」『社会保障研究』第1巻第4号，813～833頁

安藤道人・古市将人・宮﨑雅人 [2020]「財政調整制度導入以前の地方財政——1883～1917年の道府県・市・町村財政の検証」『立教経済学研究』第74巻第1号，59～91頁

池上岳彦編 [2015]『現代財政を学ぶ』有斐閣

池田敬正 [1986]『日本社会福祉史』法律文化社

池田浩太郎 [1960]「財政社会学の一形態——マン『財政理論と財政社会学』一九五九年について」『成城大学経済研究』第13号，41～61頁

池田浩太郎 [1984]「ワーグナー財政学説とその社会政策的要素——アードルフ・ワーグナーの社会政策思想」『成城大学経済研究』第86号，29～53頁

池田勇人 [1999]『均衡財政——附・占領下三年のおもいで』中央公論新社（中公文庫）

池田裕 [2018]「一般的信頼と福祉国家への支持——ISSP のデータを用いたマルチレベル分析」『福祉社会学研究』第15巻，165～187頁

石田雄 [1954]『明治政治思想史研究』未來社

石田雄 [1956]『近代日本政治構造の研究』未來社

磯直樹 [2016]「『中範囲の理論』以後の社会学的認識」平子友長・橋本直人・佐山圭司・鈴木宗徳・景井充編著『危機に対峙する思考』梓出版社

井手英策 [2006]『高橋財政の研究——昭和恐慌からの脱出と財政再建への苦闘』有斐閣

井手英策 [2008]「財政社会学とは何か？」『エコノミア』第59巻第2号，35～59頁

井手英策 [2011]「調和のとれた社会と財政——ソーシャル・キャピタル理論の財政分析への応用」井手英策・菊地登志子・半田正樹編『交響する社会——「自律と調和」の政治経済学』ナカニシヤ出版

井手英策 [2012]『財政赤字の淵源——寛容な社会の条件を考える』有斐閣

井手英策 [2015]『経済の時代の終焉』岩波書店

井手英策 [2017]「福田財政の研究——財政赤字累増メカニズムの形成と大蔵省・日本銀行の政策判断」『金融研究』第36巻第3号，1～37頁

井手英策 [2018]『富山は日本のスウェーデン——変革する保守王国の謎を解く』集英社（集英社新書）

井手英策 [2020]「社会はなぜ引き裂かれたのか——零落する勤労国家」『公法研究』第82号，145～157頁

井手英策編 [2011]『雇用連帯社会——脱土建国家の公共事業』岩波書店

井手英策編著 [2013]『危機と再建の比較財政史』ミネルヴァ書房

井手英策・古市将人・宮﨑雅人［2016］『分断社会を終わらせる──「だれもが受益者」という財政戦略』筑摩書房

伊藤博文［1970］「帝国憲法制定の由来」大隈重信撰，副島八十六編『開国五十年史（上）』原書房（初版 1907 年）

井藤半彌［1948］『財政学概論（改訂）』日本評論社

井内太郎［2006］『16 世紀イングランド行財政史研究』広島大学出版会

稲永祐介［2016］『憲政自治と中間団体──一木喜徳郎の道義的共同体論』吉田書店

井上達夫［1986］『共生の作法──会話としての正義』創文社

井上達夫［1999］『他者への自由──公共性の哲学としてのリベラリズム』創文社

井上友一［1909］『救済制度要義』博文館

猪木武徳［2010］「討論 1──思想と理論と政策と」日本経済学会編『日本経済学会 75 年史──回顧と展望』有斐閣

ヴィクセル，K.（池田浩太郎・杉ノ原保夫・池田浩史訳）［1995］『財政理論研究』千倉書房（J. G. K. Wicksell [1896] Finanztheoretische Untersuchungen: Nebst Darstellung und Kritik des Steuerwesens Schwedens, Georg Fischer）

ヴィーコ，G.（清水純一・米山喜晟訳）［1975］「新しい学」清水幾太郎責任編集『世界の名著　続 6　ヴィーコ』中央公論社

ヴィーコ，G.（上村忠男・佐々木力訳）［1987］『学問の方法』岩波書店（岩波文庫）

ヴィーコ，G.（上村忠男訳）［1988］『イタリア人の太古の知恵』法政大学出版局

ウィリアムス，J. C.（山田美明・井上大剛訳）［2017］『アメリカを動かす「ホワイト・ワーキング・クラス」という人々──世界に吹き荒れるポピュリズムを支える“真・中間層”の実体』集英社（J. C. Williams [2017] White Working Class: Overcoming Class Cluelessness in America, Harvard Business Review Press）

ウィレンスキー，H. L.（下平好博訳）［1984］『福祉国家と平等──公共支出の構造的・イデオロギー的起源』木鐸社（H. L. Wilensky [1975] The Welfare State and Equality: Structural and Ideological Roots of Public Expenditures, University of California Press）

上田健介［2019］「財政法学の展開と行方──総論をかねて」『法律時報』第 91 巻第 12 号，4〜11 頁

ウェーバー，M.（中村貞二訳）［1982］「社会学・経済学における『価値自由』の意味」出口勇蔵・松井秀親・中村貞二訳『ウェーバー──社会科学論集』完訳・世界の大思想 1，河出書房新社（M. Weber [1917] Der Sinn der «Wertfreiheit» der soziologischen und ökonomischen Wissenschaften, Gesammelte Aufsätze zur Wissenschaftslehre, 4. Aufl. J. C. B. Mohr）

ヴェーバー，M.［1989］（大塚久雄訳）『プロテスタンティズムの倫理と資本主義の精神（改訳）』岩波書店（岩波文庫）（M. Weber [1920] Gesammelte Aufsätze zur Religionssoziologie, 1, J. C. B. Mohr, S. 17-206）

ヴェーバー，M.（富永祐治・立野保男訳，折原浩補訳）［1998］『社会科学と社会政策にかかわる認識の「客観性」』岩波書店（岩波文庫）（M. Weber [1904] Die "Objektivität" sozialwissenschaftlicher und sozialpolitischer Erkenntnis, Archiv für Sozialwissenschaft und Sozialpolitik, 19 (1), S. 22-87）

上村忠男［2009］『ヴィーコ──学問の起源へ』中央公論新社（中公新書）

内田義彦［1992］『作品としての社会科学』岩波書店

ウルフ，J.（大澤津・原田健二朗訳）［2016］『「正しい政策」がないならどうすべきか──政策のための哲学』勁草書房（J. Wolff [2011] Ethics and Public Policy: A Philosophical Inquiry, Routledge）

エスピン-アンデルセン，G.（渡辺雅男・渡辺景子訳）［2000］『ポスト工業経済の社会的基礎──市場・福祉国家・家族の政治経済学』桜井書店（G. Esping-Andersen [1999] Social Foundations of Postindustrial Economics, Oxford University Press）

エーベルヒ，T.（大竹虎雄訳）［1923］『財政学』東京財務協会（K. T. von Eheberg [1922] Finanzwissenschaft, Leipzig, A. Deichertsche verlagsbuchhdlg.（W. Scholl））

遠藤宏一［1977］「堺・泉北臨海工業地帯造成と税財政」宮本憲一編『大都市とコンビナート・大

阪　講座 地域開発と自治体 1』筑摩書房

大石嘉一郎・金澤史男編著［2003］『近代日本都市史研究――地方都市からの再構成』日本経済評論社

大石嘉一郎・西田美昭編著［1991］『近代日本の行政村――長野県埴科郡五加村の研究』日本経済評論社

大内兵衛［1974］「財政社会学――ゴールトシャイトの財政学批判」『大内兵衛著作集　第 2 巻』岩波書店（初版 1927 年，『経済学論集』第 6 巻第 3 号）

大内兵衛・有沢広巳・脇村義太郎・美濃部亮吉・内藤勝［1955］『日本経済図説』岩波書店（岩波新書）

大川政三［1982］「一橋財政学の伝統と新視点」『橋問叢書』第 14 号

大蔵省財政金融研究所財政史室編［1998］『大蔵省史　明治・大正・昭和（第 1 巻）』大蔵財務協会

大蔵省財政史室編［1994］『昭和財政史　予算 (1)』東洋経済新報社

大蔵省財政史室編［1998］『昭和財政史　財政　政策及び制度』東洋経済新報社

大蔵省大臣官房資料統計管理官［1968］「昭和 38 年～40 年の理財局行政」財務総合政策研究所・所有資料

大蔵省百年史編集室編［1969］『大蔵省百年史（上）』大蔵財務協会

大沢真理［2007］『現代日本の生活保障システム――座標とゆくえ』岩波書店

大島太郎［1968］『日本地方行財政史序説』未來社

大島通義［1972］「日本財政の国際比較」林栄夫・柴田徳衛・高橋誠・宮本憲一編集代表『現代財政学体系（第 2 巻　現代日本の財政）』有斐閣

大島通義［1996］『総力戦時代のドイツ再軍備――軍事財政の制度論的考察』同文舘

大島通義［2013］『予算国家の〈危機〉――財政社会学から日本を考える』岩波書店

大島通義・井手英策［2006］『中央銀行の財政社会学――現代国家の財政赤字と中央銀行』知泉書館

大畑文七［1939］『財政学序説』有斐閣

大平正芳［1953］『財政つれづれ草』如水書房

大平正芳記念財団編［1996］『在素知贅――大平正芳発言集』大平正芳記念財団

大平正芳記念財団編［2000］『去華就實――聞き書き大平正芳』大平正芳記念財団

岡本英男［2007］『福祉国家の可能性』東京大学出版会

翁百合・西沢和彦・山田久・湯元健治［2012］『北欧モデル――何が政策イノベーションを生み出すのか』日本経済新聞出版

オコンナー，J.（池上惇・横尾邦夫監訳）［1981］『現代国家の財政危機』御茶の水書房（J. O'Connor［1973］ *The Fiscal Crisis of the State*, St. Martin's Press）

片桐直人［2016］「財政・会計・予算――財政法の基礎を巡る一考察」『法律時報』第 88 巻第 9 号，4～13 頁

片桐直人［2019］「財政法学の分化と統合――ひとつの試論」『法律時報』第 91 巻第 12 号，12～19 頁

可知博一［1944］「欧米伝来の人生観と皇国勤労観の独自性」『内外労働週報』第 589 号，3～15 頁

ガーツ，G. = J. マホニー（西川賢・今井真士訳）［2015］『社会科学のパラダイム論争――2 つの文化の物語』勁草書房（G. Goertz and J. Mahoney［2012］ *A Tale of Two Cultures: Qualitative and Quantitative Research in the Social Sciences*, Princeton University Press）

勝又幸子［1992］「社会保障費の国際比較――ILO 公表統計を使った国際比較の留意点と課題」国立社会保障・人口問題研究所『季刊社会保障研究』第 28 巻第 3 号，322～331 頁

加藤榮一［2004］「二十世紀福祉国家の形成と解体」加藤榮一・馬場宏二・三和良一編『資本主義はどこに行くのか――二十世紀資本主義の終焉』東京大学出版会

加藤榮一［2005］「20 世紀型福祉国家の転換」日本財政学会編『グローバル化と現代財政の課題（財政研究第 1 巻）』日本財政学会

加藤榮一［2007］『福祉国家システム』ミネルヴァ書房

加藤淳子［1997］『税制改革と官僚制』東京大学出版会

加藤睦夫［1966］「マルクス主義財政学」『経済』第 22 号，118～126 頁

加藤芳太郎［1951］「イエヒト財政社会学の方法」『人文学報』第4号，45～55頁

加藤芳太郎［1960］「財政社会学ということ」井藤半彌博士退官記念事業会記念論文集編集委員会編『財政学の基本問題──井藤半彌博士退官記念論文集』千倉書房

加藤芳太郎［1997］『財政学講座』地方自治総合研究所

門野圭司［2009］『公共投資改革の研究──プライヴァタイゼーションと公民パートナーシップ』有斐閣

金澤史男［2010a］『近代日本地方財政史研究』日本経済評論社

金澤史男［2010b］『自治と分権の歴史的文脈』青木書店

金澤史男［2010c］『福祉国家と政府間関係』日本経済評論社

金澤史男［2010d］「明治地方自治制の成立──静岡県」『自治と分権の歴史的文脈』青木書店

金澤史男編著［2002］『現代の公共事業──国際経験と日本』日本経済評論社

金澤史男編著［2008］『公私分担と公共政策』日本経済評論社

金子勝［2003］「世界と日本の地方財政」林健久編『地方財政読本（第5版）』東洋経済新報社

川俣雅弘［1993］「経済学史上の公共経済学」『経済学史学会年報』第31巻第31号，118～123頁

岸政彦・北田暁大・筒井淳也・稲葉振一郎［2018］『社会学はどこから来てどこへ行くのか』有斐閣

木村佳弘［2013］「現代日本における政府債務の受容構造──中央銀行の法的独立性と財政赤字の『相関』検証」井手英策編著『危機と再建の比較財政史』ミネルヴァ書房

木村元一［1941］「財政社会学の発展」『一橋論叢』第8巻第4号，385～405頁

木村元一［1942］「財政社会学に対する一考察──特にズルタン『国家収入論』を中心として」東京商科大学国立学会編『経済学研究』第7巻，221～310頁

木村元一［1958］『近代財政学総論』春秋社

木村元一［1959］「日本財政の特質」一橋大学一橋学会編『日本経済の特質』春秋社

木村元一［1966］「アドルフ・ワーグナー──その財政学を中心として」『一橋論叢』第55巻第4号，554～569頁

キング，G.＝R.O.コヘイン＝S.ヴァーバ（真渕勝訳）［2004］『社会科学のリサーチ・デザイン──定性的研究における科学的推論』勁草書房（G. King, R. O. Keohane and S. Verba [1994] *Designing Social Inquiry: Scientific Inference in Qualitative Research*, Princeton University Press）

窪田祥宏［1989］「戊申詔書の発布と奉体」『教育学雑誌』第23号，1～15頁

グライフ，A.（岡崎哲二・神取道宏監訳，有本寛・尾川僚・後藤英明・結城武延訳）［2009］『比較歴史制度分析』NTT出版（A. Greif [2006] *Institutions and the Path to the Modern Economy: Lessons from Medieval Trade*, Cambridge University Press）

倉地真太郎［2014］「北欧諸国における租税政策の相互関係──デンマークとスウェーデンにおける二元的所得税の導入を事例として」日本財政学会編『「社会保障・税一体改革」後の日本財政（財政研究第10巻）』日本財政学会

倉地真太郎［2015］「比較財政における方法論的検討──財政社会学における国際比較」『三田学会雑誌』第107巻第4号，571～585頁

倉地真太郎［2021］「デンマーク──「自立」のための住宅セーフティネット」田辺国昭・岡田徹太郎・泉田信行監修，国立社会保障・人口問題研究所編『日本の居住保障──定量分析と国際比較から考える』慶應義塾大学出版会，189～210頁

クロォチェ，B.（羽仁五郎訳）［1952］『歴史の理論と歴史』岩波書店（B. Croce [1920] *Teoria e Storia Della Storiografia*, seconda edizione riveduta, Filosofia come Scienza Dello Spirito, IV, Laterza）

黒川みどり［1998］「第一次世界大戦後の支配構想──田子一民における自治・デモクラシー・社会連帯」内務省史研究会編『内務省と国民』文献出版

ケイン樹里安・上原健太郎編著［2019］『ふれる社会学』北樹出版

コイファー，S.＝A.チェメロ（田中彰吾・宮原克典訳）［2018］『現象学入門──新しい心の科学と哲学のために』勁草書房（S. Käufer and A. Chemero [2015] *Phenomenology: An Introduction*, Polity Press）

国民貯蓄奨励局［1938］『国民貯蓄奨励に就て（第 2 版）』国民貯蓄奨励局

五嶋陽子［2014］「なぜ支出税は失敗したか」日本財政学会編『「社会保障・税一体改革」後の日本財政（財政研究第 10 巻）』日本財政学会

小西杏奈［2010］「フランスにおける単一総合累進所得税制の形成――1959 年税制改革の考察」日本財政学会編『ケインズは甦ったか（財政研究第 6 巻）』日本財政学会

小西砂千夫［2017］『日本地方財政史――制度の背景と文脈をとらえる』有斐閣

小林丑三郎［1905］『比較財政学』上下，同文舘

コリングウッド，R. G.（小松茂夫・三浦修訳）［1970］『歴史の観念』紀伊國屋書店（R. G. Collingwood［1946］*The Idea of History*, Clarendon Press）

コルム，G.（木村元一・大川政三・佐藤博訳）［1957］『財政と景気政策』弘文堂（G. Colm with the editorial assistance of Helen O. Nicol［1955］*Essays in Public Finance and Fiscal Policy*, Oxford University Press）

コント，A.（石川三四郎訳）［1928］『実証哲学（下巻）』春秋社

コント，A.（霧生和夫訳）［1970a］「実証精神論」清水幾太郎責任編集『世界の名著 36　コント　スペンサー』中央公論社

コント，A.（霧生和夫訳）［1970b］「社会静学と社会動学」清水幾太郎責任編集『世界の名著 36　コント　スペンサー』中央公論社

近藤康史［2006］「比較政治学における『アイディアの政治』――政治変化と構成主義」『年報政治学』第 57 巻第 2 号，36〜59 頁

財政学研究会［2008］「特集 財政学研究会 財政史シンポジウム『財政史研究の再検討』」『財政と公共政策』第 30 巻第 1 号，44〜88 頁

斎藤修［2013］「男性稼ぎ主型モデルの歴史的起源」『日本労働研究雑誌』第 55 巻第 9 号，4〜16 頁

齋藤純一［2000］『公共性』岩波書店

佐口和郎［1991］『日本における産業民主主義の前提――労使懇談制度から産業報国会へ』東京大学出版会

佐々木伯朗［2009］「財政社会学方法論に関する一覚書――介護保険制度の決定過程に関する日独比較を事例として」神野直彦・池上岳彦編著『租税の財政社会学』税務経理協会

佐々木伯朗［2016］『福祉国家の制度と組織――日本的特質の形成と展開』有斐閣

佐々木伯朗編著［2019］『財政学――制度と組織を学ぶ』有斐閣

佐藤一光［2016］『環境税の日独比較――財政学から見た租税構造と導入過程』慶應義塾大学出版会

佐藤一光［2019］「エネルギー課税の長期的な国際比較」『エコノミア』第 69 巻第 2 号，5〜22 頁

佐藤滋［2015］「財政社会学が捉える国家と社会」『三田学会雑誌』第 107 巻第 4 号，43〜55 頁

佐藤滋［近刊］「ニューレイバーの税・社会保障政策と『救済に値しない』貧困層」『揺らぐ中間層と福祉国家――支持調達の財政と政治』ナカニシヤ出版

佐藤滋・古市将人［2014］『租税抵抗の財政学――信頼と合意に基づく社会へ』岩波書店

佐藤進［1966］『日本財政の構造と特徴――国際比較的視点から』東洋経済新報社

佐藤進［1973］「日本の財政構造の国際比較」林健久・貝塚啓明編『日本の財政』東京大学出版会

佐藤進［1983］『現代西ドイツ財政論』有斐閣

佐藤進・関口浩［2019］『財政学入門（新版）』同文舘出版

佐藤進・宮島洋［1979］『戦後税制史』税務経理協会

佐和隆光［1982］『経済学とは何だろうか』岩波書店（岩波文庫）

塩野谷祐一［1995］『シュンペーター的思考――総合的社会科学の構想』東洋経済新報社

塩野谷祐一［2009］『経済哲学原理――解釈学的接近』東京大学出版会

島恭彦［1936］「シュタインの政治経済学批判について――その財政学の一研究」『経済論叢』第 42 巻第 6 号，1107〜1116 頁

島恭彦［1982］「財政思想の発展――官僚主義財政学批判」『財政思想史　島恭彦著作集（第 1 巻）』有斐閣（初版 1949 年，潮流社）

嶋田崇治［2015］「1975 年ドイツ所得税改革と財源調達を巡る政府間財政関係の実態――連邦国家

ドイツにおける相対的財政健全性の一考察」『地方財政』第 54 巻第 6 号，124〜165 頁

清水幾太郎［1970］「コントとスペンサー」清水幾太郎責任編集『世界の名著 36　コント スペンサー』中央公論社

清水幾太郎［1975］「私のヴィーコ」清水幾太郎編『世界の名著　続 6　ヴィーコ』中央公論社

清水幾太郎［2014］『オーギュスト・コント』筑摩書房

シュタイン，L.（神戸正一訳）［1937］『財政学序説』有斐閣

シュムペーター，J. A.（中山伊知郎・東畑精一訳）［1980a］『経済学史——学説ならびに方法の諸段階』岩波書店（岩波文庫）（J. A. Schumpeter［1914］Epochen der Dogmen- und Methodengeschichte, Abteilung 1, in Grundriss der Sozialökonomik, J. C. B. Mohr）

シュムペーター，J. A.（谷嶋喬四郎訳）［1980b］『社会科学の未来像』講談社（講談社学術文庫）（J. A. Schumpeter［1915］Vergangenheit und Zukunft der Sozialwissenschaften, Duncker & Humblot）

シュムペーター，J. A.（大野忠男・木村健康・安井琢磨訳）［1983b/84］『理論経済学の本質と主要内容』上下，岩波書店（岩波文庫）（J. A. Schumpeter［1908］Das Wesen und der Hauptinhalt der theoretischen Nationalökonomie, Duncker & Humblot）　・

シュメルダース，G.（山口忠夫訳）［1957］『財政政策』東洋経済新報社（G. Schmölders［1955］Finanzpolitik, Springer-Verlag）

庄司俊作［2012］『日本の村落と主体形成——協同と自治』日本経済評論社

ジョージ，A. L.＝A. ベネット（泉川泰博訳）［2013］『社会科学のケース・スタディ——理論形成のための定性的手法』勁草書房（A. L. George and A. Bennett［2005］*Case Studies and Theory Development in The Social Sciences*, MIT Press）

神野直彦［1979］「馬場税制改革案」『証券経済』第 127 号，130〜156 頁

神野直彦［1985］「社会政策的租税政策の展開——1920 年代の租税政策」『経済学雑誌』第 86 巻第 3 号，15〜48 頁

神野直彦［1992］「日本型福祉国家財政の特質」林健久・加藤榮一編『福祉国家財政の国際比較』東京大学出版会

神野直彦［1993］「『日本型』税・財政システム」岡崎哲二・奥野正寛編『現代日本経済システムの源流』日本経済新聞社

神野直彦［2002］『財政学』有斐閣

神野直彦［2007］『財政学（改訂版）』有斐閣

神野直彦［2010］『「分かち合い」の経済学』岩波書店（岩波新書）

神野直彦［2012］「ユーロ危機に財政調整制度を学ぶ」『国際文化研修』第 75 号，48〜49 頁

神野直彦［2021］『財政学（第 3 版）』有斐閣

神野直彦・小西砂千夫［2020］『日本の地方財政（第 2 版）』有斐閣

鈴木武雄［1966］『近代財政金融（新訂版）』春秋社

鈴木武雄編［1961］『日本の財政——構造と機能』至誠堂

砂原庸介［2011］『地方政府の民主主義——財政資源の制約と地方政府の政策選択』有斐閣

スメルサー，N. J.（山中弘訳）［1996］『社会科学における比較の方法——比較文化論の基礎』玉川大学出版部（N. J. Smelser［1976］*Comparative Methods in the Social Sciences*, Prentice-Hall）

盛山和夫［2005］盛山和夫・土場学・野呂大志郎・織田輝哉編著『〈社会〉への知——現代社会学の理論と方法（上）』勁草書房

盛山和夫［2006］「敬虔主義から規範科学へ——数理社会学はなんの役に立つか」数理社会学会『理論と方法』第 21 巻第 2 号

セイラー，R. H.（遠藤真美訳）［2019］『行動経済学の逆襲』上・下，早川書房（ハヤカワ文庫）（R. H. Thaler［2015］*Misbehaving: The Making of Behavioral Economics*, W. W. Norton）

セネット，R.（北山克彦・高階悟訳）［1991］『公共性の喪失』晶文社（R. Sennett［1977］*The Fall of Public Man*, Knopf）

宋宇［2016］『小泉政権期における財政再建策の分析』横浜国立大学大学院博士論文

副田義也［2007］『内務省の社会史』東京大学出版会

曽我謙悟・待鳥聡史［2007］『日本の地方政治——二元代表制政府の政策選択』名古屋大学出版会

高木寿一［1969］「アドルフ・ワグナアの『財政学』における主要課題の解釈」『三田学会雑誌』第62巻第2号，109〜136頁

高瀬弘文［2011］「『あるべき国民』の再定義としての勤労の義務――日本国憲法上の義務に関する歴史的試論」『アジア太平洋研究』第36号，101〜119頁

高橋誠［1978］『現代イギリス地方行財政論』有斐閣

高端正幸［2022］「減税論に潜む日本財政の根本問題」『税研』第37巻第6号，37〜44頁

高端正幸・佐藤滋［2020］『財政学の扉をひらく』有斐閣

高橋涼太朗［2020］「1970年代後半における15か月予算の形成過程分析――『外圧』と大蔵省統制の関係に着目して」日本財政学会編『消費税率10％後の租税政策（財政研究第16巻）』日本財政学会

髙橋涼太朗・倉地真太郎［2022］「『移民政策』なき教育財政――外国につながる住民に向けた地方財政制度の視点から」『立教経済学研究』第75巻第4号，31〜57頁

武田隆夫［1985］『財政と財政学』東京大学出版会

田子一民［1982］「社会事業」田子一民・山崎巌，佐藤進編・解説『田子一民・山崎巌集』鳳書院（初版1922年，帝国地方行政学会）

建林正彦［1995］「国家論アプローチを超えて――比較政治経済学における合理的選択制度論の射程」『公共選択の研究』第26号，45〜57頁

田中光［2018］『もう一つの金融システム――近代日本とマイクロクレジット』名古屋大学出版会

谷村裕［1988］『私抄　大蔵省史話』資本市場研究会

筒井淳也［2016］「因果推論の限界についての社会学的検討」平子友長・橋本直人・佐山圭司・鈴木宗徳・景井充編著『危機に対峙する思考』梓出版社

デカルト，R.（谷川多佳子訳）［1997］『方法序説』岩波書店（岩波文庫）

テレ，B.（神田修悦・中原隆幸・宇仁宏幸・須田文明訳）［2001］『租税国家のレギュラシオン――政治的秩序における経済体制』世界書院（B. Théret［1992］*Régimes Économiques de L'ordre Politique: Esquisse D'une Théorie Régulationniste des Limites de L'Etat*, Presses Universitaires de France）

堂目卓生［2010］「経済学の基礎としての人間研究――学史的考察」日本経済学会編『日本経済学会75年史――回顧と展望』有斐閣

冨江直子［2007］『救貧のなかの日本近代――生存の義務』ミネルヴァ書房

豊福実紀［2017］「配偶者控除制度の変遷と政治的要因」『社会保障研究』第1巻第4号，845〜860頁

トラヴェルソ，E.（杜本元彦訳）［2010］『全体主義』平凡社（E. Traverso［2002］*Il totalitarismo*, Bruno Mondadori）

内務省地方局編［1907］『地方経営大観［明治］37・8年』内務省

中澤秀雄［2007］「地方自治体『構造分析』の系譜と課題――『構造』のすき間から多様化する地域」蓮見音彦編『村落と地域　講座社会学3』東京大学出版会

永田清［1937］『現代財政学の理論――既成体系の批判と反省』岩波書店

中谷義和［2016］「国家論の基礎概念――関係論的アプローチ」『立命館産業社会論集』第52巻第1号，53〜69頁

西岡晋［2005］「福祉国家縮減期における福祉政治とその分析視角」『公共研究』第2巻第2号，283〜303頁

西山一郎［2012］「地方財政史研究の過去・現在・未来――明治時代の研究に限定して」日本財政学会編『社会保障と財政――今後の方向性（財政研究第8巻）』日本財政学会

似田貝香門［1992］「現代都市の社会過程分析」鈴木広編著『現代都市を解読する』ミネルヴァ書房

似田貝香門・蓮見音彦編［1993］『都市政策と市民生活――福山市を対象に』東京大学出版会

二宮尊徳（述），（福住正兄著），児玉幸多訳［2012］『二宮翁夜話』中央公論新社（中公クラシックス）

沼尾波子［2014］「農山村の変容と公共事業――長野県小海町の事例を手掛かりにして」井手英策編『日本財政の現代史Ⅰ――土建国家の時代1960〜85年』有斐閣

沼尾波子・池上岳彦・木村佳弘・高端正幸［2017］『地方財政を学ぶ』有斐閣

野口雅弘［2011］『比較のエートス――冷戦の終焉以後のマックス・ウェーバー』法政大学出版局

野口悠紀雄・新村保子・内村広志・巾村和敏［1977］「予算における意思決定の分析」『経済分析』
　　第 66 号，1～130 頁

野口悠紀雄・新村保子・竹下正俊・金森俊樹・高橋俊之［1978］「地方財政における意思決定の分
　　析」『経済分析』第 71 号，1～190 頁

ノース D. C.＝R. P. トマス（速水融・穐本洋哉訳）［1994］『西欧世界の勃興――新しい経済史の試
　　み（増補版）』ミネルヴァ書房（D. C. North and R. P. Thomas ［1973］ *The Rise of the West-
　　ern World: A New Economic History*, Cambridge University Press）

野呂芳明［1997］「都市市民社会と階級・階層」蓮見音彦・似田貝香門・矢澤澄子編『現代都市と
　　地域形成――転換期とその社会形態』東京大学出版会

蓮見音彦編［1983］『地方自治体と市民生活』東京大学出版会

蓮見音彦・似田貝香門・矢澤澄子編［1990］『都市政策と地域形成――神戸市を対象に』東京大学
　　出版会

畑農鋭矢・林正義・吉田浩［2015］『財政学をつかむ（新版）』有斐閣

花戸竜蔵［1955］「ワグナーの『国家社会主義』とケインズ学派の経済・財政思想」『国民経済雑
　　誌』第 92 巻第 6 号，1～18 頁

林健久［1965］『日本における租税国家の成立』東京大学出版会

林健久［1992］『福祉国家の財政学』有斐閣

林健久・加藤榮一編［1992］『福祉国家財政の国際比較』東京大学出版会

バーリン，I.（生松敬三訳）［1966］『歴史の必然性』みすず書房

ピアソン，C.（田中浩・神谷直樹訳）［1996］『曲がり角にきた福祉国家――福祉の新政治経済学』
　　未來社（C. Pierson ［1991］ *Beyond the Welfare State? The New Political Economy of Wel-
　　fare*, Polity Press）

ピアソン，P.（粕谷祐子監訳・今井真士訳）［2010］『ポリティクス・イン・タイム――歴史・制
　　度・社会分析』ポリティカル・サイエンス・クラシックス 5，勁草書房（P. Pierson ［2004］
　　*Politics in Time: History, Institutions, and Social Analysis*, Princeton University Press）

稗田健志［2012］「日本政治研究における歴史的制度論のスコープと課題」『レヴァイアサン』第
　　51 号，174～180 頁

尾藤廣喜・小久保哲郎・吉永純編著，生活保護問題対策全国会議監修［2011］『生活保護「改革」
　　ここが焦点だ！――緊急出版 わかりやすい問題整理と重要資料満載』あけび書房

平田敬一郎・忠佐市・泉美之松編［1979］『昭和財制の回顧と展望（上巻）』大蔵財務協会

深尾京司［2020］『世界経済史から見た日本の成長と停滞――1868-2018』岩波書店

深谷克己［1993］『百姓成立』塙書房

藤田省三，飯田泰三・宮村治雄編［1996］『［新編］天皇制国家の支配原理』影書房

藤谷武史［2011］「財政制度をめぐる法律学と経済学の交錯――法律学の立場から」『フィナンシャ
　　ル・レビュー』通巻第 103 号，3～24 頁

藤谷武史［2014］「財政システムと立法」西原博史編『立法学のフロンティア 2――立法システム
　　の再構築』ナカニシヤ出版

藤谷武史［2016］「財政と金融市場の『法的な距離』――財政法学の研究課題の提示に向けて」『法
　　律時報』第 88 巻第 9 号，14～25 頁

藤谷武史［2019］「財政と金融の接点――『公債法』の構造・序説」『法律時報』第 91 巻第 12 号，
　　20～29 頁

フッサール，E.（小池稔訳）［1970a］「厳密な学としての哲学」細谷恒夫責任編集『世界の名著 51
　　ブレンターノ　フッサール』中央公論社（E. Husserl ［1911］ Philosophie als strenge Wissen-
　　schaft, Logos Bd. I, 1910-1911）

フッサール，E.（船橋弘訳）［1970b］「デカルト的省察」細谷恒夫責任編集『世界の名著 51　ブ
　　レンターノ　フッサール』中央公論社（E. Husserl ［1950］ Cartesianische Meditationen: Eine
　　Einleitung in die Phänomenologie, Husserliana Bd. I）

フッサール，E.（細谷恒夫・木田元訳）［1995］『ヨーロッパ諸学の危機と超越論的現象学』中央公

論社（中公文庫）（E. Husserl; W. Biemel (Hrsg.) [1954] Die Krisis der europäischen Wissenschaften und die transzendentale Phänomenologie: eine Einleitung in die phänomenologische Philosophie, M. Nijhoff）

フランクリン，B.（松本慎一・西川正身訳）[1957]『フランクリン自伝』岩波書店（B. Franklin [1818] *Memoirs of the life and writings of Benjamin Franklin …*, T. S. Manning）

プーランツァス，N.（田口富久治・山岸紘一訳）[1978]『資本主義国家の構造 I——政治権力と社会階級』未來社（Poulantzas, N. [1968] *Pouvoir politique et classes sociales de l'état capitaliste*, Françios Maspero）

ブリュア，J.（大久保桂子訳）[2003]『財政＝軍事国家の衝撃——戦争・カネ・イギリス国家 1688-1783』名古屋大学出版会（J. Brewer [1989] *The Sinews of Power: War, Money and the English State, 1688-1783*, Unwin Hyman）

古市将人 [2015]「財政と制度——予算編成によるニーズ捕捉の現代的意義」『三田学会雑誌』第 107 巻第 4 号，601〜611 頁

ブレイディ，H. E.＝コリアー，D.（泉川泰博・宮下明聡訳）[2014]『社会科学の方法論争——多様な分析道具と共通の基準（原著第 2 版）』勁草書房（H. E. Brady and D. Collier eds. [2010] *Rethinking Social Inquiry: Diverse Tools, Shared Standards*, 2nd ed., Rowman & Littlefield）

ブロック，M.（髙橋清德訳）[2017]『比較史の方法』講談社（講談社学術文庫）（M. Bloch [1928] "Pour une histoire comparée des sociétés européennes," *Revue de Synthèse Historique*, 46, pp. 15-50）

ペーターセン，K.＝S. クーンレ＝P. ケットネン編著（大塚陽子・上子秋生監訳）[2017]『北欧福祉国家は持続可能か——多元性と政策協調のゆくえ』ミネルヴァ書房

ベル，D.（内田忠夫・嘉治元郎・城塚登・馬場修一・村上泰亮・谷嶋喬四郎訳）[1975]『脱工業社会の到来（上）——社会予測の一つの試み』ダイヤモンド社（D. Bell [1973] *The Coming of Post-Industrial Society: A Venture in Social Forecasting*, Basic Books）

ベル，D.（林雄二郎訳）[1977]『資本主義の文化的矛盾（下）』講談社（D. Bell [1976] *The Cultural Contradictions of Capitalism*, Basic Books）

法政大学大原社会問題研究所・榎一江編 [2018]『戦時期の労働と生活』法政大学出版局

保城広至 [2015]『歴史から理論を創造する方法——社会科学と歴史学を統合する』勁草書房

細谷恒夫 [1970]「現象学の意義とその展開」細谷恒夫責任編集『世界の名著 51　ブレンターノ フッサール』中央公論社

ボニー，R.（玉木俊明訳）[2002]「重商主義時代のヨーロッパ財政史」『立教経済学研究』第 56 巻 2 号，127〜152 頁

ポパー，K. R.（大内義一・森博訳）[1971]『科学的発見の論理（上）』恒星社厚生閣

ポメランツ，K.（川北稔監訳）[2015]『大分岐——中国，ヨーロッパ，そして近代世界経済の形成』名古屋大学出版会（K. Pomeranz [2000] *The Great Divergence: China, Europe, and the Making of the Modern World Economy*, Princeton University Press）

ポランニー，K.（福田邦夫・池田昭光・東風谷太一・佐久間寛訳）[2015]『経済と自由——文明の転換』筑摩書房（ちくま学芸文庫）（K. Polanyi [2014] *For A New West: Essays, 1919-1958*, Polity）

米原七之助 [1932]「ゴールドシャイドの財政学説と其批判——財政社会学の一節」『経済学研究』第 2 巻第 2 号，187〜213 頁

前田健太郎 [2016]「事例研究における根本的な原因の発見」『国家学会雑誌』第 129 巻第 1・2 号，1〜55 頁

マスグレイブ，R. A.（木下和夫監修，大阪大学財政研究会訳）[1961]『財政理論　I』有斐閣（R. A. Musgrave [1959] *The Theory of Public Finance: A Study in Public Economy*, McGraw-Hill）

松方正義 [1970]「帝国財政」大隈重信撰，副島八十六編『開国五十年史（上）』原書房（初版 1907 年，開国五十年史発行所）

松沢裕作 [2013]『町村合併から生まれた日本近代——明治の経験』講談社（講談社選書メチエ）

松沢裕作 [2018]『生きづらい明治社会——不安と競争の時代』岩波書店（岩波ジュニア新書）

松沢裕作［2022］『日本近代村落の起源』岩波書店

マッハ，E.（廣松渉編訳）［2002］『認識の分析』法政大学出版局

真渕勝［1987］「アメリカ政治学における『制度論』の復活」『思想』第 761 号，126〜154 頁

マルクス，K.（今村仁司・三島憲一・鈴木直訳）［2005］『資本論　第 1 巻（上）』筑摩書房（K. Marx［1962］Das Kapital: Kritik der Politischen Ökonomie, Dietz）

丸山泰男［1945］「国家財政の段階理論——ワグナーとシュタインをめぐって」『北方経済研究』第 2 巻，95〜118 頁

宮崎雅人［2008］「租税政策形成過程の分析——市町村民税所得割の課税方式の統一を事例に」『エコノミア』第 59 巻第 2 号，79〜95 頁

宮崎雅人［2015］「都道府県における予算編成過程に関する分析」『自治総研』第 41 巻第 443 号，52〜78 頁

宮崎雅人［2018］『自治体行動の政治経済学——地方財政制度と政府間関係のダイナミズム』慶應義塾大学出版会

宮沢俊義［1978］芦部信喜補訂『全訂日本国憲法』日本評論社

宮島洋［1989］『財政再建の研究——歳出削減政策をめぐって』有斐閣

宮地正人［1973］『日露戦後政治史の研究——帝国主義形成期の都市と農村』東京大学出版会

宮本憲一［1981］『現代資本主義と国家』岩波書店

宮本憲一［2007］「〈書評〉財政史研究の新しい道はしめされたか——井手英策著『高橋財政の研究』を読んで」『書斎の窓』567 号，44〜48 頁

宮本憲一編［1977］『大都市とコンビナート・大阪　講座 地域開発と自治体 1』筑摩書房

ミュラー，J. Z.（池田幸弘訳）［2018］『資本主義の思想史——市場をめぐる近代ヨーロッパ 300 年の知の系譜』東洋経済新報社（J. Z. Muller［2002］The Mind and the Market: Capitalism in Modern European Thought, Alfred A. Knopf）

村松怜［2015］「『近代財政』の再検討」『三田学会雑誌』第 107 巻第 4 号，613〜628 頁

茂住政一郎［2015］「既存財政学批判と財政社会学——その方法的根幹としての『財政史的考察方法』の検討」『三田学会雑誌』第 107 巻第 4 号，629〜649 頁

茂住政一郎［2019a］「クリントン政権期における 2 つの税制改正と『中間層』——近年の租税支出に対する評価を踏まえて」『財政と公共政策』第 66 巻，41〜57 頁

茂住政一郎［2019b］「環境税の財政社会学——その問題意識」『エコノミア』第 69 巻第 2 号，1〜4 頁

持田信樹・今井勝人編著［2014］『ソブリン危機と福祉国家財政』東京大学出版会

森達也［2005］「アイザイア・バーリンの捉える反啓蒙主義思想の端緒——実存的歴史観を手がかりとして」『イギリス哲学研究』第 28 号，19〜32 頁

森道哉［2016］「政策過程の研究のなかの公衆——政策フィードバック論の地平」『公共政策研究』第 16 巻，7〜18 頁

安丸良夫［1999］『日本の近代化と民衆思想』平凡社（平凡社ライブラリー）

安丸良夫［2013］『出口なお——女性教祖と救済思想』岩波書店（岩波現代文庫）

山崎巌［1982］「救貧法制要義」田子一民・山崎巌，佐藤進編・解説『田子一民・山崎巌集』鳳書院（初版 1931 年，良書普及会）

山﨑善弘［2007］『近世後期の領主支配と地域社会——「百姓成立」と中間層』清文堂出版

山下覚太郎［1934a］「『財政社会学』の意義および方法（その一）」『国民経済雑誌』第 56 巻第 6 号，886〜904 頁

山下覚太郎［1934b］「『財政社会学』の意義および方法（その二）」『国民経済雑誌』第 57 巻第 1 号，91〜110 頁

山下覚太郎［1962］『「財政社会学」研究——財政学の方法と体系』東洋経済新報社

湯浅陽一［2018］『エネルギーと地方財政の社会学——旧産炭地と原子力関連自治体の分析』春風社

湯元健治・佐藤吉宗［2010］『スウェーデン・パラドックス——高福祉，高競争力経済の真実』日本経済新聞出版社

横田茂［2015］「財政の社会過程分析と財政学——都市財政研究における学際的交流と継受」『関西

大学商学論集』第 60 巻第 1 号，113〜127 頁

横田茂［2017］「1970 年代の参加型予算論」『関西大学商学論集』第 62 巻第 1 号，53〜78 頁

横山寛和［2015］『公的年金の持続可能性分析——年金数理とバランスシートによる接近』日本評論社

吉田久一［1960］「明治維新における救貧制度」日本社会事業大学救貧制度研究会編『日本の救貧制度』勁草書房

吉田久一［2004］『新・日本社会事業の歴史』勁草書房

米沢和彦［1991］『ドイツ社会学史研究——ドイツ社会学会の設立とヴァイマル期における歴史的展開』恒星社厚生閣

ライヘンバッハ，H.（市井三郎訳）［1954］『科学哲学の形成』みすず書房（H. Reichenbach [1951] *The Rise of Scientific Philosophy*, University of California Press）

レイガン，C. C.（鹿又伸夫監訳）［1993］『社会科学における比較研究——質的分析と計量的分析の統合にむけて』ミネルヴァ書房（C. C. Ragin [1987] *The Comparative Method: Moving Beyond Qualitative and Quantitative Strategies*, University of California Press）

レーニン［1964］「競争をどう組織するか」ソ連邦マルクス・レーニン主義研究所編（レーニン全集刊行委員会訳）『レーニン三巻選集　第二巻　第三文冊』大月書店（国民文庫）（原典は 1917 年）

ワグナー，A.（瀧本美夫解説）［1905］『ワグナー氏財政学　再版』同文舘

ワーグナー，A.（瀧本美夫訳編）［1904a］『ワグナー氏財政学　上巻』同文舘

ワーグナー，A.（瀧本美夫訳編）［1904b］『ワグナー氏財政学　下巻』同文舘

和足憲明［2014］『地方財政赤字の実証分析——国際比較における日本の実態』ミネルヴァ書房


Aarøe, L. and M. B. Petersen [2014] "Crowding Out Culture: Scandinavians and Americans Agree on Social Welfare in the Face of Deservingness Cues," *The Journal of Politics*, 76 (3), pp. 684-697.

Acemoglu, D. [2005] "Politics and Economics in Weak and Strong States," *Journal of Monetary Economics*, 52 (7), pp. 1199-1226.

Acemoglu, D., C. Garcia-Jimeno and J. A. Robinson [2015] "The Role of State Capacity in Economic Development," *The Political Economist*, 11 (1), pp. 7-9.

Alesina, A. and P. Giuliano [2009] "Preferences for Redistribution," IZA Discussion Paper, (1056), pp. 1-38.

Alston, L. J. [2008] "New Institutional Economics," S. N. Durlauf and L. E. Blume eds., *The New Palgrave Dictionary of Economics*, 2nd ed., Vol. 6, Palgrave Macmillan.

Alt, J., I. Preston and L. Sibieta [2010] "The Political Economy of Tax Policy," Institute for Fiscal Studies eds., *Dimensions of Tax Design: The Mirrlees Review*, Oxford University Press.

Ando, M. and M. Furuichi [2022] "The Association of COVID-19 Employment Shocks with Suicide and Safety Net Use: An Early-stage Investigation," *PLOS ONE*, 17 (3), e0264829.

Atkinson, A. B. [2015] *Inequality: What Can Be Done?*, Harvard University Press.（A. B. アトキンソン〔山形浩生・森本正史訳〕［2015］『21 世紀の不平等』東洋経済新報社）

Attewell, D. [2020] "Deservingness Perceptions, Welfare State Support and Vote Choice in Western Europe," *West European Politics*, 44 (3), pp. 611-634.

Backhaus, J. G. ed. [2013] *Essentials of Fiscal Sociology: Conception of an Encyclopedia*, PL Academic Research.

Backhaus, J. G. and R. E. Wagner [2005] "Continental Public Finance: Mapping and Recovering a Tradition," *Journal of Public Finance and Public Choice*, 23 (1-2), pp. 43-67.

Backhaus, J. G. and R. E. Wagner eds. [2004] *Handbook of Public Finance*, Springer.

Balla, E. and N. D. Johnson [2009] "Fiscal Crisis and Institutional Change in the Ottoman Empire and France," *The Journal of Economic History*, 69 (3), pp. 809-845.

Bang, P. F. [2015] "Tributary Empires and the New Fiscal Sociology: Some Comparative Reflections," A. Monson and W. Scheidel eds., *Fiscal Regimes and the Political Economy of Premodern States*, Cambridge University Press.

Barr, N. [2001] *The Welfare State as Piggy Bank: Information, Risk, Uncertainty, and the Role of the State*, Oxford University Press.

Béland, D. and A. Lecours [2014] "Fiscal Federalism and American Exceptionalism: Why Is There No Federal Equalisation System in the United States?" *Journal of Public Policy*, 34 (2), pp. 303-329.

Berenson, M. P. [2018] *Taxes and Trust: From Coercion to Compliance in Poland, Russia and Ukraine*, Cambridge University Press.

Bergman, M. [2009] *Tax Evasion and the Rule of Law in Latin America: The Political Culture of Cheating and Compliance in Argentina and Chile*, Pennsylvania State University Press.

Bergman, M. and S. H. Steinmo [2018] "Taxation and Consent: Implications for Developing Nations," S. H. Steinmo ed., *The Leap of Faith: The Fiscal Foundations of Successful Government in Europe and America*, Oxford University Press.

Besley, T. and T. Persson [2011] *Pillars of Prosperity: The Political Economics of Development Clusters*, Princeton University Press.

Besley, T. and T. Persson [2013] "Taxation and Development," A. J. Auerbach, R. Chetty, M. Feldstein and E. Saez eds., *Handbook of Public Economics*, Vol. 5, Elsevier.

Besley, T. and T. Persson [2014a] "The Causes and Consequences of Development Clusters: State Capacity, Peace, and Income," *Annual Review of Economics*, 6, pp. 927-949.

Besley, T. and T. Persson [2014b] "Why Do Developing Countries Tax So Little?" *The Journal of Economic Perspectives*, 28 (4), pp. 99-120.

Blyth, M. [2002] *Great Transformations: Economic Ideas and Institutional Change in the Twentieth Century*, Cambridge University Press.

Boadway, R. [1997] "Public Economics and the Theory of Public Policy," *The Canadian Journal of Economics*, 30 (4a), pp. 753-772.

Boadway, R. and B. Raj [1999] "Contemporary Issues in Empirical Public Finance," *Empirical Economics*, 24 (4), pp. 563-569.

Bonney, R. [1999] "Introduction," R. Bonney ed., *The Rise of the Fiscal State in Europe, c. 1200-1815*, Oxford University Press.

Bonney, R. ed. [1995] *Economic Systems and State Finance*, Oxford University Press.

Bonney, R. ed. [1999] *The Rise of the Fiscal State in Europe, c. 1200-1815*, Oxford University Press.

Bonney, R. and W. M. Ormrod [1999] "Introduction: Crises, Revolutions and Self-sustained Growth: Towards a Conceptual Model of Change in Fiscal History," W. M. Ormrod, M. Bonney and R. Bonney eds., *Crises, Revolutions and Self-sustained Growth: Essays in European Fiscal History, 1130-1830*, Shaun Tyas.

Bowles, S. [2004] *Microeconomics: Behavior, Institutions, and Evolution*, Princeton University Press. (S. ボウルズ［塩沢由典・磯谷明徳・植村博恭訳］[2013]『制度と進化のミクロ経済学』NTT 出版)

Bozzi, P. [2020] "Tagungsberichte: Not Paying Taxes: Tax Evasion, Tax Avoidance and Tax Resistance in Historical Perspective," 26. 03. 2020 - 27. 03. 2020 digital workshop, in: H-Soz-Kult, 30. 05. 2020. (https://www.hsozkult.de/conferencereport/id/tagungsberichte-8775)

Brady D. and A. Bostic [2015] "Paradoxes of Social Policy: Welfare Transfers, Relative Poverty, and Redistribution Preferences," *American Sociological Review*, 80 (2), pp. 268-298.

Braithwaite, V. and M. Levi eds. [1998] *Trust and Governance*, Russell Sage Foundation.

Branco, R. and E. Costa [2019] "The Golden Age of Tax Expenditures: Fiscal Welfare and Inequality in Portugal (1989-2011)," *New Political Economy*, 24 (6), 780-797.

Brennan, G. and J. M. Buchanan [1980] *The Power to Tax: Analytical Foundations of a Fiscal*

*Constitution*, Cambridge University Press.（C. ブレナン = J. M. ブキャナン〔深沢実・菊池威・平沢典男訳〕［1984］『公共選択の租税理論——課税権の制限』文眞堂）

Brennan G. and J. M. Buchanan［1985］*The Reason of Rules: Constitutional Political Economy*, Cambridge University Press.（C. ブレナン = J. M. ブキャナン〔深沢実監訳，菊池威・小林逸太・本田明美訳〕［1989］『立憲的政治経済学の方法論——ルールの根拠』文眞堂）

Broadberry, S.［2015］"Accounting for the Great Divergence"（http://www.ehes.org/ehes2015/papers/Broadberry.pdf）

Brockmann, H., P. Genschel, and L. Seelkopf［2016］"Happy Taxation: Increasing Tax Compliance through Positive Rewards?" *Journal of Public Policy*, 36, Supplement 3, 381-406.

Brooks C. and J. Manza［2006］"Social Policy Responsiveness in Developed Democracies," *American Sociological Review*, 71 (3), pp. 474-494.

Brownlee, W. E.［1996］*Funding the Modern American State, 1941-1995: The Rise and Fall of the Era of Easy Finance*, Cambridge University Press and Woodrow Wilson Center Press.

Brownlee, W. E.［2016］*Federal Taxation in America: A History*, Cambridge University Press.

Brownlee, W. E., E. Ide and Y. Fukagai eds.［2013］*The Political Economy of Transnational Tax Reform: The Shoup Mission to Japan in Historical Context*, Cambridge University Press.

Buchanan, J. M.［1987］"The Constitution of Economic Policy," *The American Economic Review*, 77 (3), pp. 243-250.

Buchanan, J. M. and R. A. Musgrave［1999］*Public Finance and Public Choice: Two Contrasting Visions of the State*, MIT Press.（J. M. ブキャナン = R. A. マスグレイブ〔関谷登・横山彰監訳，大泉智宏・徐宰成・鈴木義浩・朝尾直太訳〕［2003］『財政学と公共選択——国家の役割をめぐる大激論』勁草書房）

Buggeln, M, M. Daunton and A. Nützenadel eds.［2017］*The Political Economy of Public Finance: Taxation, State Spending, and Debt Since the 1970s*, Cambridge University Press.

Busemeyer, M. R., A. Abrassart and R. Nezi［2021］"Beyond Positive and Negative: New Perspectives on Feedback Effects in Public Opinion on the Welfare State," *British Journal of Political Science*, 51 (1), pp. 137-162.

Calder, K. E.［1988］*Crisis and Compensation: Public Policy and Political Stability in Japan, 1949-1986*, Princeton University Press.

Campbell, J. C.［1992］*How Politics Change: The Japanese Government and the Aging Society*, Princeton University Press.

Campbell, J. L.［1993］"The State and Fiscal Sociology," *Annual Review of Sociology*, 19, pp. 163-185.

Campbell, J. L.［1996］"An Institutional Analysis of Fiscal Reform in Postcommunist Europe," *Theory and Society*, 25 (1), pp. 45-84.

Campbell, J. L.［2005］"Fiscal Sociology in an Age of Globalization: Comparing Tax Regimes in Advanced Capitalist Countries," V. Nee and R. Swedberg eds., *The Economic Sociology of Capitalism*, Princeton University Press.

Campbell, J. L. and M. P. Allen［1994］"The Political Economy of Revenue Extraction in the Modern State: A Time Series of Analysis of U.S. Income Taxes, 1916-1986," *Social Forces*, 72 (3), pp. 643-669.

Cardoso, J. L. and P. Lains［2010］"Introduction: Paying for The Liberal State," J. L. Cardoso and P. Lains eds., *Paying for The Liberal State: The Rise of Public Finance in Nineteenth-Century Europe*, Cambridge University Press.

Cardoso, J. L. and P. Lains eds.［2010］*Paying for The Liberal State: The Rise of Public Finance in Nineteenth-Century Europe*, Cambridge University Press.

Cavaciocchi, S. ed.［2008］*La fiscalità nell'economia europea. Secc. XIII-XVIII（Fiscal Systems in the European Economy from the 13th to the 18th Centuries）*, Firenze University Press.

Cavaillé, C. and K.-S. Trump［2015］"The Two Facets of Social Policy Preferences," *The Journal of Politics*, 77 (1), pp. 146-160.

Cingolani, L. [2018] "The Role of State Capacity in Development Studies," *Journal of Develop-ment Perspectives*, 2 (1-2), pp. 88-114.

Coffman, D. [2018] "Modern Fiscal Sociology," I. Cardinale and R. Scazzieri eds., *The Palgrave Handbook of Political Economy*, Palgrave Macmillan.

Costa, L. F. and P. B. Brito [2018] "Why Did People Pay Taxes? Fiscal Innovation in Portugal and State Making in Times of Political Struggle (1500-1680)," Working Papers GHES - Office of Economic and Social History, 2018/59, ISEG - Lisbon School of Economics and Management, GHES - Social and Economic History Research Unit, Universidade de Lisboa.

Coughlin, R. M. [1980] *Ideology, Public Opinion and Welfare Policy: Attitudes Towards Taxes and Spending in Industrialized Societies*, University of California.

Crowhurst, I. [2019] "The Ambiguous Taxation of Prostitution: The Role of Fiscal Arrangements in Hindering the Sexual and Economic Citizenship of Sex Workers," *Sexuality Research and Social Policy*, 16, pp. 166-178.

D'Arcy, M. and M. Nistotskaya [2018] "The Early Modern Origins of Contemporary European Tax Outcomes," *European Journal of Political Research*, 57 (1), 47-67.

D'Attoma, J. [2020] "More Bang for Your Buck: Tax Compliance in the United States and Italy," *Journal of Public Policy*, 40 (1), pp. 1-24.

Daunton, M. [1998] "Trusting Leviathan: British Fiscal Administration from the Napoleonic Wars to the Second World War," V. Braithwaite and M. Levi eds., *Trust and Governance*, Russell Sage Foundation.

Daunton, M. [2001] *Trusting Leviathan: The Politics of Taxation in Britain, 1799-1914*, Cambridge University Press.

Daunton, M. [2002] *Just Taxes: The Politics of Taxation in Britain, 1914-1979*, Cambridge University Press.

Delalande, N. and R. Huret [2013] "Tax Resistance: A Global History?" *Journal of Policy History*, 25 (3), pp. 301-307.

Dincecco, M. and G. Katz [2016] "State Capacity and Long-Run Economic Performance," *The Economic Journal*, 126 (590), pp. 189-218.

Dodson, K. [2017] "Economic Change and Class Conflict over Tax Attitudes: Evidence from Nine Advanced Capitalist Democracies," *Social Forces*, 95 (4), 1509-1538.

Ertman, T. [1994] "The Sinews of Power and European State-Building Theory," L. Stone ed., *An Imperial State at War: Britain from 1689 to 1815*, Routledge.

Ertman, T. [1997] *Birth of the Leviathan: Building States and Regimes in Medieval and Early Modern Europe*, Cambridge University Press.

Ertman, T. [1999] "Explaining Variation in Early Modern State Structure: The Cases of England and the German Territorial States," J. Brewer and E. Hellmuth eds., *Rethinking Leviathan: The Eighteenth-Century State in Britain and Germany*, Oxford University Press.

Esping-Andersen, G. [1990] *The Three Worlds of Welfare Capitalism*, Polity Press. (G. エスピン-アンデルセン〔岡沢憲芙・宮本太郎監訳〕[2001]『福祉資本主義の三つの世界——比較福祉国家の理論と動態』ミネルヴァ書房)

Estévez-Abe, M. [2008] *Welfare and Capitalism in Postwar Japan*, Cambridge University Press.

Evans, P. B., D. Rueschemeyer and T. Skocpol eds. [1985] *Bringing the State Back in*, Cambridge University Press.

Exner, G. [2004] "Rudolf Goldscheid (1870-1931) and the Economy of Human Beings: A New Point of View on the Decline of Fertility in the Time of the First Demographic Transition," *Vienna Yearbook of Population Research*, 2, pp. 283-301.

Exner, G. [2010] "A Berlin (Population) Statistician as a Forerunner of the Concept of the „Human Capital". Ernst Engel (1821-1896) and His Influence on Rudolf Goldscheid's Concept of "Economy of Human Beings" and the "Organic Capital"," (http://epc2010.princeton.edu/papers/100043, viewed 2022-07-04)

Fong, C. M., S. Bowles and H. Gintis [2006] "Strong Reciprocity and the Welfare State," S. Kolm and J. M. Ythier eds., *Handbook of the Economics of Giving, Altruism and Reciprocity*, Vol. 2, North Holland.

Garcia, M. M. and C. v. Haldenwang [2016] "Do Democracies Tax More? Political Regime Type and Taxation," *Journal of International Development*, 28, 485–506.

Gaspar, V., L. Jaramillo and P. Wingender [2016] "Tax Capacity and Growth: Is there a Tipping Point?" *IMF Working Papers*, 2016 (234).

Genet, J.-P. [1992] "Introduction: Which State Rises?" *Historical Research*, 65 (157), pp. 119–133.

Gilbert, N. [2002] *Transformation of the Welfare State: The Silent Surrender of Public Responsibility*, Oxford University Press.

Glete, J. [2002] *War and the State in Early Modern Europe: Spain, the Dutch Republic and Sweden as Fiscal-Military States, 1500–1660*, Routledge.

Goertz G. and J. Mahoney [2012] *A Tale of Two Cultures: Qualitative and Quantitative Research in the Social Sciences*, Princeton University Press.

Goldscheid, R. [1958] "A Sociological Approach to Problems of Public Finance," R. A. Musgrave and A. T. Peacock eds., *Classics in the Theory of Public Finance*, St. Martin's Press. (R. Goldscheid [1925] Staat, öffentlicher Haushalt und Gesellschaft, Wesen und Aufgaben der Finanzwissenschaften vom Standpunkte der Soziologie, W. Gerloff and F. Meisel (Hrsg.), Handbuch der Finanzwissenschaft, 1, S. 146–185).

Hall, P. A. [1986] *Governing the Economy: The Politics of State Intervention in Britain and France*, Oxford University Press.

Halsey, S. R. [2013] "Money, Power, and the State: The Origins of the Military-Fiscal State in Modern China," *Journal of the Economic and Social History of the Orient*, 56 (3), pp. 392–432.

Hansen, A. H. [1941] *Fiscal Policy and Business Cycles*, Norton.

He, W. [2013] *Paths Toward the Modern Fiscal State: England, Japan, and China*, Harvard University Press.

Hedges, A. [2005] "Perceptions of Redistribution: Report on Exploratory Qualitative Research," LSE STICERD Research Paper, CASE096, pp. 1–83.

Hicks, U. K. [1968] *Public Finance*, 3rd ed., J. Nisbet.

Hobson, J. M. [1997] *The Wealth of States: A Comparative Sociology of International Economic and Political Change*, Cambridge University Press.

Hodgson, G. M. [2001] *How Economics Forgot History: The Problem of Historical Specificity in Social Science*, Routledge.

Hodgson, G. M. [2018] "Institutional Economics," L. Fischer, J. Hasell, J. C. Proctor, D. Uwakwe, Z. Ward-Perkins and C. Watson eds., *Rethinking Economics: An Introduction to Pluralist Economics*, Routledge.

Hoffman, P. T. [2015] "What Do States Do? Politics and Economic History," *The Journal of Economic History*, 75 (2), pp. 303–332.

Hoffman, P. T. and K. Norberg [1994] "Introduction," P. T. Hoffman and K. Norberg eds., *Fiscal Crises, Liberty, And Representative Government, 1450–1789*, Stanford University Press.

Holmberg, S. and B. Rothstein [2020] "Social Trust -The Nordic Gold?" University of Gothenburg Working Paper Series 2020:1.

Huerlimann, G. [2017] "Swiss Worlds of Taxation: The Political Economy of Fiscal Federalism and Tax Competition," M. Buggeln, M. Daunton and A. Nützenadel eds., *The Political Economy of Public Finance: Taxation, State Spending and Debt Since the 1970s*, Cambridge University Press.

Huerlimann, G., W. E. Brownlee and E. Ide eds. [2018] *Worlds of Taxation: The Political Economy of Taxing, Spending and Redistribution Since 1945*, Palgrave Macmillan.

Huret, R. D. [2014] *American Tax Resisters*, Harvard University Press.

Ide, E. [2018] "The Rise and Fall of the Industrious State: Why Did Japan's Welfare State Differ from European-Style Models?" G. Huerlimann, W. E. Brownlee and E. Ide eds., *Worlds of Taxation: The Political Economy of Taxing, Spending, and Redistribution Since 1945*, Palgrave Macmillan.

Ide, E. and G. Park eds. [2015] *Deficits and Debt in Industrialized Democracies*, Routledge.

Ide, E. and S. Steinmo [2009] "The End of the Strong State: On the Evolution of Japanese Tax Policy," I. Martin, A. K. Mehrotra and M. Prasad eds., *The New Fiscal Sociology: Taxation in Comparative and Historical Perspective*, Cambridge University Press.

IMF [2011] "Revenue Mobilization in Developing Countries," *IMF Policy Papers*, IMF.

IMF [2015] "Current Challenges in Revenue Mobilization: Improving Tax Compliance", *IMF Policy Papers*.

Immergut, E. M. [1998] "The Theoretical Core of the New Institutionalism," *Politics & Society*, 26 (1), pp. 5-34.

Jacobs, A. M. and R. K. Weaver [2015] "When Policies Undo Themselves: Self-Undermining Feedback as a Source of Policy Change," *Governance*, 28 (4), pp. 441-457.

Jacques O. and A. Noël [2018] "The Case for Welfare State Universalism, or the Lasting Relevance of the Paradox of Redistribution," *Journal of European Social Policy*, 28 (1), pp. 70-85.

Jacques O. and A. Noël [2021] "Targeting Within Universalism," *Journal of European Social Policy*, 31 (1), pp. 15-29.

James, K. [2015] *The Rise of the Value-Added Tax*, Cambridge University Press.

Jansson, J. [2018] "Creating Tax-Compliant Citizens in Sweden: The Role of Social Democracy," S. H. Steinmo ed., *The Leap of Faith: The Fiscal Foundations of Successful Government in Europe and America*, Oxford University Press.

Jeene, M., W. van Oorschot and W. Uunk [2014] "The Dynamics of Welfare Opinions in Changing Economic, Institutional and Political Contexts: An Empirical Analysis of Dutch Deservingness Opinions, 1975-2006," *Social Indicators Research*, 115 (2), pp. 731-749.

Johnson, C. [1982] *MITI and Japanese Miracle: The Growth of Industrial Policy, 1925-1975*, Stanford University Press.

Johnson, N. D. and M. Koyama [2014a] "Tax Farming and the Origins of State Capacity in England and France," *Explorations in Economic History*, 51, pp. 1-20.

Johnson, N. D. and M. Koyama [2014b] "Taxes, Lawyers, and the Decline of Witch Trials in France," *The Journal of Law and Economics*, 57 (1), pp. 77-112.

Johnson, N. D. and M. Koyama [2017] "States and Economic Growth: Capacity and Constraints," *Explorations in Economic History*, 64, pp. 1-20.

Jones, O. [2016] *Chavs: The Demonization of the Working Class*, Verso. (O. ジョーンズ〔依田卓巳訳〕[2017]『チャヴ——弱者を敵視する社会』海と月社)

Kanter, D. and P. Walsh [2019] *Taxation, Politics, and Protest in Ireland, 1662-2016*, Palgrave Macmillan.

Karaman, K. K. and Ş. Pamuk [2010] "Ottoman State Finances in European Perspective, 1500-1914," *The Journal of Economic History*, 70 (3), pp. 593-629.

Katznelson, I. and B. R. Weingast [2005] "Intersections Between Historical and Rational Choice Institutionalism," I. Katznelson and B. R. Weingast eds., *Preferences and Situations: Points of Intersection Between Historical and Rational Choice Institutionalism*, Russell Sage Foundation.

Kenworthy L. [2011] *Progress for the Poor*, Oxford University Press.

Kidder, J. L. and I. W. Martin [2012] "What We Talk About When We Talk About Taxes," *Symbolic Interaction*, 35 (2), pp. 123-145.

Kiser, E. and S. M. Karceski [2017] "Political Economy of Taxation," *Annual Review of Political Science*, 20, 75-92.

Kiser, E. and M. Levi [2015] "Interpreting the Comparative History of Fiscal Regimes," A. Monson and W. Scheidel eds., *Fiscal Regimes and the Political Economy of Premodern States*,

Cambridge University Press.

Koreh, M. [2017] "The Fiscal Politics of Welfare State Expansion: The Case of Social Insurance in Isräel," *Journal of European Social Policy*, 27 (2), pp. 158-172.

Korpi, W. and J. Palme [1998] "The Paradox of Redistribution and Strategies of Equality: Welfare State Institutions, Inequality, and Poverty in the Western Countries," *American Sociological Review*, 63 (5), pp. 661-687.

Kotsonis, Y. [2014] *States of Obligation: Taxes and Citizenship in the Russian Empire and Early Soviet Republic*, University of Toronto Press.

Krüger, K. [1987] "Public Finance and Modernisation: The Change from Domain State to Tax State in Hesse in the Sixteenth and Seventeenth centuries—A Case Study," P.-C. Witt ed., *Wealth and Taxation in Central Europe: The History and Sociology of Public Finance*, Berg Publishers.

Laenen, T. [2020] *Welfare Deservingness and Welfare Policy: Popular Deservingness Opinions and Their Interaction With Welfare State Policies*, Edward Elgar Publishing.

Laffont, J.-J. [2002] "Public Economics Yesterday, Today and Tomorrow," *Journal of Public Economics*, 86 (3), pp. 327-334.

Larsen, C. A. [2008] "The Institutional Logic of Welfare Attitudes: How Welfare Regimes Influence Public Support," *Comparative Political Studies*, 41 (2), pp. 145-168.

Larsen, C. A. and T. E. Dejgaard [2013] "The Institutional Logic of Images of the Poor and Welfare Recipients: A Comparative Study of British, Swedish and Danish Newspapers," *Journal of European Social Policy*, 23 (3), pp. 287-299.

Larsen, E. G. [2019] "Policy Feedback Effects on Mass Publics: A Quantitative Review," *Policy Studies Journal*, 47 (2), pp. 372-394.

Leaman, J. and A. Waris [2013] "Introduction: Why Tax Justice Matters in Global Economic Development," J. Leaman and A. Waris eds., *Tax Justice and the Political Economy of Global Capitalism, 1945 to the Present*, Berghahn.

Lee, M. and N. Zhang [2017] "Legibility and the Informational Foundations of State Capacity," *The Journal of Politics*, 79 (1), pp.118-132.

Leroy, M. [2011] *Taxation, the State and Society: The Fiscal Sociology of Interventionist Democracy*, Peter Lang.

Levi, M. [1988] *Of Rule and Revenue*, University of California Press.

Levi, M. [1997] *Consent, Dissent, and Patriotism*, Cambridge University Press.

Levi, M. and L. Stoker [2000] "Political Trust and Trustworthiness," *Annual Review of Political Science*, 3 (1), pp. 475-507.

Lindert, P. H. [1996] "What Limits Social Spending?" *Explorations in Economic History*, 33 (1), pp. 1-34.

Lindert, P. H. [2004] *Growing Public: Social Spending and Economic Growth Since the Eighteenth Century*, Cambridge University Press.

Liu, W. G. [2015] "The Making of a Fiscal State in Song China, 960-1279," *The Economic History Review*, 68 (1), pp. 48-78.

Locke, R. M. and K. Thelen [1995] "Apples and Oranges Revisited: Contextualized Comparisons and the Study of Comparative Labor Politics," *Politics and Society*, 23 (3), pp. 337-367.

Lowe, R. [2003] "Review: Just Taxes: The Politics of Taxation in Britain, 1914-1979. by Martin Daunton," *Twentieth Century British History*, 14 (3), pp. 305-307.

Ma, D. and J. Rubin [2019] "The Paradox of Power: Principal-Agent Problems and Administrative Capacity in Imperial China (and Other Absolutist Regimes)," *Journal of Comparative Economics*, 47 (2), pp. 277-294.

Mahoney, J. and D. Rueschemeyer [2003] "Comparative Historical Analysis: Achievements and Agendas," J. Mahoney and D. Rueschemeyer eds., *Comparative Historical Analysis in the Social Sciences*, Cambridge University Press.

Mahoney, J. and D. Rueschemeyer eds. [2003] *Comparative Historical Analysis in the Social Sciences*, Cambridge University Press.

Major, A. and J. McCabe [2014] "The Adversarial Politics of Fiscal Federalism: Tax Policy and the Conservative Ascendancy in Canada, 1988-2008," *Social Science History*, 38 (3-4), pp. 333-358.

Mann, F. K. [1943] "The Sociology of Taxation," *The Review of Politics*, 5 (2), pp. 225-235.

Mann, F. K. [1947] "The Fiscal Component of Revolution: An Essay in Fiscal Sociology," *The Review of Politics*, 9 (3), pp. 331-349.

Mann, F. K. [1955] "Finanzsoziologie," W. Bernsdorf and F. Bülow (Hrsg.), Wörterbuch der Soziologie, Ferdinand Enke.

Mann, M. [1980] "State and Society, 1130-1815: An Analysis of English State Finances," M. Zeitlin ed., *Political Power and Social Theory*, Vol. 1, JAI Press.

Marciano, A. [2016] "Buchanan's Non-Coercive Economics for Self-Interested Individuals: Ethics, Small Groups, and the Social Contract," *Journal of the History of Economic Thought*, 38 (1), pp. 1-20.

Martin, I. W. [2008] *The Permanent Tax Revolt: How the Property Tax Transformed American Politics*, Stanford University Press.

Martin, I. W. [2013] *Rich People's Movements: Grassroots Campaigns to Untax the One Percent*, Oxford University Press.

Martin, I. W. [2020] "The Political Sociology of Public Finance and the Fiscal Sociology of Politics," T. Janoski, C. de Leon, J. Misra and I. W. Martin eds., *The New Handbook of Political Sociology*, Cambridge University Press.

Martin, I. W. and M. Prasad [2014] "Taxes and Fiscal Sociology," *Annual Review of Sociology*, 40, pp. 331-345.

Martin, I. W. and N. Gabay [2018] "Tax Policy and Tax Protest in 20 Rich Democracies, 1980-2010," *The British Journal of Sociology*, 69 (3), pp. 647-669.

Martin, I. W., A. K. Mehrotra and M. Prasad [2009] "The Thunder of History: The Origins and Development of the New Fiscal Sociology," I. W. Martin, A. K. Mehrotra and M. Prasad eds., *The New Fiscal Sociology: Taxation in Comparative and Historical Perspective*, Cambridge University Press.

Martin, I. W., A. K. Mehrotra and M. Prasad eds. [2009] *The New Fiscal Sociology: Taxation in Comparative and Historical Perspective*, Cambridge University Press.

Marx, I., L. Salanauskaite and G. Verbist [2013] "The Paradox of Redistribution Revisited: And That It May Rest in Peace?" IZA Discussion Paper Series, (7414), pp. 1-50.

Mawejje, J. and E. F. Munyambonera [2016] "Tax Revenue Effects of Sectoral Growth and Public Expenditure in Uganda," *Economic Policy Research Centre Research Series*, 125.

Mehrotra, A. K. [2013] *Making the Modern American Fiscal State: Law, Politics, and the Rise of Progressive Taxation, 1877-1929*, Cambridge University Press.

Meltzer, A. H. and S. F. Richard [1981] "A Rational Theory of the Size of Government," *Journal of Political Economy*, 89 (5), pp. 914-927.

Mettler, S. [2018] *The Government-Citizen Disconnect*, Russell Sage Foundation.

Mikl-Horke, G. [2005] "An Old Idea of 'Human Economy' and the New Global Finance Capitalism," *Economic Sociology: The European Electronic Newsletter*, 7 (1), pp. 36-43.

Millett, P. [2009] "Finance and Resources: Public, Private, and Personal," A. Erskine ed., *A Companion to Ancient History*, Wiley-Blackwell.

Monson, A. and W. Scheidel eds. [2015] *Fiscal Regimes and the Political Economy of Premodern States*, Cambridge University Press.

Moore, M. [2004] "Revenues, State Formation, and the Quality of Governance in Developing Countries," *International Political Science Review*, 25 (3), pp. 297-319.

Morgan, K. J. and M. Prasad [2009] "The Origins of Tax Systems: A French-American Comparison," *American Journal of Sociology*, 114 (5), pp. 1350–1394.

Mozumi, S. [2018] "Tax Reformers' Ideas, the Expenditure-Taxation Nexus, and Comprehensive Tax Reform in the United States, 1961–1986," G. Huerlimann, W. E. Brownlee and E. Ide eds., *Worlds of Taxation: The Political Economy of Taxing, Spending, and Redistribution Since 1945*, Palgrave Macmillan.

Mumford, A. [2019] *Fiscal Sociology at the Centenary: UK Perspectives on Budgeting, Taxation and Austerity*, Palgrave Macmillan.

Musgrave, R. A. [1985] "A Brief History of Fiscal Doctrine," *Handbook of Public Economics*, Vol. 1, pp. 1–59.

Musgrave, R. A. [1992] "Schumpeter's Crisis of the Tax State: An Essay in Fiscal Sociology," *Journal of Evolutionary Economics*, 2 (2), pp. 89–113.

Musgrave, R. A. [1996a] "The Role of the State in Fiscal Theory," *International Tax and Public Finance*, 3 (3), pp. 247–258.

Musgrave, R. A. [1996b] "Public Finance and Finanzwissenschaft Traditions Compared," *Finanzarchiv / Public Finance Analysis*, 53 (2), pp. 145–193.

Musgrave, R. A. and P. B. Musgrave [1989] *Public Finance in Theory and Practice*, 5th ed., McGrow-Hill.

Nakabayashi, M. [2021] "Tokugawa Japan and the Foundations of Modern Economic Growth in Asia," S. Broadberry and K. Fukao eds., *The Cambridge Economic History of the Modern World: Volume 1: 1700 to 1870*, Cambridge University Press.

O'Brien, R. L. [2017] "Redistribution and the New Fiscal Sociology: Race and the Progressivity of State and Local Taxes," *American Journal of Sociology*, 122 (4), pp. 1015–1049.

OECD [2008] *Growing Unequal? Income Distribution and Poverty in OECD Countries*, OECD Publishing.

OECD [2014] *Social Expenditures Update*, OECD Publishing.

OECD [2019] *Under Pressure: The Squeezed Middle Class*, OECD Publishing.

Ormrod, W. M., M. Bonney and R. Bonney eds. [1999] *Crises, Revolutions and Self-Sustained Growth: Essays in European Fiscal History, 1130–1830*, Shaun Tyas.

Orton, M. and K. Rowlingson [2007] *Public Attitudes to Economic Inequality*, The Joseph Rowntree Foundation.

Pacewicz, J. [2020] "The Politics of Subnational Taxation in Comparative Perspective," *Economic Sociology: The European Electronic Newsletter*, 21 (2), pp. 26–35.

Pampel, F., G. Andrighetto and S. Steinmo [2019] "How Institutions and Attitudes Shape Tax Compliance: A Cross-National Experiment and Survey," *Social Forces*, 97 (3), pp. 1337–1364.

Peacock, A. T. and J. Wiseman [1961] *The Growth of Public Expenditure in the United Kingdom*, Princeton University Press.

Peeters, B., H. Gribnau and J. Badisco eds. [2017] *Building Trust in Taxation*, Intersentia.

Pempel, T. J. [1982] *Policy and Politics in Japan: Creative Conservatism*, Temple University Press.

Petersen, E. L. [1975] "From Domain State to Tax State: Synthesis and Interpretation," *Scandinavian Economic History Review*, 23 (2), pp. 116–148.

Pierson, P. [1993] "When Effect Becomes Cause: Policy Feedback and Political Change," World Politics, 45 (4), pp. 595–628.

Pierson, P. [1994] *Dismantling the Welfare State? Reagan, Thatcher, and the Politics of Retrenchment*, Cambridge University Press.

Pierson, P. [1996] "The New Politics of the Welfare State," *World Politics*, 48 (2), pp. 143–179.

Pierson, P. [2001] "From Expansion to Austerity: The New Politics of Taxing and Spending," M. A. Levin, M. K. Landy and M. Shapiro eds., *Seeking the Center: Politics and Policymaking at the New Century*, Georgetown University Press.

Pierson, P. and T. Skocpol [2002] "Historical Institutionalism in Contemporary Political Science,"

I. Katznelson and H. V. Milner eds., *Political Science: State of the Discipline*, W.W. Norton.

Piketty, T. [2013] *Le Capital au XXIe siècle, Seuil.* (T. ピケティ〔山形浩生・守岡桜・森本正史訳〕[2014]『21世紀の資本』みすず書房, 底本は英語版 2014年刊)

Prasad, M. [2012] *The Land of Too Much: American Abundance and the Paradox of Poverty*, Harvard University Press.

Prasad, M. and Y. Deng [2009] "Taxation and the Worlds of Welfare," *Socio-Economic Review*, 7 (3), pp. 431–457.

Prichard, W. [2015] *Taxation, Responsiveness and Accountability in Sub-Saharan Africa: The Dynamics of Tax Bargaining*, Cambridge University Press.

Pye, L. W. [1975] "Foreword," C. Tilly ed., *The Formation of National States in Western Europe*, Princeton University Press.

Quinn, S. [2020] "On the Sociological Approach to Public Finance," *Economic Sociology: The European Electronic Newsletter*, 21 (2), pp. 12–14.

Ritschl, H. [1958] "Communal Economy and Market Economy," R. A. Musgrave and A. T. Peacock eds., *Classics in the Theory of Public Finance*, St. Martin's Press. (H. Ritschl [1931] *Gemeinwirtschaft und kapitalistische Marktwirtschaft, Zur Erkenntnis der dualistischen Wirtschaftsordnung*, Tübingen)

Rona-Tas, A. [2020] "Note from the Editor: Taxing Inequality and Fiscal Sociology," *Economic Sociology: The European Electronic Newsletter*, 21 (2), pp. 1–2.

Rothstein, B. [1998] *Just Institutions Matter The Moral and Political Logic of the Universal Welfare State*, Cambridge University Press.

Rothstein, B. [2003] "Social Capital, Economic Growth and Quality of Government: The Causal Mechanism," *New Political Economy*, 8 (1), pp. 49–71.

Rothstein, B. and D. Stolle [2008] "The State and Social Capital: An Institutional Theory of Generalized Trust," *Comparative Politics*, 40 (4), pp. 441–459.

Rothstein, B. and E. M. Uslaner [2005] "All for All: Equality, Corruption, and Social Trust," *World Politics*, 58 (1), pp. 41–72.

Sacks, A. and M. Levi [2010] "Measuring Government Effectiveness and Its Consequences for Social Welfare in Sub-Saharan African Countries," *Social Forces*, 88 (5), pp. 2325–2351.

Saez, E. and G. Zucman [2019] *The Triumph of Injustice: How the Rich Dodge Taxes and How to Make Them Pay*, W. W. Norton & Company.

Scheve, K. and D. Stasavage [2016] *Taxing the Rich: A History of Fiscal Fairness in the United States and Europe*, Princeton University Press. (K. シーヴ = D. スタサヴェージ〔立木勝訳〕[2018]『金持ち課税——税の公正をめぐる経済史』みすず書房)

Schmölders, G. [1970] Finanzpolitik, 3, Springer-Verlag. (G. シュメルダース〔山口忠夫訳〕[1981]『財政政策（第3版）』中央大学出版部)

Schneider, A. [2012] *State-Building and Tax Regimes in Central America*, Cambridge University Press.

Schön, W. [2019] "Taxation and Democracy," *Tax Law Review*, 72 (2), pp. 235–303.

Schumpeter, J. A. [1918] Die Krise des Steuerstaats, Graz und Leipzig. (J. A. シュムペーター〔木村元一・小谷義次訳〕[1983]『租税国家の危機』岩波書店)

Schumpeter, J. A. [1954] *History of Economic Analysis*, Oxford University Press.

Seligman E. R. A. [1890] "Reviews L'Impôt by H. Denis," *Political Science Quarterly*, 5 (2).

Seligman, E. R. A. [1926] "The Social Theory of Fiscal Science I," *Political Science Quarterly*, 41 (2), pp. 193–218.

Shildrick, T. and R. MacDonald [2013] "Poverty Talk: How People Experiencing Poverty Deny Their Poverty and Why They Blame 'The Poor'," *The Sociological Review*, 61 (2), pp. 285–303.

Shionoya, Y. [2000] "Rational Reconstruction of the German Historical School: An Overview," Y. Shionoya ed., *The German Historical School: The Historical and Ethical Approach to Eco-*

*nomics*, Routledge, pp. 19-30.

Silvant, C. and J. S. J. Arrupe [2020] "Introduction: Public Finance in the History of Economics: A Field on Its Own," L. Fiorito, S. Scheall and C. E. Suprinyak eds., *Research in the History of Economic Thought and Methodology: Including a Symposium on Public Finance in the History of Economic Thought*, Emerald Publishing Limited.

Skocpol, T. [1985] "Bringing the State Back In: Strategies of Analysis in Current Research," P. B. Evans, D. Rueschemeyer and T. Skocpol eds., *Bringing the State Back In*, Cambridge University Press.

Smelser, N. [1976] *Comparative Method in the Social Science*, Prentice-Hall. (N. スメルサー [1996]〔山中弘訳〕『社会科学における比較の方法——比較文化論の基礎』玉川大学出版部)

Sng, T.-H. and C. Moriguchi [2014] "Asia's Little Divergence: State Capacity in China and Japan Before 1850," *Journal of Economic Growth*, 19 (4), pp. 439-470.

Soss, J. and S. F. Schram [2007] "A Public Transformed? Welfare Reform as Policy Feedback," *American Political Science Review*, 101 (1), pp. 111-127.

Stanley, L. M. [2016] "Legitimacy Gaps, Taxpayer Conflict, and the Politics of Austerity in the UK," *The British Journal of Politics and International Relations*, 18 (2), pp. 389-406.

Stanley, L. M. [2018] "'When We Were Just Giving Stuff Away Willy-Nilly': Historicizing Contemporary British Tax Morale," S. H. Steinmo, ed., *The Leap of Faith: The Fiscal Foundations of Successful Government in Europe and America*, Oxford University Press.

Stanley, L. and T. K. Hartman [2018] "Tax Preferences, Fiscal Transparency, and the Meaning of Welfare: An Experimental Study," *Political Studies*, 66 (4), pp. 830-850.

Steinmo, S. H. [1993a] "American Exceptionalism Reconsidered: Culture or Institutions?," L. C. Dodd and C. Jillson eds., *The Dynamics Of American Politics: Approaches and Interpretations*, Routledge.

Steinmo, S. H. [1993b] *Taxation and Democracy: Swedish, British and American Approaches to Financing the Modern State*, Yale University Press.

Steinmo, S. H. [2010] *The Evolution of Modern States: Sweden, Japan, and The United States*, Cambridge University Press.

Steinmo, S. H. [2018a] "Introduction: The Leap of Faith," S. H. Steinmo ed., *The Leap of Faith: The Fiscal Foundations of Successful Government in Europe and America*, Oxford University Press.

Steinmo, S. H. [2018b] "Preface and Acknowledgments," S. H. Steinmo ed., *The Leap of Faith: The Fiscal Foundations of Successful Government in Europe and America*, Oxford University Press.

Steinmo, S. H. and J. D'Attoma [2022] *Willing to Pay? A Reasonable Choice Approach*, Oxford University Press.

Steinmo, S. H. ed. [2018] *The Leap of Faith: The Fiscal Foundations of Successful Government in Europe and America*, Oxford University Press.

Steuerle, C. E. [2014] *Dead Men Ruling: How to Restore Fiscal Freedom and Rescue Our Future*, Century Foundation Press.

Stiglitz, J. E. [2002] "New Perspectives on Public Finance: Recent Achievements and Future Challenges," *Journal of Public Economics*, 86 (3), pp. 341-360.

Storrs, C. [2009] "Introduction: The Fiscal-Military State in the 'Long' Eighteenth Century," C. Storrs ed., *The Fiscal-Military State in Eighteenth-Century Europe: Essays in Honour of P. G. M. Dickson*, Ashgate.

Storrs, C. ed. [2009] *The Fiscal-Military State in Eighteenth-Century Europe: Essays in Honour of P. G. M. Dickson*, Ashgate.

Streeck, W. and K. Thelen eds. [2005] *Beyond Continuity: Institutional Change in Advanced Political Economies*, Oxford University Press.

Takahashi, M. and T. Shimada [2015] "Explaining Japan's Fiscal Performance: Why Has it Become an Outlier?" E. Ide and G. Park eds., *Deficits and Debt in Industrial Democracies*, Routledge.

Thatcher, M. [1993] *The Downing Street Years*, Harper Collins.

Thelen, K. [2004] *How Institutions Evolve? The Political Economy of Skills in Germany, Britain, the United States, and Japan*, Cambridge University Press.

Thorndike, J. J. [2013] *Their Fair Share: Taxing the Rich in the Age of FDR*, Urban Institute Press.

Tilly, C. [1975] "Reflections on the History of European State-Making," C. Tilly ed., *The Formation of National States in Western Europe*, Princeton University Press.

Tilly, C. [1985] "War Making and State Making as Organized Crime," P. B. Evans, D. Rueschemeyer and T. Skocpol eds., *Bringing the State Back in*, Cambridge University Press.

Tilly, C. [1992] *Coercion, Capital, and European States, AD 990-1992*, Blackwell.

Tilly, C. ed. [1975] *The Formation of National States in Western Europe*, Princeton University Press.

Timmons, J. F. [2005] "The Fiscal Contract: States, Taxes, and Public Services," *World Politics*, 57 (4), pp. 530-567.

Todor, A. [2018] "Willing to Pay? The Politics of Engendering Faith in the Post-Communist Romanian Tax System," S. H. Steinmo ed., *The Leap of Faith: The Fiscal Foundations of Successful Government in Europe and America*, Oxford University Press.

Torres Sánchez, R. [2007] "The Triumph of the Fiscal Military State in the Eighteenth Century. War and Mercantilism," R. Torres Sánchez ed., *War, State and Development. Fiscal-Military States in the Eighteenth Century*, Ediciones Universidad de Navarra, S.A.

Torres Sánchez, R. [2015] *Constructing a Fiscal Military State in Eighteenth Century Spain*, Palgrave Macmillan.

Torres Sánchez, R. ed. [2007] *War, State and Development. Fiscal-Military States in the Eighteenth Century*, Ediciones Universidad de Navarra, S.A.

Ugur, M. [2010] "Institutions and Economic Performance: A Review of the Theory and Evidence," *MPRA Paper* 25909.

Umar, M. A., C. Derashid, I. Ibrahim and Z. Bidin [2019] "Public Governance Quality and Tax Compliance Behavior in Developing Countries: The Mediating Role of Socioeconomic Conditions," *International Journal of Social Economics*, 46 (3), pp. 338-351.

Uslaner, E. M. [2002] *The Moral Foundations of Trust*, Cambridge University Press.

van Oorschot, W. [2000] "Who Should Get What, and Why? On Deservingness Criteria and the Conditionality of Solidarity Among the Public," *Policy and Politics*, 28 (1), pp. 33-48.

van Oorschot W., F. Roosma, B. Meuleman and T. Reeskens [2017] *The Social Legitimacy of Targeted Welfare: Attitudes to Welfare Deservingness*, Cheltenham Edward Elgar Publishing.

Vasudevan, C. [2020] "History and Origin of Public Economics," *International Journal of Research -GRANTHAALAYAH*, 8 (8), pp. 124-131.

Vogel, S. K. [2006] *Japan Remodeled: How Government and Industry Are Reforming Japanese Capitalism*, Cornell University Press.

von Glahn, R. [2020] "Modalities of the Fiscal State in Imperial China," *Journal of Chinese History*, 4 (1), pp. 1-29.

Wagner, R. E. [1997] "Choice, Exchange, and Public Finance," *The American Economic Review*, 87 (2), pp. 160-163.

Wagner, R. E. [2002] "Some Institutional Problematics of Excess Burden Analytics," *Public Finance Review*, 30 (6), pp. 531-545.

Wagner, R. E. [2007] *Fiscal Sociology and the Theory of Public Finance: An Exploratory Essay*, Edward Elgar Publishing.

Walsh, C. [2018] *Racial Taxation: Schools, Segregation, and Taxpayer Citizenship, 1869-1973*, The University of North Carolina Press.

Walsh, P. A. [2013] "The Fiscal State in Ireland, 1691–1769," *The Historical Journal*, 56 (3), pp. 629–656.

Wareham, A. [2012] "Fiscal Policies and the Institution of a Tax State in Anglo-Saxon England Within a Comparative Context," *The Economic History Review*, 65 (3), pp. 910–931.

Waris, A. [2018] "Developing Fiscal Legitimacy by Building State-Societal Trust in African Countries," *Journal of Tax Administration*, 4 (2), pp. 103–118.

Wilensky, H. L. [2002] "Tax-Welfare Backlash: How to Tax, Spend, and Yet Keep Cool," H. L. Wilensky, *Rich Democracies: Political Economy, Public Policy, and Performance*, University of California Press.

Wilensky, H. L. [2002] *Rich Democracies: Political Economy, Public Policy, and Performance*, University of California Press.

Williamson, V. S. [2017] *Read My Lips: Why Americans Are Proud to Pay Taxes*, Princeton University Press.

Wlezien, C. [1995] "The Public as Thermostat: Dynamics of Preferences for Spending," *American Journal of Political Science*, 39 (4), pp. 981–1000.

Yankov, I. [2012] *Social Efficiency of the Tax Policy: Fiscal Sociology Approach*, LAP LAMBERT Academic Publishing.

Yun-Casalilla, B., P. K. O'Brien and F. C. Comín eds. [2012] *The Rise of Fiscal States: A Global History, 1500–1914*, Cambridge University Press.

# 后　　记

　　财政学者往往对波兰尼的广义经济现象持高度关注和兴趣。这种现象不仅限于市场经济中的交换行为，也涉及更加深远和广泛的经济现象，包括互惠和再分配的方方面面。这样的关注源于财政的核心使命，那就是满足一个群体或社会的共同需求。这种需求既是历史性的，也是现实存在的，它由实际需求所驱动，而非仅仅依赖于简单的交换行为。

　　财政是通过两个现代制度来实现的：一是"货币用作交换手段"的制度，二是"民主政治中的政策决策"制度。其中，前者侧重于效率和交换问题的处理，而后者则主要关注如何公平地做出互惠和再分配的决策。这两个方面都会带来受益和负担的问题，因为它们会影响到人们的财务状况和福利。这促使财政学者将焦点集中在受益和负担的关系上，深入研究如何在群体内部建立和维护公正标准。

　　社会公正不是一个可以直接接触或观察到的现象。然而，社会仍然需要进行公正和不公正的判断，这些判断是基于道德和法律的。正如社会学家盛山和夫所强调的，道德和法律都是基于经验之前的前提的，这包括义务、规则和制度等具有某种哲学意涵的范畴。这些范畴共同构建了我们所知的社会结构，使得社会现象充满了多重含义，并且伴随着各种各样展示其秩序的解释（盛山［2005］［2006］）。

　　学习财政学的人需认识到财政现象既是一种经济现象也是一种社会现象，这正是财政社会学的核心理念在本书中所强调的。但这不仅意味着在表面上采用社会学的方法论。财政学有一个悠久的传统，即专注于那些超越直接经验的观念性问题，并力求通过揭示那些与这些观念相近的现实情境来克服其局限性。在这方面，我们正在试图通过间接可观察的现象来构建和理解无法直接观察到的社会公正问题。我们利用诸如"共同必要"和"纳税人的同意"这样的概念来构建和理解这个复杂的问题。

确实，可能存在未能获得一致同意的情况，导致无法通过税收来满足社群的共同需求，进而使国家陷入政府债务的困境。但我们必须认识到，即使达成了一致的同意，这也不一定完全符合所有人的共同需求。在这种情况下，我们看到每个个体都会根据自己的理解来解释政策的含义。同时，每个国家都将以其独特的方式实行强制性规定，而每个社会都将根据其特定的价值体系来做出决策。作为这些结果的聚合体，"共同必要"的满足和"纳税人的同意"将显现出来。

因此，致力于财政学学习的人士需深入追究各国的历史及其在具体决策过程中的体现，同时也需要探讨各国之间的多元性和差异性。结合历史分析和比较分析这两大力量，我们能够深入了解为什么某些共识得以形成，而另一些则未能实现。为了真正捕捉财政这一现象的本质，我们不能回避这种分析方法。因此，在本书中，我们重点讨论了历史、思想、制度和国际比较等方法与财政分析的关系。

那么，什么因素促使人们认为一个决定是公正的呢？

其中涉及多种可能的路径。在法律的视角下来看，一个决定是否通过了适当的程序是判断其是否公正的基本要素。因此，应该适当运用符合法律精神的机制来确保不偏离其既定目的。在评估一个决策是否公正时，还需要考虑一系列因素，包括政策是否得到恰当执行，财政统计数据是否按时间序列进行了检查，以及统计数据是否受到了不当处理。这些因素都是确定公正性的重要条件。

然而，仅仅依赖程序的合法性还不足以保证"共同必要"得到满足和"纳税人的同意"得到实现。福利的具体内容以及福利和负担之间的平衡问题，都是通过媒体传递给公众的，每一个信息都成为现实，受到人们的解释和评价。在这个决策过程中和后续的外部评价中，社会规范和价值观扮演了决定性的角色。它们不仅影响人们对公正和正义的看法，而且更进一步地塑造了法律的正当性。换句话说，正是因为认为这些规范和价值得到了体现，法律才可能被视为正当。

近年来，在重视上述法律程序的财政法学者和强调"共同必要"的财政社会学者之间，出现了类似的议题。片桐直人指出，如果对财政赤字加以控制，将促使租税和支出的调整，对通过财政履行的任务产生影响。这涉及将任务、支出和负担分别放置在不同的领域，并在每个领域内实施控制。然而，如果不对整体进行整合，这种分化结构可能导致政府债务的累积（片桐［2019］，p. 16）。

对预算管控的民主化趋于形式化，导致政府在法律制度上出现功能障碍。他们的危机意识变得愈趋强烈。他们认为，"人们不应该仅仅满足于高举财政民主主义的旗号"，"国会不能无条件接受财政的议会主义要求"，需要"开发能够控制财政赤字"的具体讨论（藤谷［2019］，p. 29；上田［2019］，p. 11；片桐［2019］，p. 16）。

财政社会学家同样在探讨这一问题。我们认为，围绕支出和负担的政治斗争将决定财政的任务，从根本上说，决定如何来满足"共同必要"。此外，包括对财政投融资和日本银行信用的依赖在内，历史上形成的广义的满足"共同必要"的机制对如何实现课税产生了具体的影响。此外，特定时期的经济状况或传统社会规范，同样也将在政治斗争中影响法律制度的解释。这些因素共同解释了日本巨额政府债务的形成原因。

通过"共同必要"的财政需求的满足，我们探讨了实际的收支平衡或者不平衡是如何产生的，这才是实现"活生生的财政学"的核心。财政社会学家对"活生生的财政学"的分析积累是从现实层面对法律制度进行系统重建等具体要求的延续。

不论是财政法学还是财政社会学，上述探索实际上只是对制度、构建未来社会愿景的一种表达。正如盛山所指出的，社会学在相对主义盛行的趋势加剧时表达出了危机感，他认为在社会内部，通过对社会的意义进行反思性再捕捉，可以将其与社会构想相连接（盛山［2005］，p. 29）。

正如在第 1 章和第 2 章中所述，财政社会学诞生时被视为"危机的学问"。在与经济学和政治学的紧张关系中，它在追求"分析的学问"的同时，也在国际范围内进行理论建构。同样，财政社会学也向法学和社会学敞开了大门。我们将自己定位为"边界上的社会科学"，是因为我们抵制了社会科学领域内不可逆的细分和狭隘化趋势。这是为反对社会科学正在忽视预测社会走向和构建未来社会愿景的重要性而提出异议。

好了，终于要结束这本书了。

为什么要学习历史和思想，为什么要重视制度、进行国际比较？这本书是对这些根本问题的探讨，正面地讨论了这些问题，这正是日本财政学者长期以来的隐含前提条件。

这个尝试显然是在探索许多前人积累的财政理论的局限性，并试图克服它们。在这个意义上，本书的撰写是一项沉重的工作，依赖于许多前辈的恩惠。然而，与仅仅从经济学的角度对财政进行分析的研究者不同，我们的前辈们一直局限于面向日本国内的研究，这也是一个不可否认的事实。面对现实，认真分析国际学术潮流，我们必须思考我们如何能够在这个潮流中做出贡献，这是我们这一代人的使命。

这并不是否定我们自己。我们当然充分了解前辈们所展开的讨论的深入之处。

与主流经济学保持一定距离，不受国际趋势的左右，不断完善自己学科体系的优势，将"活生生的人类探究学"这一理念与经济学区分开来，如何在国际学术潮流中找到合适的位置？这是一个新的挑战的开始。

参与了"新财政社会学"（New Fiscal Sociology）项目后（Ide & Steinmo ［2009］），我发起了一些国际合作项目，并在其中取得了一些成果（Huerlimann, Brownlee & Ide eds. ［2018］；Ide & Park eds. ［2015］；Brownlee, Ide & Fukagai eds. ［2013］）。然而，在这个过程中，也遇到了一些困难和挑战，甚至有过生死一线的灾难，让我明确地感受到，我一个人能够做到的事情是有限的。于是，我向本书的合著者们提出了这个计划。所有人都毫不犹豫地同意了。

实际上，所有合著者都是我曾经指导过的"年轻朋友"。但正如您所了解的，本书采取了罕见的六人合著的形式。作为一个同伴，而不是导师，我想要参与这个项目，以对过去所有研究的积累进行回应。现在，我已经完成了写作，我确信我即将被一股巨大的世代交替淹没。

虽然本书可能有些夜郎自大，但没有有斐阁出版社的长谷川总里先生，它的诞生绝不可能。正如在前言中由佐藤滋先生所述，本书成为一个长达十年的漫长项目。或许是我主观的臆断，但是长谷川先生一直陪伴着我们。我要代表所有作者，由衷地感谢与我们一同分享喜悦、成为"第七位伙伴"的长谷川先生。

我的学友，香川大学的冈田徹太郎先生、立教大学的关口智先生、埼玉大学的高端正幸先生、桃山学院大学的木村佳弘先生、横浜国立大学的伊集守直先生等，如果将他们描述为第一代的话，那么本书的作者们，以及加入了国际合作研究的帝京大学的小西杏奈先生、下关市立大学的岛田崇治先生，可以看作第二代。另一方面，最近几年，第三代研究者在国内外纷纷涌现。我暗自期待着一个不远的未来，这本书将成为他们的"垫脚石"，成为批判的对象，同时第二代的朋友们也会不惧年轻一代的批评，勇敢地反击，并努力打磨基础。

最后，本书是献给我们所有人的导师，庆应义塾大学的大岛通义名誉教授、东京大学的神野直彦名誉教授、庆应义塾大学的金子胜名誉教授。成为异端是一种自豪，他们的教诲将继续是我们的指南针。

井手英策

2022 年 11 月